新工科建设·应用型本科规划教材
广东省重点学科建设、应用型专业转型、广东省质量工程项目成果

多媒体技术与应用

张鉴新　周晓晴　主编

電子工業出版社
Publishing House of Electronics Industry
北京·BEIJING

内 容 简 介

本书内容主要包括：图像处理软件Adobe Photoshop、音频处理软件Adobe Audition、视频处理软件Adobe Premiere和动画制作软件Adobe Animate等，内容充实，知识点丰富，条理清晰，通俗易懂，选取日常学习中具有代表性、针对性和实用性的例子，让读者学以致用，触类旁通，用最短的时间学会各种工具软件的基本操作方法。

本书可作为高校“多媒体技术与应用”及相关课程的教材，也可作为多媒体爱好者的自学参考书。

图书在版编目（CIP）数据

多媒体技术与应用 / 张鉴新，周晓晴主编. —北京：电子工业出版社，2020.2

ISBN 978-7-121-36937-7

Ⅰ. ① 多… Ⅱ. ① 张… ② 周… Ⅲ. ① 多媒体技术－应用－信息处理－高等学校－教材 Ⅳ. ① G202

中国版本图书馆CIP数据核字（2019）第125607号

责任编辑：章海涛
印　　刷：北京虎彩文化传播有限公司
装　　订：北京虎彩文化传播有限公司
出版发行：电子工业出版社
　　　　　北京市海淀区万寿路173信箱　　　邮编：100036
开　　本：720×1092　1/16　印张：14.75　字数：310千字
版　　次：2020年2月第1版
印　　次：2024年5月第6次印刷
定　　价：58.00元

凡所购买电子工业出版社图书有缺损问题，请向购买书店调换。若书店售缺，请与本社发行部联系，联系及邮购电话：（010）88254888，88258888。

质量投诉请发邮件至 zlts@phei.com.cn，盗版侵权举报请发邮件至 dbqq@phei.com.cn。

本书咨询联系方式：192910558（QQ 群）。

前 言

随着时代的发展和科学技术的进步，多媒体技术的应用也越发普及。“多媒体技术与应用”及相关课程也是教育部大学计算机课程教学指导委员会建议的大学计算机的核心课程之一，要求高校学生应具备多媒体技术应用的能力。正是在这种背景下，我们编写了本书。本书以“多媒体技术与应用”课程的教学基本要求为前提，以培养和提高多媒体技术应用能力为主要目标，侧重于应用型本科院校的教学内容及学生实际的需求，重点培养学生的实际操作能力。编写本书的每位作者都有丰富的教学经验，把对教学经验的总结融入本书的编写过程中。

本书为广东省重点学科建设、应用型专业转型、广东省质量工程项目成果。

本书内容丰富，讲解循序渐进，能够帮助学生迅速了解多媒体技术和软件操作方法。本书以多媒体中的图像、音频、视频和动画的知识为主要内容，突出对学生操作能力的培养，使学生能够掌握多媒体知识，同时掌握最流行、最实用的软件的操作方法，进而有助于他们谋求一个合适的工作。

本书共 4 章，主要内容包括：第 1 章介绍常见的图像模式、图像处理软件 Adobe Photoshop 的使用方法和案例的应用；第 2 章介绍音频的基础知识和音频处理软件 Adobe Audtion 的基本操作方法；第 3 章介绍视频的基础知识、视频特效和视频过渡的应用、视频处理软件 Adobe Premiere 的使用方法和制作影片的流程；第 4 章介绍动画的基础知识，逐帧动画、补间动画、引导层动画和遮罩动画的制作方法，以及动画制作软件 Adobe Animate 的应用。每章后都有小结，对知识点进行总结。

本书注重理论联系实际，教师在授课过程中应采用先进的教学手段，将理论教学与实践相结合。

本书由张鉴新和周晓晴主编，主要编写人员和分工如下：第 1 章、第 2 章、第 3 章由张鉴新编写，第 4 章由周晓晴编写。全书由张鉴新负责统稿和定稿。

本书在编写过程中，中山大学数据科学与计算机学院的杨智教授和中山大学南方学院的苑俊英副教授提出了许多宝贵的建议和意见，在此表示衷心感谢。

本书配有教学资源，有需要的读者可登录华信教育资源网（www.hxedu.com.cn），注册之后免费下载。

由于作者水平有限，编写时间仓促，书中难免有一些错误，恳请读者提出宝贵建议。

作　者

2020 年 1 月

目录

CONTENTS

第1章 图像处理软件 Adobe Photoshop 1

1.1 Adobe Photoshop 基础知识...........2

1.1.1 位图与矢量图........................2

1.1.2 像素和分辨率........................3

1.1.3 颜色模式..............................3

1.1.4 图像的位深度........................6

1.1.5 常用图像的文件格式.............6

1.2 Adobe Photoshop CC 的工作界面与基本操作..7

1.2.1 Adobe Photoshop CC 的工作界面......................................7

1.2.2 文件基本操作........................8

1.2.3 图像的基本编辑....................9

1.3 常用工具..12

1.3.1 选择工具............................12

1.3.2 绘图工具............................16

1.3.3 图章工具............................19

1.3.4 修复工具............................20

1.3.5 修饰工具............................22

1.4 图层和蒙版....................................24

1.4.1 图层面板............................24

1.4.2 图层的基础操作..................26

1.4.3 图层样式............................27

1.4.4 图层蒙版............................29

1.5 色彩...32

1.5.1 色彩基础............................32

1.5.2 图像调整命令.....................33

1.6 文字...42

1.6.1 文字工具............................42

1.6.2 字符面板............................44

1.6.3 编辑文字............................44

1.7 综合案例：创意合成技巧...............48

本章小结..51

第2章 音频处理软件 Adobe Audition 59

2.1 音频基础知识.................................60

2.1.1 音频信号............................60

2.1.2 数字音频常见格式..............60

2.2 Adobe Audition CC 基础..............61

2.2.1 Adobe Audition CC 工作界面 62
2.2.2 文件基本操作 62
2.2.3 音频基本编辑 66
2.3 Adobe Audition CC 效果组......68
2.3.1 振幅和压限......68
2.3.2 延迟和回声......75
2.3.3 滤波和均衡......77
2.3.4 调制......82
2.3.5 降噪/恢复 85
2.4 综合案例......88
本章小结 93

第3章 视频处理软件 Adobe Premiere 98

3.1 Adobe Premiere 基础 99
3.1.1 Adobe Premiere CC 简介.....99
3.1.2 工具面板 99
3.1.3 常用视频文件格式 103
3.2 项目应用......104
3.2.1 创建项目 104
3.2.2 管理素材 105
3.3 字幕......108
3.3.1 字幕窗口 108
3.3.2 创建字幕 112
3.4 视频效果......116
3.5 视频过渡......154
3.6 音频效果......158
3.7 音频过渡......170
3.8 影片输出......172
3.9 综合案例：人物定格......174
本章小结 176

第4章 动画制作软件 Adobe Animate 185

4.1 Adobe Animate 基础......186
4.1.1 Adobe Animate CC 简介....186
4.1.2 Adobe Animate CC 工作界面 187
4.1.3 文件基本操作......190
4.2 常用工具......192
4.2.1 选择工具 192
4.2.2 绘图工具 193
4.2.3 编辑工具 198
4.2.4 文本工具 199
4.2.5 颜色工具 200
4.2.6 时间轴......200
4.3 元件编辑和管理 201
4.3.1 元件的类型......202
4.3.2 创建元件 202
4.3.3 编辑元件 202
4.4 动画制作......204
4.4.1 逐帧动画 204
4.4.2 补间动画 205
4.4.3 遮罩动画 209
4.4.4 引导层动画......211
4.5 动画发布......214
4.6 综合案例：透视缩放......216
本章小结 220

参考文献 228

第 1 章

1

图像处理软件 Adobe Photoshop

1.1	Adobe Photoshop 基础知识	/	2
1.2	Adobe Photoshop CC 的工作界面与基本操作	/	7
1.3	常用工具	/	12
1.4	图层和蒙版	/	24
1.5	色彩	/	32
1.6	文字	/	42
1.7	综合案例：创意合成技巧	/	48
本章小结		/	51

1.1 Adobe Photoshop 基础知识

1.1.1 位图与矢量图

位图又称为栅格图像或点阵图像。位图是由像素组成的图像，每个像素都有特定的位置和颜色值，所以在对位图进行处理时，所编辑的是像素而不是对象或形状。此外，位图是连续色调图像，常用于照片和数字绘画，因为可以表现阴影和颜色的丰富层次。

位图与分辨率有关，包含了固定数量的像素。所以，位图在缩小尺寸时，会使原图变形，因为这是减少像素使图像变小；如果以高缩放比例对位图进行放大，或以低于创建时的分辨率来显示位图，则会丢失其中的细节，并呈现锯齿效果，如图 1-1 和图 1-2 所示。

图 1-1 位图原图

图 1-2 放大后的位图

矢量图又称为矢量形状或矢量对象，使用直线和曲线来描述图形，这些图形中的元素（点、线等）都是通过数学公式计算得到的。与位图不同，矢量图文件一般较小，且与分辨率无关，所以任意移动或修改矢量图都不会丢失细节或影响其清晰度，如图 1-3 和图 1-4 所示。Illustrator、FreeHand、CorelDraw 等软件是常见的矢量图设计软件。

图 1-3 矢量图原图

图 1-4 放大后的矢量图

1.1.2 像素和分辨率

像素是构成位图的最基本单位。位图在高度和宽度方向上的像素总量称为图像的像素大小。通常，一张数码照片肯定存在连续的色相和明暗过渡。如果把数码相片放大数倍，则可以发现连续色调是由许多色彩相近的小方点组成的，而这些小方点就是构成图像的最小单位——像素。一幅图像所包含的像素越多，色彩信息越丰富，显示效果就越好，文件所需要的空间就越大。

分辨率是由图像中每英寸像素的数量决定的，测量单位是像素 / 英寸（ppi）。每英寸的像素越多，分辨率越高。所以，图像的分辨率越高，印刷的质量就越好。相同尺寸和内容的图像，图 1-5 的分辨率为 300 ppi，图 1-6 的分辨率为 72 ppi。

图 1-5　分辨率为 300 ppi

图 1-6　分辨率为 72 ppi

1.1.3 颜色模式

图像的颜色模式是指将某种颜色表现为数字形式，或者说是一种记录图像颜色的方式。在 Adobe Photoshop 中，颜色模式有位图模式、灰度模式、双色调模式、索引颜色模式、RGB 模式、CMYK 模式、Lab 颜色模式和多通道模式。

1. 位图模式

位图模式又称为黑白图像，是指只使用黑白两种颜色表示图像中的像素。一般情况下，一幅彩色图像不能直接转换成位图模式，必须先将图像转换成灰度模式，再转换成位图模式。图像转换成位图模式后只有黑白两种颜色，简化了图像中其他颜色信息，所以减小了文件的大小，原图和转换后的结果如图 1-7 和图 1-8 所示。

2. 灰度模式

灰度模式用单一色调来表现图像。在灰度模式下，图像中的色彩饱和度为 0，亮度是唯一能够影响图像的选项。原图和转换后的结果如图 1-9 和图 1-10 所示。8 位灰度图像中最多有 256 级灰度，其中的每个像素都有一个 0（黑色）～ 255（白色）之间的亮度值。

图 1-7　原图 1

图 1-8　位图模式

图 1-9　原图 2

图 1-10　灰度模式

3. 双色调模式

双色调模式并不是指图像由两种颜色构成，而是指通过 1 ～ 4 种自定义油墨来创建单色调、双色调、三色调或四色调的灰度图像。双色调模式可以用尽量少的颜色表现尽量多的颜色层次，减少印刷成本。图 1-11 ～图 1-15 分别是原图、单色调、双色调、三色调和四色调图像。

图 1-11　原图 3

图 1-12　单色调

图 1-13　双色调

图 1-14　三色调

图 1-15　四色调

4. 索引颜色模式

索引颜色模式是位图的一种编码方法，需要基于 RGB、CMYK 等更基本的颜色编码方法，通过限制图像中的颜色总数来实现有损压缩。原图和转换后的结果如图 1-16 和图 1-17 所示。

图 1-16　原图 4

图 1-17　索引颜色模式

5. RGB 模式

RGB 分别表示三原色，即 Red（红色）、Green（绿色）和 Blue（蓝色）。RGB 模式是一种发光模式，也称为加光模式，所包括的颜色信息有 1670 多万种，是一种真色彩颜色模式。RGB 模式图像与通道如图 1-18 和图 1-19 所示。

图 1-18　RGB 模式图像

图 1-19　通道显示 RGB

6. CMYK 模式

CMYK 表示 4 种颜色，C 代表青色（Cyan），M 代表洋红色（Magenta），Y 代表黄色（Yellow），K 代表黑色（Black）。为了避免与 Blue（蓝色）混淆，所以黑色使用了最后一个字母 K。CMYK 模式是一种印刷模式，又称为减光模式，在此模式下的图像只有在印刷体上才可以观察到。CMYK 模式图像与通道如图 1-20 和图 1-21 所示。

图 1-20　CMYK 模式图像

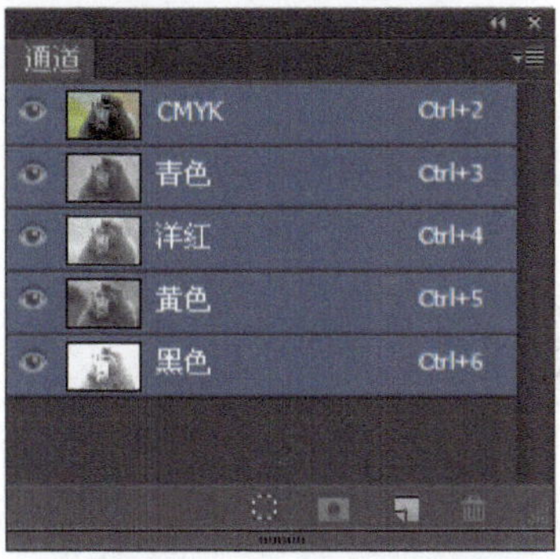

图 1-21　通道显示 CMYK

7. Lab 颜色模式

Lab 颜色模式图像由亮度（L）和有关色彩的 a、b 三个要素组成。其中 L 表示亮度（Luminosity），明度 a 表示从洋红色至绿色的范围，b 表示从黄色至蓝色的范围。亮度 L 的范围为 0 ～ 100，明度 a 和 b 的范围为 +127 ～ –128。Lab 颜色模式图像和通道如图 1-22 和图 1-23 所示。

8. 多通道模式

多通道模式中每个通道都包含 256 个灰度级，用于特定的打印或输出。把 RGB 模式的图像转换成多通道模式的图像后，红、绿、蓝 3 个通道将变成青色、洋红、黄色 3 个通道，如图 1-24 和图 1-25 所示。

图 1-22　Lab 颜色模式图像

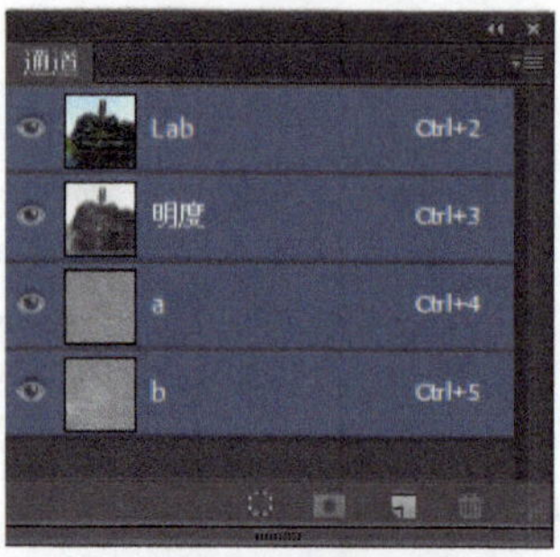

图 1-23　通道显示 Lab

图 1-24　多通道模式图像

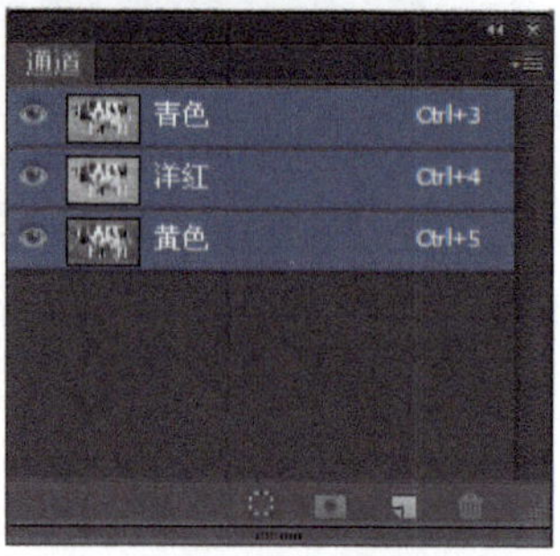

图 1-25　通道显示效果

1.1.4　图像的位深度

图像的位深度是指图像中每个像素可以使用的颜色信息的数量。每个像素使用的信息数量越多，可用的颜色越多，色彩的表现越逼真。Photoshop 的“图像”→“模式”菜单中提供“8 位 / 通道”“16 位 / 通道”“32 位 / 通道”命令。

8 位 / 通道的 RGB 图像中，每个通道可以包含 256 种颜色，也就是说，一张图可以有 1600 万个以上颜色值。16 位 / 通道的图像位深度为 16 位，每个通道包含 65000 种颜色，所以图像中的色彩会更丰富和更细腻。32 位 / 通道的图像称为高动态范围（HDRI）图像，是一种亮度范围非常广的图像。与其他模式的图像相比，32 位 / 通道的图像有更大亮度的数据存储，而且记录亮度的方式与传统的图像不同，使用直接对应的方式记录亮度信息，而不是用非线性的方式将亮度信息压缩到 8 bit 或 16 bit 的颜色空间内。

1.1.5　常用图像的文件格式

Adobe Photoshop 支持 20 多种图像文件格式，常用的格式主要有 PSD、JPEG 和 GIF。

PSD 格式是 Photoshop 的默认文件格式，也是唯一支持所有颜色模式的文件格式，可以保存图像中的辅助线、Alpha 通道和图层，便于下次修改，其扩展名为 .psd。

JPEG（Joint Photographic Experts Group，联合图像专家小组）文件使用有损压缩算法，去除冗余的图像和色彩数据，在获得极高的压缩率的同时能展现十分丰富生动的图像，其扩展名为 .jpg 或 .jpeg。

GIF（Graphics Interchange Format，图形交换格式）文件的特点是压缩比高，占用空间少，不仅能存储单幅静止图像，还可以同时存储若干静止图像进而形成连续的动画，其扩展名为 .gif。其缺点是不能存储超过 256 色的图像。

1.2 Adobe Photoshop CC 的工作界面与基本操作

1.2.1 Adobe Photoshop CC 的工作界面

Adobe Photoshop CC 的工作界面主要包括菜单栏、选项栏、标题栏、工具箱、图像窗口、面板组及状态栏，如图 1-26 所示。

图 1-26 Adobe Photoshop CC 工作界面

菜单栏：包括文件、编辑、图像、图层、文字、选择、滤镜、视图、窗口和帮助等菜单。单击相应的菜单，可以打开其下的命令。

选项栏：设置当前工具的参数选项，不同工具的选项栏有所不同。

标题栏：其中显示打开文件的名称、格式、窗口缩放比例、颜色模式及位深度等信息。

工具箱： 主要包括选择工具、裁剪与切片工具、吸管与测量工具、修饰工具、路径与矢量工具、文字工具和导航工具。若工具的右下角带有三角形图标，则表示这是一个工具组，在工具上单击右键即可弹出隐藏的工具。

图像窗口： 显示当前打开图像内容的地方，若同时打开多幅图像，则可以通过选项卡来进行切换。

面板组： 在默认情况下，“颜色”“色板”“调整”“样式”“图层”“通道”和“路径”等面板是显示的，其他面板可以通过“窗口”菜单中的命令来打开。

状态栏： 主要显示当前文档的大小、文档的尺寸和窗口缩放比例等信息。

1.2.2 文件基本操作

新建文件： 选择“文件→新建”菜单命令，或按 Ctrl+N 组合键，可以打开“新建文档”对话框，如图 1-27 所示。

图 1-27 “新建文档”对话框

打开文件： 选择“文件→打开”菜单命令，或按 Ctrl+O 组合键，弹出“打开”对话框，如图 1-28 所示。

导入文件： 选择“文件→导入”菜单命令，在级联菜单中选择可以导入的变量数据组、视频帧到图层、注释或 WIA 支持等内容，如图 1-29 所示。

图 1-28 “打开”对话框

导出文件： 选择“文件”→“导出”菜单命令，在级联菜单中选择导出的类型，如图 1-30 所示。

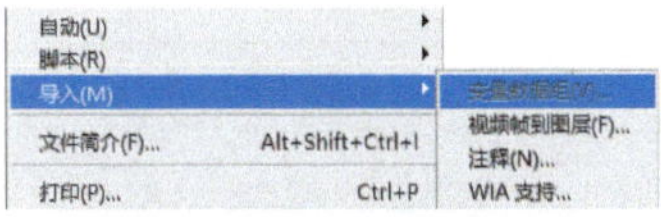

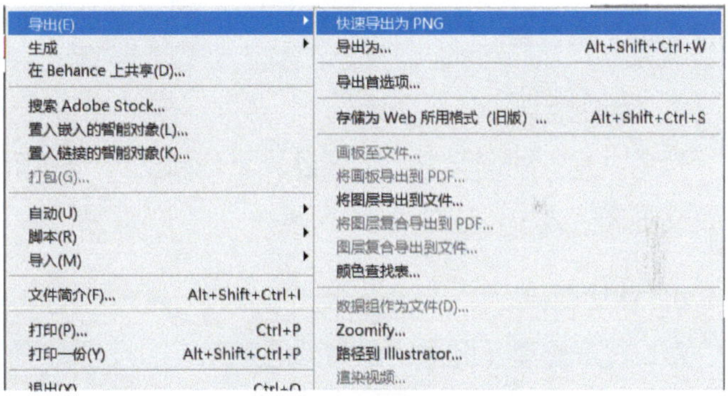

图 1-29 导入文件　　　　图 1-30 导出文件

保存文件： 完成对图像编辑后，选择“文件→保存”菜单命令，或按 Ctrl+S 组合键，可以保存文件。

关闭文件： 对不需要再编辑的图像，完成保存动作后，选择“文件→关闭”菜单命令，或按 Ctrl+W 组合键，可以关闭文件。

1.2.3 图像的基本编辑

1. 撤销和恢复文件

在编辑图像时，可能由于操作失误需要撤销某个步骤，再重新编辑图像。Adobe Photoshop 提供了还原、后退一步、前进一步、重做和恢复命令。

还原：撤销最近的一次操作，方法是选择“编辑→还原”菜单命令，或按 Ctrl+Z 组合键。

后退一步：还原操作，可以多次还原，方法是选择“编辑→后退一步”菜单命令，或按 Ctrl+Shift+Z 组合键。

前进一步：取消还原操作，可以多次取消还原，方法是选择“编辑→前进一步”菜单命令，或按 Alt+Ctrl+Z 组合键。

重做：取消还原操作，方法是选择“编辑→重做”菜单命令，或按Alt+Shift+Z组合键。只有使用了“还原”操作后才会出现“重做”命令，二者是关联的。

恢复：恢复文件到最后一次保存时的状态，方法是选择“文件→恢复”菜单命令，或按 F12 键。

2. 复制与粘贴图像

复制就是将选中的图像或选区复制到剪贴板中，方法是选择“编辑→复制”菜单命令，或按 Ctrl+C 组合键。

粘贴就是将剪贴板中的图像粘贴到画布中，方法是选择“编辑→粘贴”菜单命令，或按 Ctrl+V 组合键。

3. 裁剪图像

裁剪就是去除选区之外的图像。“裁剪工具” 可以裁剪不需要的图像，并且重新定义画布的大小，如图 1-31 所示。

4. 裁切图像

裁切图像是基于图像的像素颜色来完成的，选择“图像→裁切”菜单命令，弹出“裁切”对话框，如图 1-32 所示。

图 1-31 裁剪图像

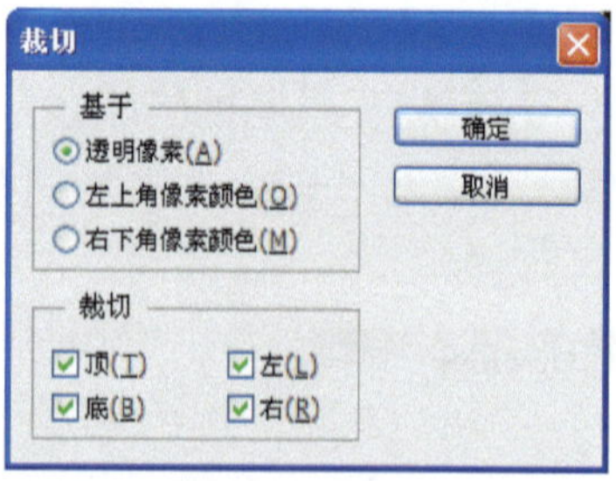

图 1-32 “裁切”对话框

透明像素：去掉图像边缘的透明区域。

左上角像素颜色：从图像中删除左上角的像素颜色区域。

右下角像素颜色：从图像中删除右下角的像素颜色区域。

顶、底、左、右：设置图像区域的方式。

5. 图像的变换

对选中的选区还可以变换选区，选择“选择→变换选区”菜单命令，可以对选区进行移动、旋转和缩放等操作，效果如图 1-33 所示。

6. 描边和填充

描边就是对选中的选区添加边缘轮廓，选择“编辑→填充”菜单命令，效果如图 1-34 所示。

填充就是对选中的选区添加颜色或图案，选择“编辑→填充”菜单命令，效果如图 1-35 和图 1-36 所示。

图 1-33　变换选区

图 1-34　描边

图 1-35　填充颜色

图 1-36　填充图案

7. 定义画笔、图案预设

定义一个笔刷样式，先要选择好笔刷的图像，然后选择“编辑→定义画笔预设”菜单命令，在弹出的对话框中输入一个名称，如图 1-37 所示。定义好后，打开画笔预设，可以在最后一个样式中看到刚定义好的画笔，如图 1-38 所示。在图像选中需要的选区，选择“编辑→定义图案”菜单命令，可以定义为图案，如图 1-39 所示。

图 1-37　定义画笔预设

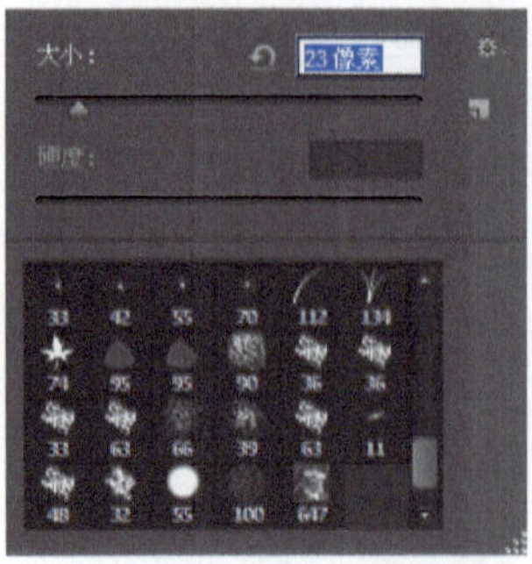

图 1-38　画笔预设效果

图 1-39　定义图案

8. 调整图像 / 画布的大小

在对图像进行编辑时，如果图像或画布的大小不满意，则可以进行调整，选择“图像→图像大小或画布大小”菜单命令，然后输入精确的宽度和高度值即可，如图 1-40 和图 1-41 所示。

图 1-40　调整图像大小

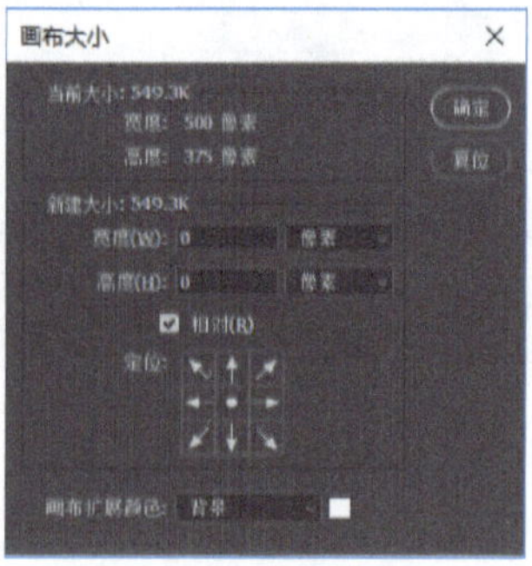

图 1-41　调整画布大小

1.3 常用工具

1.3.1 选择工具

选择工具主要包括移动工具、选框工具、套索工具、快速选择工具、魔棒工具和钢笔工具。

1. 移动工具

移动工具主要用于对选中的对象或选区进行移动、复制、粘贴等操作。

2. 选框工具

选框工具分为矩形选框工具、椭圆选框工具、单行选框工具和单列选框工具。

矩形选框工具： 创建和选择正方形或长方形的选区。操作时，只要在图像窗口中按下鼠标左键，同时移动鼠标，拖曳到合适的大小松开鼠标，就建立了一个简单的矩形选区。

椭圆选框工具： 创建椭圆形或正圆形的选区。

单行选框工具： 水平创建高度 1 像素的选区。

单列选框工具： 垂直创建宽度 1 像素的选区。

选框工具有 4 种选择方式，如图 1-42 所示。

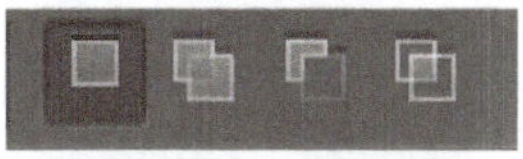

图 1-42　选择方式

❖ 建立新选区：建立新选区时，新选区会替换原有的选区，即取消之前的选择，重新选择，如图 1-43 所示。

❖ 添加到选区：在此状态下，添加的新选区与原有的选区共存，如果二者相交，则合并，只保留一个封闭的虚线框，如图 1-44 所示。

❖ 从选区中减去：在此状态下，新的选区会减去原有的选区。如果新选区不相交，则没有任何效果；如果相交，则减去相交的区域；如果新选区在原有选区内，则原有选区会形成一个中空的选区，如图 1-45 所示。

❖ 与选区交叉：又称为“选区交集”。此方式将保留两个选区相交的部分，如图 1-46 所示，如果两个选区没有相交，则会出现警告框。

图 1-43　建立新选区

图 1-44　添加到选区

图 1-45　从选区中减去

图 1-46　与选区交叉

3. 套索工具

套索工具： 按住鼠标左键任意拖动，可以自由地绘制出形状不规则的选区，如果起点与终点不在一起，就会自动在两者之间连接一条直线，如图 1-47 所示。

多边形套索工具： 与套索工具的使用方法类似，适合创建一些转角比较多的选区，如图 1-48 所示。

磁性套索工具： 可以自动识别对象的边界，特别适合快速选择与背景对比强烈且边缘复杂的对象，如图 1-49 所示。

图 1-47　套索工具

图 1-48　多边形套索工具

图 1-49　磁性套索工具

4. 快速选择工具

快速选择工具利用可调整的圆形笔尖迅速绘制出选区，如图 1-50 所示。

5. 魔棒工具

魔棒工具可以自动选取图像上相邻或颜色相似的范围，其他范围由容差设置颜色取样时决定，可以与其他选择工具搭配使用，可以利用 Shift 键来添加范围，或利用 Alt 键来减少范围，如图 1-51 所示。

图 1-50 快速选择工具

图 1-51 魔棒工具

6. 钢笔工具

钢笔工具主要用于绘制高精度的图像，包括钢笔工具和自由钢笔工具，如图 1-52 所示。自由钢笔工具可以像画笔或铅笔一样在图像中绘制路径，如果勾选了“磁性的”功能，则可以像磁性套索工具一样自动追踪图像的边界，如图 1-53 和图 1-54 所示。

图 1-52 钢笔工具

图 1-53 自由钢笔

图 1-54 磁性钢笔

例 1-1 绘制卡通人物

Step 1 新建一个空白画布，选择“文件→新建”菜单命令，在弹出的对话框中设置参数，如图 1-55 所示。

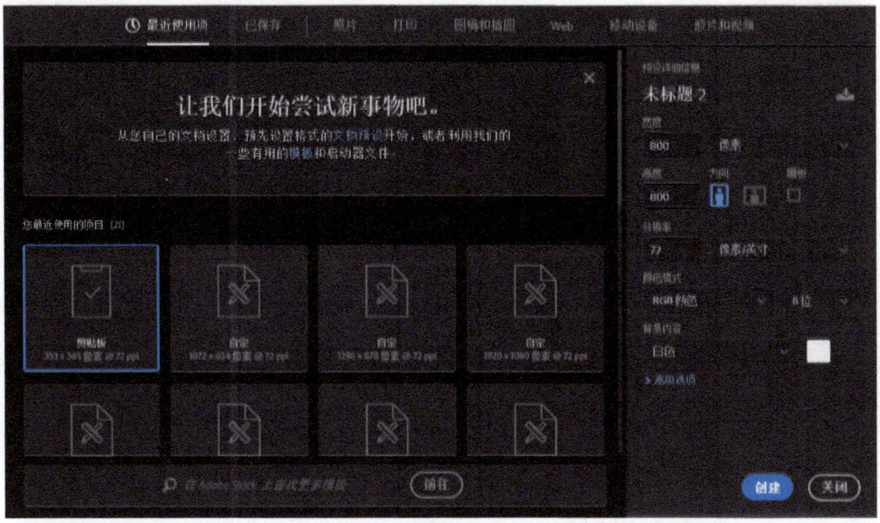

图 1-55 “新建文档”对话框

Step 2 使用椭圆选框工具，绘制一个椭圆形，并选择“编辑→填充”菜单命令，在内容中使用“颜色”，选择黄色并确定，效果如图 1-56 所示。

图 1-56 椭圆形

图 1-57 描边效果

Step 3 选择“编辑→描边”菜单命令，在弹出的对话框中设置宽度为 4 像素、颜色为黑色、位置居中、混合模式为正常，效果如图 1-57 所示。

Step 4 使用椭圆选框工具，选择“从选区中减去”选项，由右下角往左上角拖拉一个椭圆形，得到一个选区，并填充颜色为黑色，效果如图 1-58 所示。再使用魔棒工具选择黄色区域获取选区，使用椭圆选框工具，选择“从选区中减去”选项，由左下角往右上角拖拉一个椭圆，得到一个选区，并填充颜色为黑色，效果如图 1-59 所示。

Step 5 使用椭圆选框工具，为卡通人物绘制眉毛、眼睛及嘴巴，效果如图 1-60 和图 1-61 所示。

图 1-58 绘制左边头发

图 1-59 绘制右边头发

图 1-60 绘制眉毛和眼睛

图 1-61 最终效果

1.3.2 绘图工具

Adobe Photoshop 的绘图工具不仅能绘制插画，还能对数码照片进行美化和制作各种特效。绘图工具主要包括画笔工具、铅笔工具、橡皮擦工具组、颜色替换工具、渐变工具和油漆桶工具。

1. 画笔工具

画笔工具可以绘制出比较柔和的线条，其效果如同毛笔画出的线条一样。选择画笔工具，然后把鼠标指针移至图像窗口中，按住鼠标左键即可绘画。画笔预设如图 1-62 所示，画笔绘制效果图 1-63 所示。

2. 铅笔工具

铅笔工具可以创建硬边线条，其使用方法与画笔工具类似，不同的是铅笔工具均为硬边，如图 1-64 所示。选项栏中有“自动抹除”选项，勾选该选项后，如果光标中心放在包含前景色的区域，则可以将该区域涂抹成背景色。

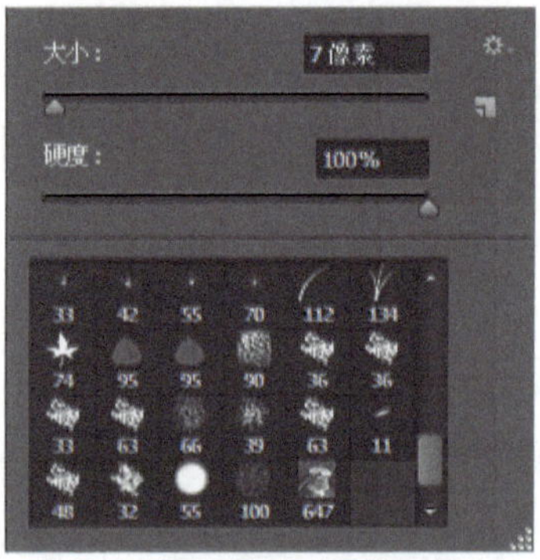

图 1-62　画笔预设

图 1-63　画笔绘制效果

图 1-64　铅笔绘制效果

3. 橡皮擦工具组

橡皮擦工具组可以分为橡皮擦工具、背景色橡皮擦工具和魔术橡皮擦工具。这些工具都可以将图像中的像素为改为背景色或透明，采用类似画笔的绘制型操作方式。

4. 颜色替换工具

颜色替换工具可以将选定的颜色替换为其他颜色，其模式有“色相”“饱和度”“颜色”和“明度”。当选择“颜色”模式时，可以同时替换色相、饱和度和明度，原图和效果图如图 1-65 和图 1-66 所示。

图 1-65　原图 1

图 1-66　颜色模式

5. 渐变工具

渐变工具可以使整个文档或选区填充渐变色，并可以创建多种颜色之间的混合效果，包括 5 种渐变效果：线性渐变、径向渐变、角度渐变、对称渐变和菱形渐变，如图 1-67 所示。

图 1-67　渐变效果

6. 油漆桶工具

油漆桶工具可以在图像中填充颜色，但只对图像中颜色相近的区域进行填充。原图和效果图如图 1-68 和图 1-69 所示。

图 1-68　原图 2

图 1-69　使用油漆桶后的效果

例 1-2 更换衣服颜色

Step 1 打开素材，如图 1-70 所示，模特身着一件 T 恤衫，需要改变衣服的颜色。因为衣服的颜色与嘴唇颜色相近，所以需要使用选框工具选择衣服。

Step 2 选择“图像→调整→替换颜色”菜单命令，使用吸管获取需要替换的颜色，然后通过调整色相、饱和度和明度，从而改变颜色；也可以单击工具箱中的“颜色替换工具”，然后把前景色设置为紫色，容差为 50，在衣服区域进行涂抹，效果如图 1-71 所示。

图 1-70 例 1-2 原图

图 1-71 例 1-2 效果

例 1-3 上色

Step 1 打开素材，如图 1-72 所示。

Step 2 在工具箱中选择“油漆桶”，打开前景色的拾色器，设置草帽的颜色，设置 R、G、B 值分别为 254、189、27，如图 1-73 所示。设置其高光和阴影的 R、G、B 值分别为 255、243、135 和 203、127、7，效果如图 1-74 所示。

Step 3 设置草帽带和衣服的颜色为红色。草帽带的 R、G、B 值分别为 207、36、16，其高光和阴影的 R、G、B 值分别为 252、112、97 和 153、37、14，效果如图 1-75 所示。衣服的 R、G、B 值分别为 207、36、16，其高光和阴影的 R、G、B 值分别为 253、108、81 和 155、37、11，效果如图 1-76 所示。

Step 4 为皮肤上色，主色调的 R、G、B 值分别为 254、186、137，其高光和阴影的 R、G、B 值分别为 254、241、227 和 222、134、94，效果如图 1-77 所示。

图 1-72　例 1-3 原图

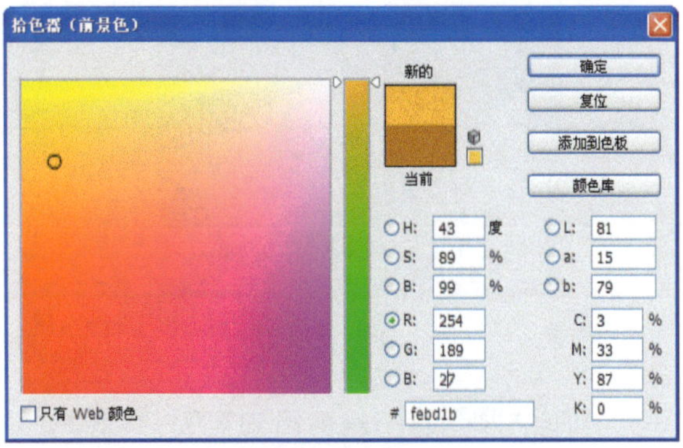

图 1-73　拾色器

图 1-74　草帽上色效果

图 1-75　草帽带上色效果

图 1-76　衣服上色效果

图 1-77　例 1-3 最终效果

1.3.3 图章工具

图章工具主要包括仿制图章工具和图案图章工具。

1. 仿制图章工具

仿制图章工具主要用于复制原图像中的部分细节，以弥补图像在局部显示的不足，使图像整体效果更丰富，如图 1-78 和图 1-79 所示。

图 1-78　原图 1

图 1-79　仿制图章的效果

使用仿制图章工具进行复制时，通过 Alt+ 鼠标左键单击获取图像源，然后在目标位置按住左键拖动，图像参考点位置将显示一个十字形状准心，而在操作处将显示代表画笔大小的空心圆。

2. 图案图章工具

图案图章工具可以使用图案或载入的图案进行绘画，如图 1-80 和图 1-81 所示。

图 1-80　原图 2

图 1-81　图案图章的效果

1.3.4 修复工具

修复工具包括污点修复画笔工具、修复画笔工具、内容感知移动工具、修补工具和红眼工具。

1. 污点修复画笔工具

污点修复画笔工具可以消除图像中的污点或某个对象。使用时不需要设置取样点，因为它可以自动从所修饰区域的周围进行取样，如图 1-82 和图 1-83 所示。

图 1-82　原图 1

图 1-83　污点修复的效果

2. 修复画笔工具

修复画笔工具可以校正图像中的瑕疵，与仿制图章工具一样，也可以用图像中的像素作为样本进行绘制。修复画笔工具还可以将源像素的纹理、光照、透明度和阴影与目标像素进行匹配，从而使修复后的像素不留痕迹地融入图像的其他部分，如图 1-84 和图 1-85 所示。

图 1-84　原图 2

图 1-85　修复画笔的效果

3. 内容感知移动工具

内容感知移动工具可以将选中的对象移动或复制到图像的其他地方，并重组和混合图像，如图 1-86 ～图 1-88 所示。

图 1-86　原图 3

图 1-87　移至新位置

图 1-88　内容感知移动的效果

4. 修补工具

修补工具可以利用样本或图案清除图像中不理想的部分，如图 1-89 和图 1-90 所示。

图 1-89　原图 4

图 1-90　修补效果

修补工具的操作是基于区域的，首先需要选择好一个区域作为“源”，然后从选区开始拖动鼠标，在图像中寻找要复制到该选区的图像。

5. 红眼工具

红眼工具可以去除由于闪光灯导致的眼睛里的红色反光，如图 1-91 和图 1-92 所示。红眼工具有瞳孔大小和变暗量两个选项，瞳孔大小用来设置瞳孔的大小，也就是眼睛暗色中心的大小；变暗量用来设置瞳孔的暗度。

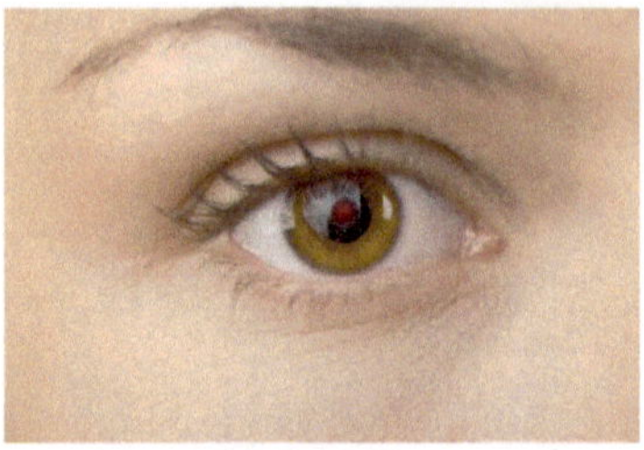

图 1-91　原图 5

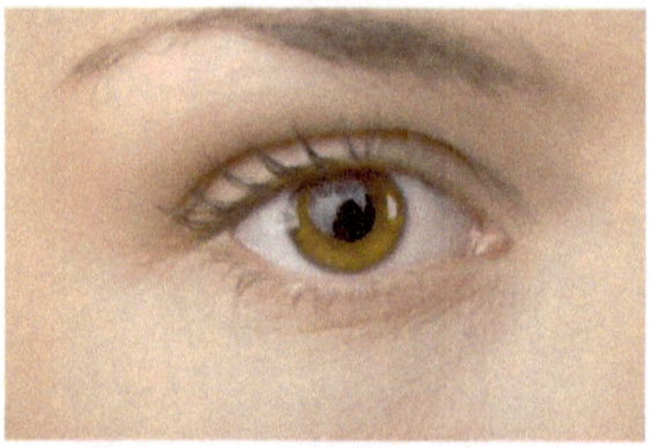

图 1-92　红眼去除效果

1.3.5 修饰工具

修饰工具包括涂抹工具、模糊工具、锐化工具、海绵工具、减淡工具和加深工具。

1. 涂抹工具

涂抹工具模拟手指在一个湿油画上擦抹的效果，如图 1-93 和图 1-94 所示。

图 1-93　原图 1

图 1-94　涂抹效果

2. 模糊工具

模糊工具用于把涂抹的区域变得模糊。可以将画面中主体以外的部分做模糊处理，从而突出主体，如图 1-95 和图 1-96 所示。

图 1-95　原图 2

图 1-96　模糊效果

3. 锐化工具

锐化工具的作用与模糊工具正好相反。它将画面中模糊的部分变得清晰，但过度使用会造成色斑的产生，如图 1-97 和图 1-98 所示。

图 1-97　原图 3

图 1-98　锐化效果

4. 海绵工具

海绵工具可以精确地改变图像局部的色彩饱和度，可选择减少饱和度或增加饱和度，如图 1-99 和图 1-100 所示。

图 1-99　减少饱和度

图 1-100　增加饱和度

5. 减淡工具

减淡工具可以使用图像局部变亮，可以选择为高光、中间调或暗调区域加亮，如图 1-101 和图 1-102 所示。

图 1-101　原图 4

图 1-102　减淡效果

6. 加深工具

加深工具的作用与减淡工具正好相反。它将图像局部变暗，也可以选择高光、中间调或暗调区域，如图 1-103 和图 1-104 所示。

图 1-103 原图 5

图 1-104 加深效果

例 1-4 去除皱纹

Step 1 打开素材，如图 1-105 所示。

Step 2 去除皱纹。使用"修复画笔"工具，按住 Alt 键，在脸颊上单击设置一个源点，然后依次在皱纹和眼袋上描画，处理后的效果如图 1-106 所示。

图 1-105 例 1-4 原图

图 1-106 去除皱纹效果

1.4 图层和蒙版

1.4.1 图层面板

图层面板主要用于创建、编辑和管理图层，以及为图层添加样式，如图 1-107 所示。

面板菜单： 可以打开图层的面板菜单。

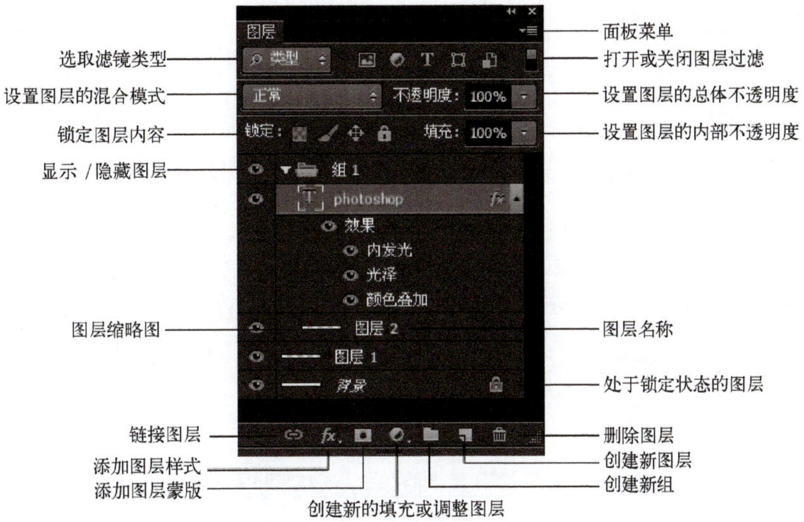

图 1-107　图层面板

选取滤镜类型： 如果文档中的图层较多，则可以在该下拉列表中选择一种过滤类型，以减少图层的显示，选择类型包括“类型”“名称”“效果”“模式”“属性”和“颜色”。

打开或关闭图层过滤： 单击此按钮，即可开启或关闭过滤功能。

设置图层的混合模式： 设置当前图层的混合模式，能与下层的图像产生混合。

锁定图层内容： 锁定当前图层，使之不可编辑。

设置图层的总体不透明度： 设置当前图层的总体不透明度。

设置图层的内部不透明度： 设置当前图层填充的不透明度，不会影响图层样式。

图层名称： 显示图层的名称，可以修改。

显示 / 隐藏图层： 图标为眼睛形状，表示当前图层处于可见状态；图标为空形状，即为不可见状态。

图层缩略图： 显示图层中包含的图像内容。

链接图层： 用来链接当前选择的多个图层。

添加图层样式： 单击按钮后，在弹出的样式中选择一种，即可为当前图层添加一个图层样式。

添加图层蒙版： 为当前图层添加蒙版。

创建新的填充或调整图层： 创建填充图层或调整图层。

创建新图层： 创建一个新图层。

创建新组： 新建一个图层组。

删除图层： 删除当前选择的图层。

1.4.2 图层的基础操作

1. 创建图层

方法 1：单击图层面板内的“创建新图层”按钮，即可在当前图层之上创建一个新图层。

方法 2：使用快捷键创建。按 Ctrl+Shift+N 组合键，弹出“创建”对话框，从中设置相应的参数，即可创建图层；按 Ctrl+Alt+Shift+N 组合键，不会弹出“创建”对话框，而是直接创建新图层。

2. 复制图层

方法 1：利用“创建新图层”按钮复制图层。选中需要复制的图层，按下鼠标左键，然后拖曳到“创建新图层”按钮上，释放鼠标后即可得到当前图层的副本，如图 1-108 和图 1-109 所示。

方法 2：通过面板菜单，选择复制图层。

3. 显示和隐藏图层

在图层面板的左侧有眼睛图标，可以使用鼠标单击进行开启或关闭。显示图标表示这个图层是可见的，取消时表示图层是不可见的，即隐藏，如图 1-110 所示。

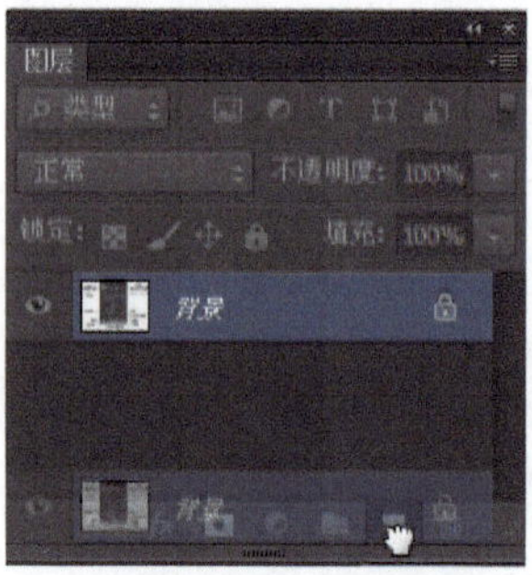

图 1-108 拖曳到“创建新图层”按钮上

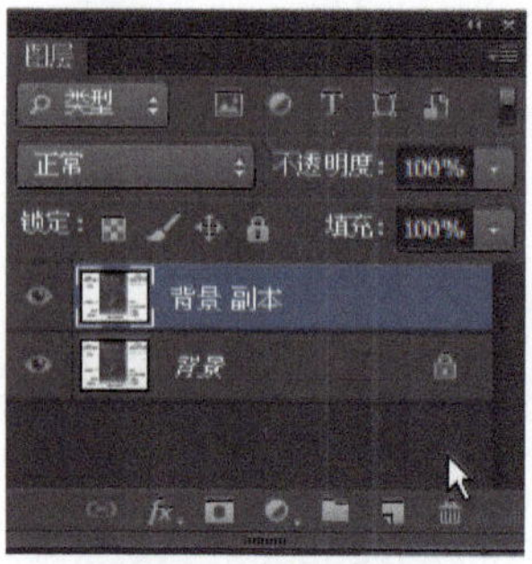

图 1-109 背景副本

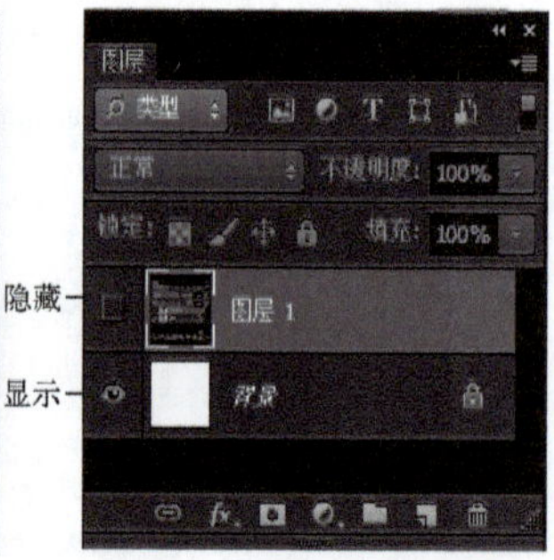

图 1-110 显示和隐藏图层

4. 锁定图层

图 1-111 锁定方式

锁定图层是为了防止误操作，一般背景图层自动具有锁定功能。如果需要取消锁定，只要双击背景图层即可。Adobe Photoshop 中有 4 种锁定方式，如图 1-111 所示。

- ❖ 锁定透明像素：即保持图层中像素的面积不变，单击该按钮后，绘图工具无法在该层透明区域中绘画，即使经过透明区域也不会留下痕迹。
- ❖ 锁定图像像素：单击该按钮后，将无法修改图层中的像素，即禁止对图像的绘制或者修改。

❖ 锁定位置：单击该按钮后，该图层无法移动，如果试图移动，则弹出警告框。

❖ 锁定全部：单击该按钮后，该图层既不会绘制也不能移动，像素和透明像素也不能修改。

5. 删除图层

对于不需要的图层，用户可以在该图层上单击右键，然后在弹出的快捷菜单中选择“删除图层”；也可以按住鼠标左键，拖曳到“删除图层”按钮上。

6. 合并图层

合并可见图层：选择“面板菜单→合并可见图层”菜单命令，可以将所有可见的图层合并为一个图层，会使图像占用空间变小，所以图像文件大小也会变小。

合并所有图层：选择“面板菜单→拼合图层”菜单命令，可以将所有的图层合并到背景图层中。

7. 图层组

在设计制作图像时会使用许多图层，为了方便管理，用户可以将图层归为不同的组别，从而有效地提高工作效率。单击“创建新组”按钮，或使用面板菜单中的新建组命令，都可以创建新的图层组。

8. 图层的链接

如果同时要处理多个图层中的内容，则可以将这些图层链接起来。选择两个或多个图层，然后单击“链接图层”按钮，或者选择“图层→链接图层”菜单命令。如果要取消链接，则可以选择其中一个链接图层，单击“链接图层”按钮即可。

9. 栅格化图层

文字图层、形状图层和矢量蒙版图层等包含矢量数据，不能使用绘画工具或滤镜，但是可以栅格化这些图层，将图层中的内容转换为平面的光栅图像。选择需要栅格化的图层，然后选择“图层→栅格化”菜单命令，即可栅格化该图层。

1.4.3 图层样式

图层样式可以快速为图层添加投影、发光、浮雕、光泽等常用效果。选择“图层→图层样式→混合选项”菜单命令，或者单击图层面板中的“添加图层样式”按钮，则弹出“图层样式”对话框，如图 1-112 所示。

斜面和浮雕：设置浮雕的结构和阴影，为图像增加立体感。在“样式”中可以选择“外斜面”“内斜面”“浮雕效果”“枕状浮雕”或“描边浮雕”，如图 1-113 所示。

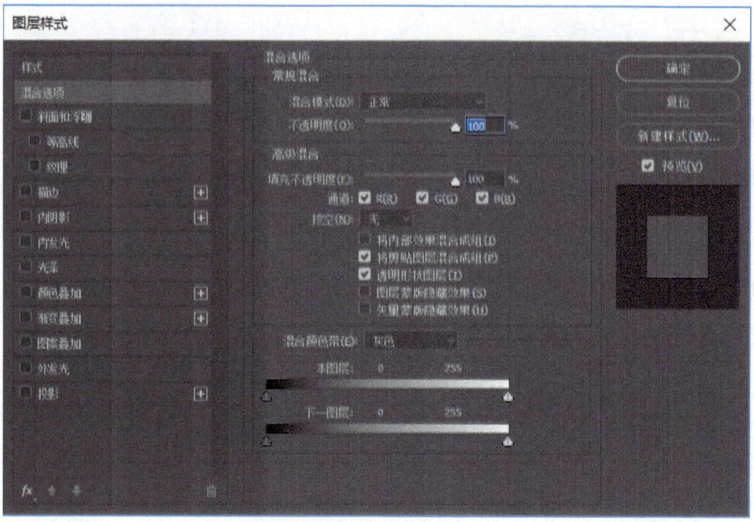

图 1-112 “图层样式”对话框

图 1-113 浮雕样式

描边：指使用颜色、渐变或图案描绘图像的轮廓，如图 1-114 所示。

内阴影：可以为图像在紧靠图层内容的边缘添加阴影，使图像有凹陷的效果，如图 1-115 所示。

内发光：可以为图层增加发光效果，如图 1-116 所示。

图 1-114 描边

图 1-115 内阴影

图 1-116 内发光

光泽：可以创建光滑且具有光泽的阴影，一般用来制作按钮，原图和效果图如图 1-117 和图 1-118 所示。

颜色叠加：可以为图像叠加指定的颜色。在对话框中单击“混合模式”右侧的色块，在弹出的“拾色器”对话框中选择一种颜色，并设置所需要的混合模式和不透明度。

渐变叠加：为图层叠加渐变色，原图和效果图如图 1-119 和图 1-120 所示。

图 1-117　原图 1

图 1-118　光泽

图 1-119　原图 2

图 1-120　渐变叠加

图案叠加：为图层叠加指定图案，原图和效果图如图 1-121 和图 1-122 所示。

外发光：为图层创建外发光效果，如图 1-123 所示。

投影：为图层添加阴影效果，使其具有立体感，如图 1-124 所示。

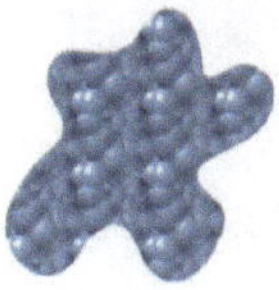

图 1-121　原图 3

图 1-122　图案叠加

图 1-123　外发光

图 1-124　投影

1.4.4　图层蒙版

蒙版是摄影术语，是指控制照片不同区域曝光的传统暗房技术。Adobe Photoshop 的蒙版有 4 种：剪贴蒙版、快速蒙版、图层蒙版和矢量蒙版。

1. 剪贴蒙版

剪贴蒙版可以用一个图层中的图像来限制它上一图层中图像的显示形状及范围，可以是多幅图像。选择“图层→创建剪贴蒙版”菜单命令，或者按住 Alt 键并将光标移到两个图层的分隔线上再单击左键，图层面板如图 1-125 所示，效果如图 1-126 所示。

图 1-125　剪贴蒙版

图 1-126　剪贴蒙版效果

2. 快速蒙版

快速蒙版可以快速将一个选区变成蒙版，再使用绘画工具或滤镜对蒙版进行编辑。创建快速蒙版时，首先要用选择工具创建一个选区，再单击“工具箱”中的“以快速蒙版模式编辑”按钮或按 Q 键。在默认情况下，图像上会覆盖一层红色，如图 1-127 ～图 1-129 所示。

图 1-127　原图 1

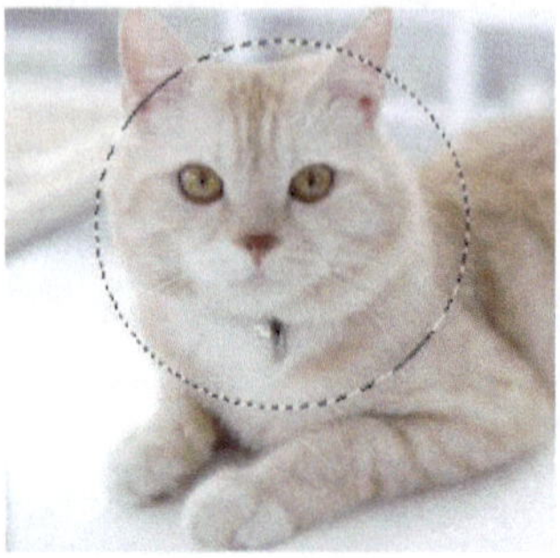

图 1-128　选区

图 1-129　快速蒙版

3. 图层蒙版

图层蒙版可以理解为在当前图层上覆盖了一层玻璃，这层玻璃有透明的、半透明的和完全不透明的；图像的显示或隐藏由蒙版中的黑、白颜色来控制（黑色透明，白色不透明），如图 1-130 ～图 1-132 所示。

图 1-130　原图 2

图 1-131　图层蒙版效果

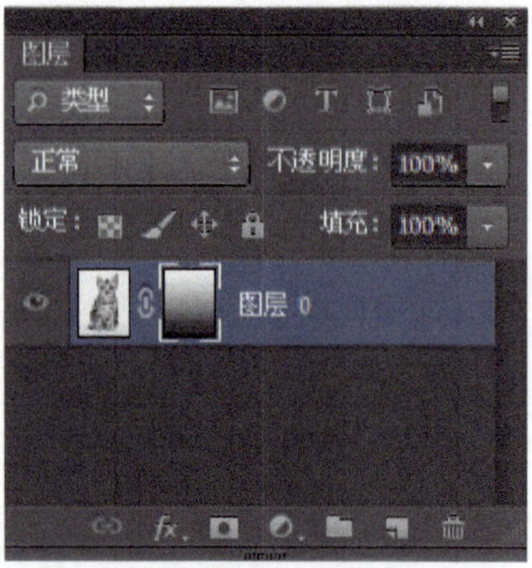

图 1-132　图层蒙版

4. 矢量蒙版

矢量蒙版与图层蒙版相似，不同在于，矢量蒙版通过钢笔或形状工具创建的路径来限制图像显示或隐藏，所以都是具有规则边缘的蒙版。

选择“图层→创建矢量蒙版→显示全部或隐藏全部”菜单命令，可以显示或隐藏图像；或者绘制路径，然后选择“图层→矢量蒙版→当前路径”菜单命令，可以用当前路径创建一个矢量蒙版。矢量蒙版效果和图层面板如图 1-133 和图 1-134 所示。

图 1-133　矢量蒙版效果

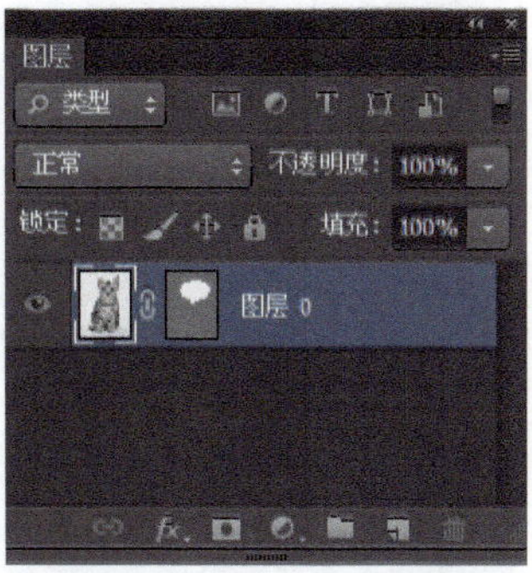

图 1-134　图层面板矢量蒙版

例 1-5　蒙版应用

Step 1　打开素材，如图 1-135 和图 1-136 所示。

图 1-135　飞机原图

图 1-136　白云原图

Step 2　把飞机素材复制到白云素材中，如图 1-137 所示。

Step 3　选中“图层 1”为其添加蒙版，并单击“添加图层蒙版”按钮，如图 1-138 所示。

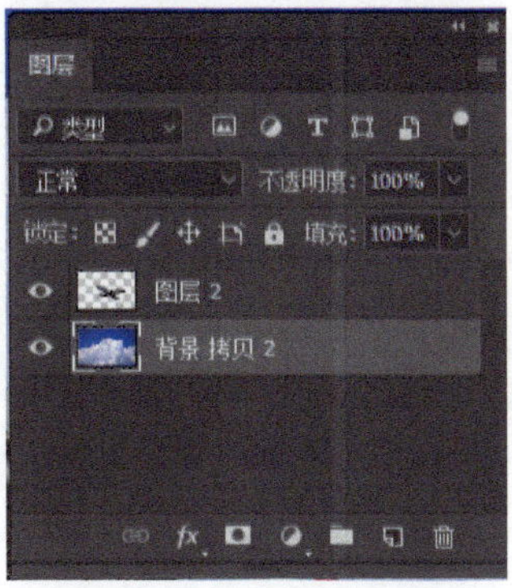

图 1-137　添加素材

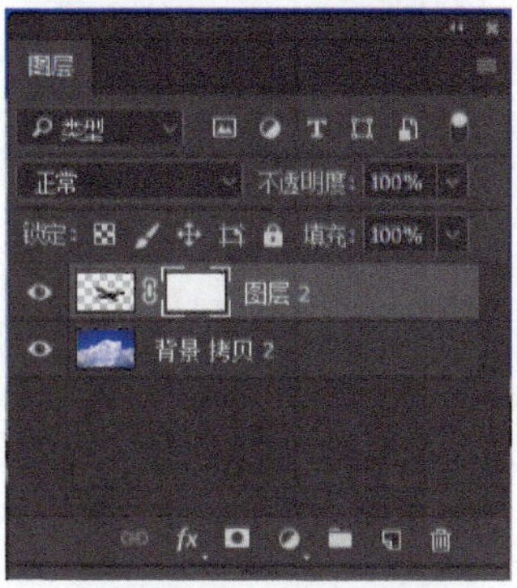

图 1-138　添加蒙版

Step 4　选择“画笔工具”，设置颜色为黑色，对需要遮住的部分进行涂抹，效果如图 1-139 所示。

图 1-139　蒙版应用效果

1.5 色彩

1.5.1 色彩基础

1．色彩基础知识

计算机中用 3 种基色（红、绿、蓝）的相互混合来表现所有色彩。任何色彩都有色相、明度、纯度 3 个基本要素。

色相： 色彩的相貌，是区别色彩种类的名称。

明度： 色彩的明暗程度，即色彩的深浅差别。

纯度： 色彩的纯净程度。

2．色彩面板

前景色与背景色： 位于工具箱中，如图 1-140 所示，默认前景色是黑色，背景色是白色，可以通过拾色器进行调整。

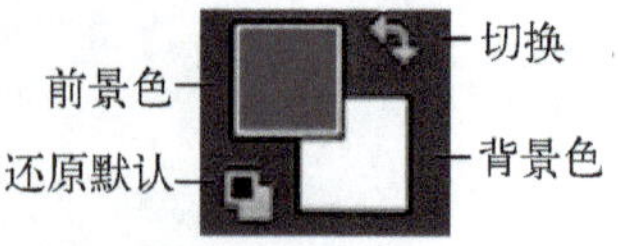

图 1-140　前景色和背景色

颜色面板： 可以快速设置颜色，选择“窗口”→“颜色”菜单命令或按 F6 键，就可以显示或隐藏颜色面板，如图 1-141 所示。

拾色器： 单击前景色或背景色，就可以打开“拾色器”对话框，如图 1-142 所示。然后在色域中选择任意一种颜色，也可以输入 HSB、RGB、LAB 或 CMYK 的值来指定颜色。

图 1-141 颜色面板

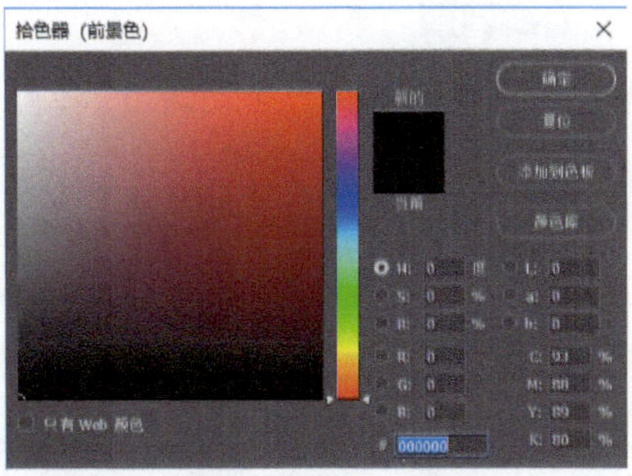

图 1-142 “拾色器”对话框

1.5.2 图像调整命令

1. 亮度 / 对比度调整

“亮度 / 对比度”命令可以对图像的亮度或对比度在指定范围内进行调整。打开图像，然后选择“图像→调整→亮度 / 对比度”菜单命令，在弹出的对话框（如图 1-143 所示）中移动亮度或对比度的滑块进行调整，原图和效果图如图 1-144 和图 1-145 所示。

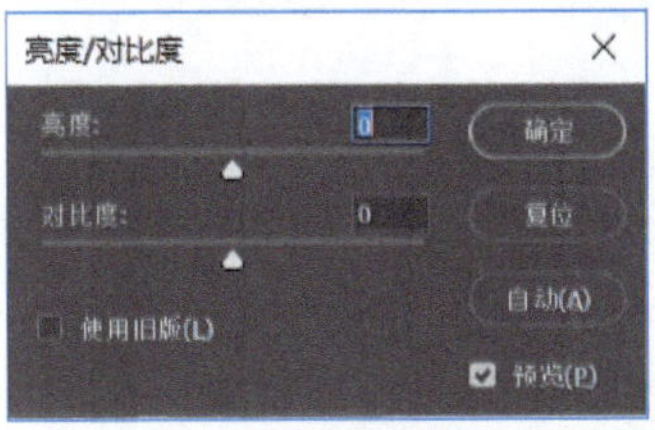

图 1-143 “亮度 / 对比度”对话框

图 1-144 原图 1

图 1-145 亮度 / 对比度效果

2. 色阶调整

“色阶”命令可以调整图像的阴影、中间调和高光，是图像调整中比较常用的命令之一。打开图像，然后选择“图像→调整→色阶”菜单命令或按 Ctrl+L 组合键，在弹出的对话框（如图 1-146 所示）中进行调整，效果如图 1-147 所示。

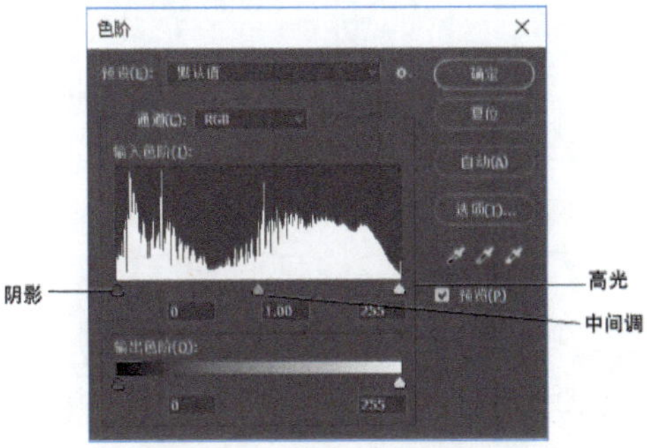

图 1-146 “色阶”对话框

图 1-147 色阶调整效果

3. 曲线调整

“曲线”命令可以调整图像的色调，也是图像调整中比较常用的命令之一。打开图像，然后选择“图像→调整→曲线”菜单命令或按Ctrl+M组合键，在弹出的对话框（如图 1-148 和图 1-149 所示）中进行调整，效果如图 1-150 所示。

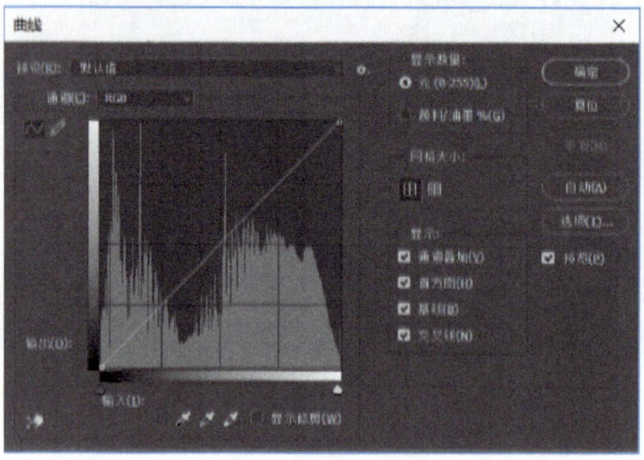

图 1-148 “曲线”对话框

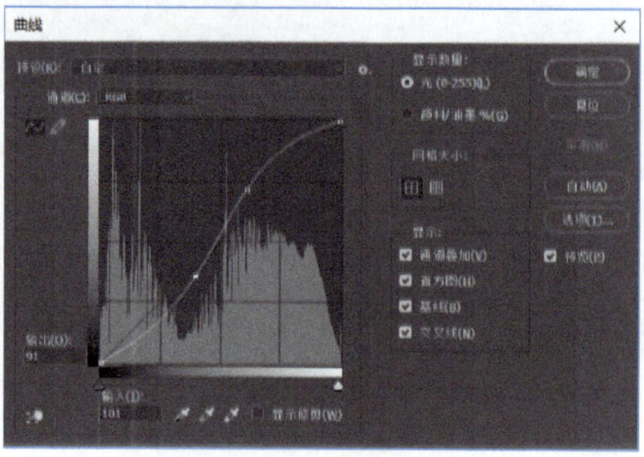

图 1-149 参数设置

图 1-150 曲线调整效果

4. 曝光度调整

“曝光度”命令可以调整图像的曝光度、位移和灰度系数校正。打开图像，然后选择“图像→调整→曝光度”菜单命令，在弹出的对话框（如图 1-151 所示）中移动相应的滑块进行调整，效果如图 1-152 所示。

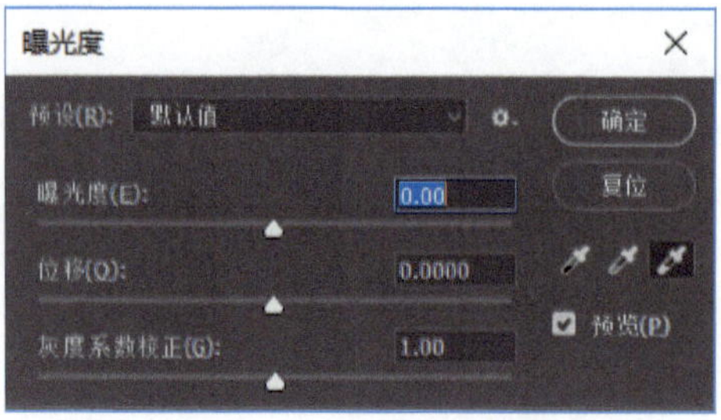

图 1-151 “曝光度”对话框

图 1-152 曝光度调整效果

5. 自然饱和度调整

“自然饱和度”命令可以增加图像中未达到饱和度的颜色的饱和度，或对过度饱和度的区域进行调整。打开图像，然后选择“图像→调整→自然饱和度”菜单命令，在弹出的对话框（如图 1-153 所示）中移动相应的滑块进行调整，效果如图 1-154 所示。

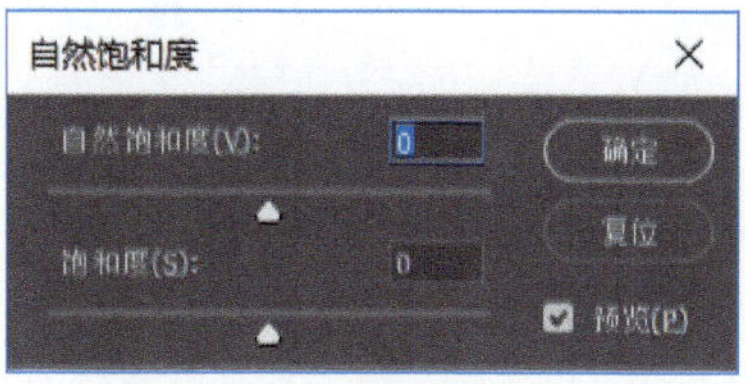

图 1-153 “自然饱和度”对话框

图 1-154 自然饱和度调整效果

6. 色相 / 饱和度调整

“色相 / 饱和度”命令可以精确调整图像的色相、饱和度和明度。打开图像，然后选择“图像→调整→色相 / 饱和度”菜单命令或按 Ctrl+U 组合键，在弹出的对话框（如图 1-155 所示）中移动相应的滑块进行调整，效果如图 1-156 所示。

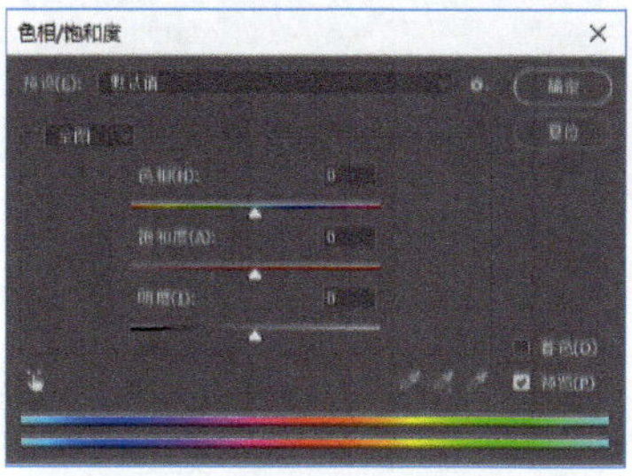

图 1-155 “色相 / 饱和度”对话框

图 1-156 色相 / 饱和度调整效果

7. 色彩平衡调整

“色彩平衡”命令可以对图像整体颜色的混合程度进行调整。打开图像，然后选择“图像→调整→色彩平衡”菜单命令或按 Ctrl+B 组合键，在弹出的对话框（如图 1-157 所示）中移动相应的滑块进行调整，效果如图 1-158 所示。

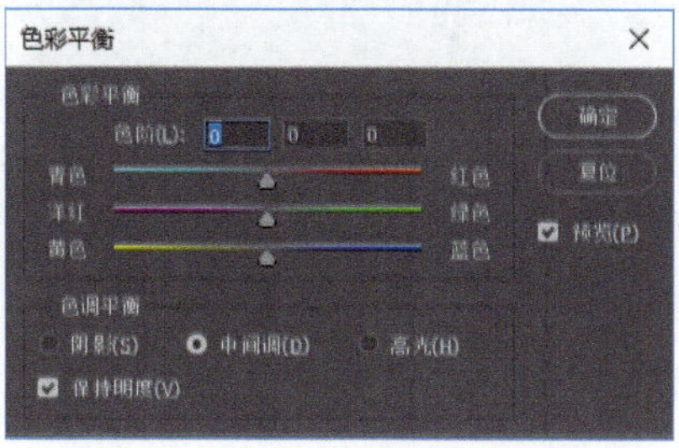

图 1-157 “色彩平衡”对话框

图 1-158 色彩平衡调整效果

8. 黑白调整

“黑白”命令可以将彩色图像转换成黑色图像，同时可以调整红、黄、绿、青、蓝和洋红等色调。打开图像，然后选择“图像→调整→黑白”菜单命令或按 Alt+Ctrl+Shift+B 组合键，在弹出的对话框（如图 1-159 所示）中移动相应的滑块进行调整，效果如图 1-160 所示。

图 1-159 “黑白”对话框

图 1-160 黑白调整效果

9. 照片滤镜

“照片滤镜”命令可以为图像添加彩色滤镜的效果。打开图像，然后选择“图像→调整→照片滤镜”菜单命令，在弹出的对话框（如图 1-161 所示）中选择所需要的滤镜或颜色，同时可以通过滑块调整浓度，效果如图 1-162 所示。

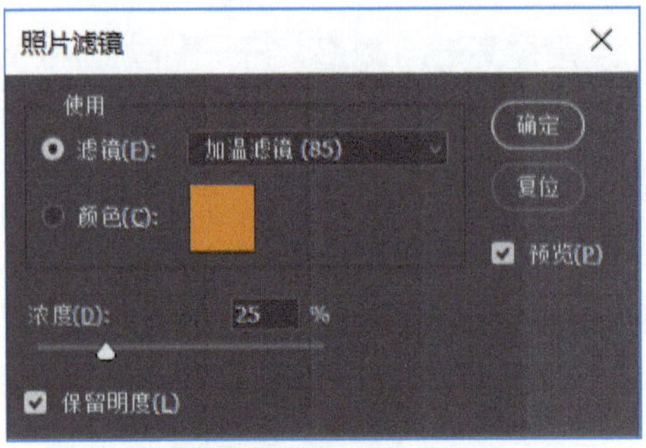

图 1-161 “照片滤镜”对话框

图 1-162 照片滤镜效果

10. 通道混合器

“通道混合器”命令可以对图像的红、绿、蓝 3 个通道进行调整，创建出更多不同色调的图像。打开图像，然后选择“图像→调整→通道混合器”菜单命令，在弹出的对话框（如图 1-163 所示）中移动相应的滑块进行调整，效果如图 1-164 所示。

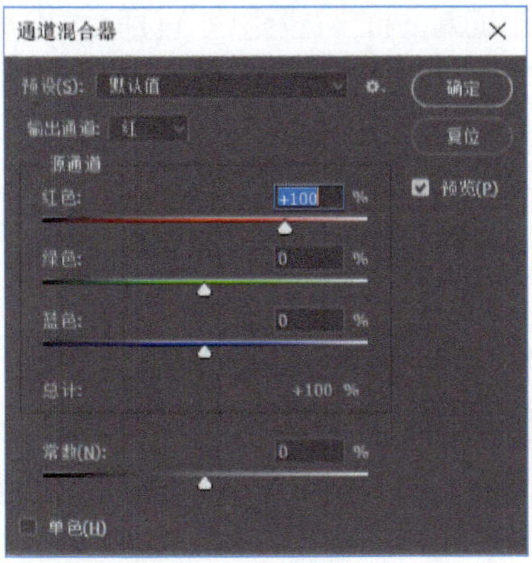

图 1-163 “通道混合器”对话框

图 1-164 通道混合调整效果

11．反相调整

“反相”命令可以把图像中的颜色转换成它的补色，即白变黑，黑变白，从而创建出负片效果。打开图像，然后选择“图像→调整→反相”菜单命令，效果如图 1-165 所示。

图 1-165 反相效果

12．色调分离

“色调分离”命令可以为图像的每个通道指定色调数目或亮度值，把像素映射到最佳级别。打开图像，然后选择“图像→调整→色调分离”菜单命令，在弹出的对话框（如图 1-166 所示）中进行设置，效果如图 1-167 所示。

图 1-166 “色调分离”对话框

图 1-167 色调分离效果

13. 阈值调整

“阈值”命令可以将图像中的色彩信息删除，使之变成黑白图像。打开图像，然后选择“图像→调整→阈值”菜单命令，在弹出的对话框（如图 1-168 所示）中移动滑块或输入精确的阈值色阶进行调整，效果如图 1-169 所示。

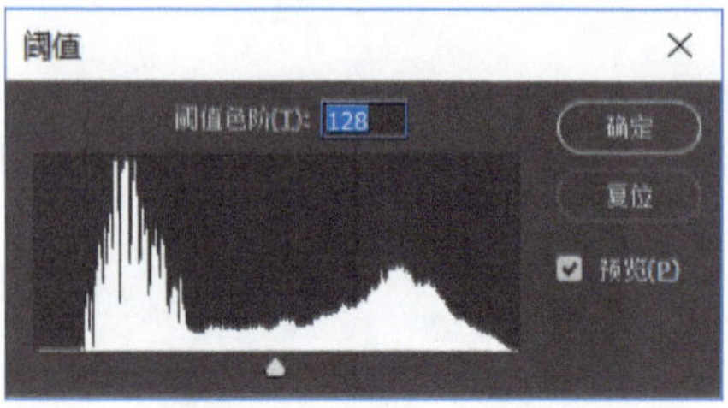

图 1-168 “阈值”对话框

图 1-169 阈值调整效果

14. 渐变映射调整

“渐变映射”命令可以把渐变的颜色映射到图像上。打开图像，然后选择“图像→调整→渐变映射”菜单命令，在弹出的对话框（如图 1-170 所示）中单击渐变颜色，再通过渐变编辑器进行调整，效果如图 1-171 所示。

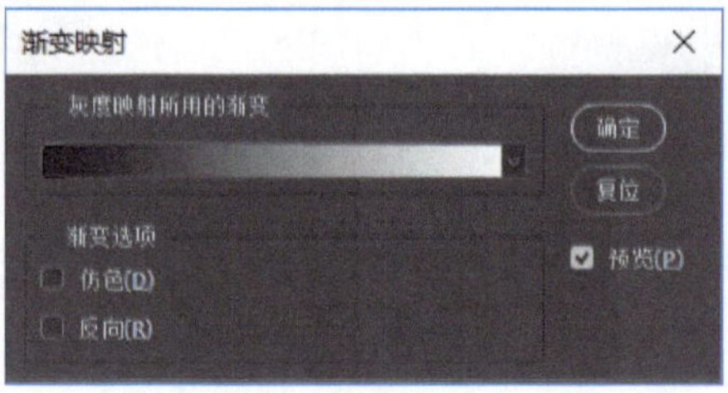

图 1-170 “渐变映射”对话框

图 1-171 渐变映射效果

15. 可选颜色调整

“可选颜色”命令可以将图像中每个主要的原色增加或减少印刷数量，并不影响其他主要颜色。打开图像，然后选择“图像→调整→可选颜色”菜单命令，在弹出的对话框（如图 1-172 所示）中根据需要选择颜色，再移动滑块进行调整，效果如图 1-173 所示。

16. 阴影 / 高光调整

“阴影 / 高光”命令可以处理图像中阴影或高光的区域，恢复图像的细节。打开图像，然后选择“图像→调整→阴影 / 高光”菜单命令，在弹出的对话框（如图 1-174 所示）中移动相应的滑块进行调整，效果如图 1-175 所示。

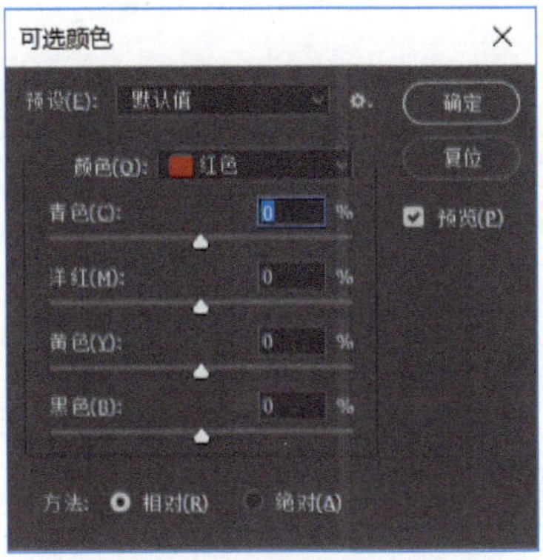

图 1-172 “可选颜色”对话框

图 1-173 可选颜色调整效果

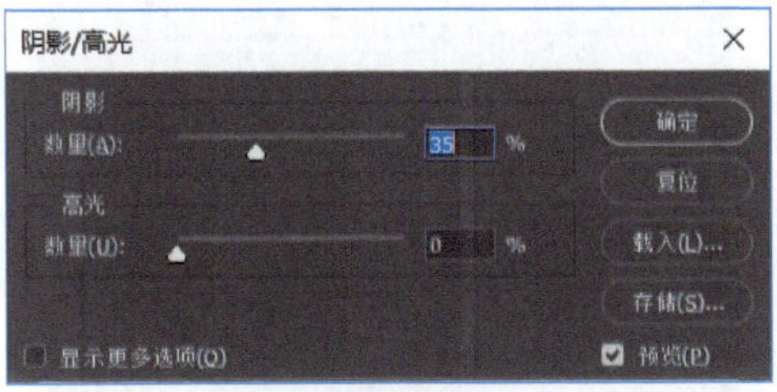

图 1-174 “阴影 / 高光”对话框

图 1-175 阴影 / 高光调整效果

17. HDR 色调调整

“HDR 色调”命令可以修补比较暗或比较亮的图像。打开图像，然后选择“图像→调整→ HDR 色调”菜单命令，在弹出的对话框（如图 1-176 所示）中移动相应的滑块进行调整，效果如图 1-177 所示。

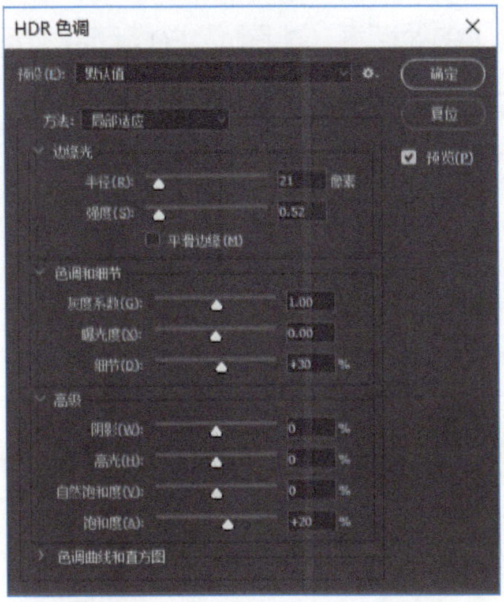

图 1-176 “HDR 色调”对话框

图 1-177 HDR 色调调整效果

18. 去色调整

“去色”命令将图像中的颜色去除，使其成为灰度图。打开图像，然后选择“图像→调整→去色”菜单命令，效果如图 1-178 所示。

19. 匹配颜色调整

“匹配颜色”命令可以将源图像的颜色与目标图像的颜色匹配，或者匹配同一图像的不同图层之间的颜色。打开图像，然后选择“图像→调整→匹配颜色”菜单命令，在弹出的对话框（如图 1-179 所示）中选择“源”和“图层”，再通过滑块进行调整。

图 1-178　去色调整效果

图 1-179　“匹配颜色”对话框

20. 替换颜色调整

“替换颜色”命令可以将图像中指定的颜色替换成其他颜色。打开图像，然后选择“图像→调整→替换颜色”菜单命令，在弹出的对话框（如图 1-180 所示）中移动相应的滑块进行调整，原图和效果图如图 1-181 和图 1-182 所示。

图 1-180　“替换颜色”对话框

图 1-181　原图

图 1-182　替换颜色调整效果

21. 色调均化调整

“色调均化”命令可以使图像的中亮度值重组。打开图像，然后选择“图像→调整→色调均化”菜单命令，直接进行色调均化调整。

例 1-6 改变季节

Step 1 打开原图，如图 1-183 所示。

Step 2 选择“选择→色彩范围”菜单命令，打开“色彩范围”对话框，如图 1-184 所示。

图 1-183 例 1-6 原图

图 1-184 “色彩范围”对话框

Step 3 单击“吸管工具”按钮，选择图像中绿色区域（如图 1-185 所示），若需多次吸取颜色，则可以单击“添加到取样”按钮，然后单击“确定”按钮，效果如图 1-186 所示。

图 1-185 取样效果

图 1-186 选择图中绿色区域

Step 4 选择“图像→调整→通道混合器”菜单命令，打开“通道混合器”对话框，设置“输出通道”为红色，在“源通道”中设置红色为 +125%、绿色为 +75%、蓝色为 +10%，然后单击“确定”按钮。效果如图 1-187 所示。

图 1-187　例 1-6 效果

1.6 文字

1.6.1 文字工具

文字工具▣包括横排文字工具、直排文字工具、横排文字蒙版工具和直排文字蒙版工具。

1. 横排文字工具

选择横排文字工具，在需要添加文字的区域单击左键或者按住左键拖曳成一个矩形，然后输入文字，完成后单击“提交”按钮☑即可，如图 1-188 所示。

2. 直排文字工具

直排文字工具与横排文字工具的创建方法相同，只是文字方向是竖向，如图 1-189 所示。

图 1-188　横排文字效果

图 1-189　直排文字效果

3. 横排文字蒙版工具

使用横排文字蒙版工具输入文字后，文字将以选区的形式出现，在其中可以填充颜色或渐变色。打开一幅图像（如图 1-190 所示），选择横排文字蒙版工具，单击图像，则出现红色蒙版，效果如图 1-191 所示。

图 1-190　原图

图 1-191　红色蒙版效果

然后在图像中输入文字，单击“提交”按钮，则创建了一个文字图层，并得到文字形状的选区，如图 1-192 所示。新建一个图层，再对选区填充颜色或渐变色，效果如图 1-193 所示。

图 1-192　横排文字选区

图 1-193　横排文字填充效果

4. 直排文字蒙版工具

直排文字蒙版工具与横排文字蒙版工具的使用方法基本相同，如图 1-194 和图 1-195 所示。

图 1-194　直排文字选区

图 1-195　直排文字填充效果

1.6.2 字符面板

字符面板中提供了丰富的文字格式功能。使用它可以很容易地制作出丰富、美观的文字排列效果，如图 1-196 所示。

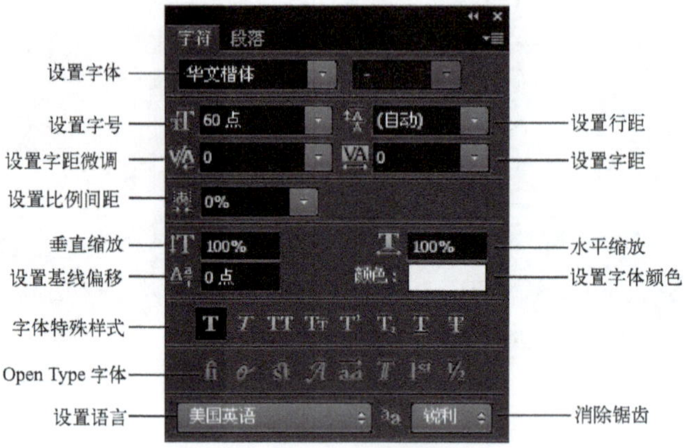

图 1-196 字符面板

段落面板用于编辑段落的格式，恰到好处的使用可以增强文字的可读性和美感，如图 1-197 所示。

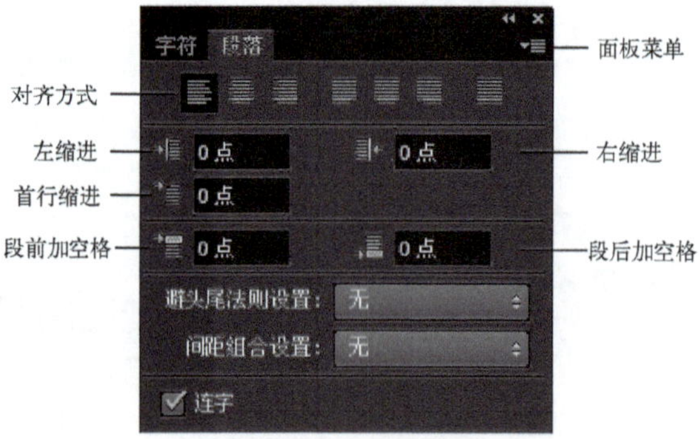

图 1-197 段落面板

1.6.3 编辑文字

1. 文字变形

利用变形文字功能可以设计、制作更丰富的文字效果，下面通过实例进行讲解。

Step 1 打开一幅图像，输入一些文字，如图 1-198 所示。

Step 2 单击文字图层，选择“文字→文字变形”菜单命令，弹出如图 1-199 所示的对话框。选择合适的样式，通过滑块调整“弯曲”“水平扭曲”和“垂直扭曲”。

图 1-198　需要变形的文字

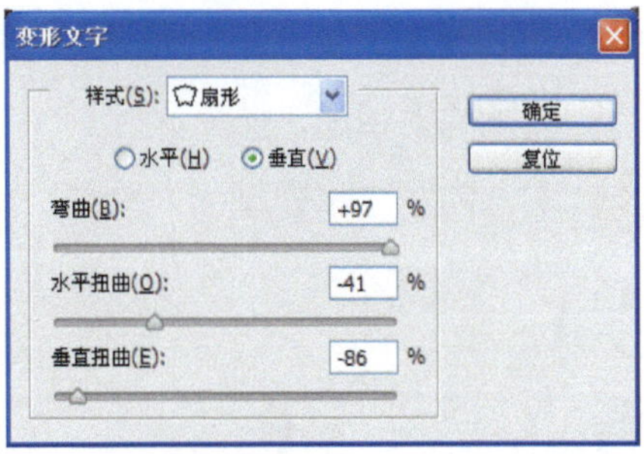

图 1-199　“变形文字”对话框

Step 3　确定后得到变形效果，如图 1-200 所示。

图 1-200　变形文字效果

2. 文字沿路径排列

在平面广告设计或版面编排设计中，为了让文字的排列效果更加丰富，而不是单一的水平或垂直排列，可以使用文字沿路径排列功能，将文字以各种曲线形式排列，效果更佳，层次更丰富。

Step 1　打开一幅图像，如图 1-201 所示。

Step 2　单击钢笔工具，并在选项栏中选择“路径”，然后在图像中绘制如图 1-202 所示的曲线。打开路径面板，保存当前的工作路径，命名为“路径”。

图 1-201　原图 1

图 1-202　绘制路径

Step 3 使用横排文字工具，并在选项栏中设置文字的字体、字号和颜色，在路径左侧端点上单击，插入光标。

Step 4 输入内容“幸福越与人共享，它的价值越增加”，效果如图 1-203 所示。

图 1-203　文字沿路径排列效果

例 1-7 火焰文字

Step 1 选择“文件→新建”菜单命令，按照如图 1-204 所示设置参数。

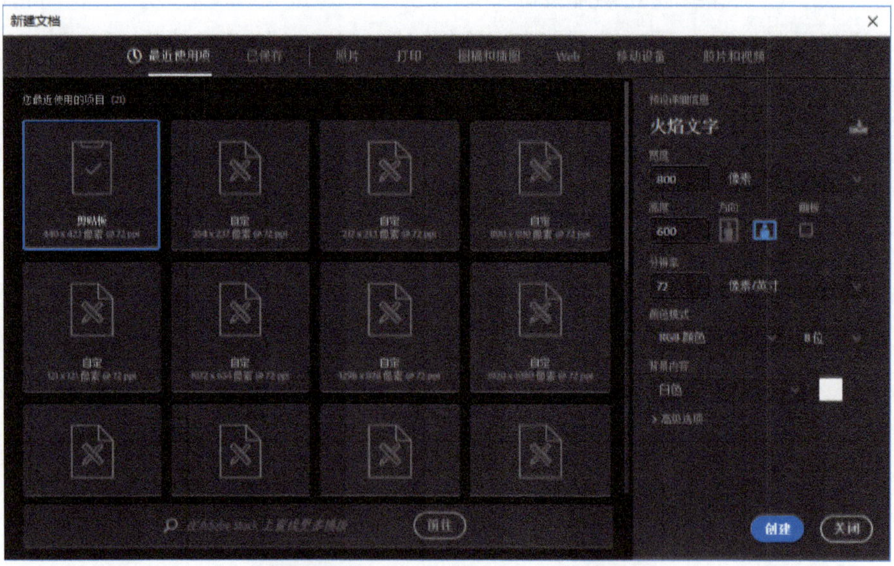

图 1-204　“新建文档”对话框

Step 2 新建一个图层，然后将整个图层填充为黑色。图层面板如图 1-205 所示。

Step 3 使用横排文字蒙版工具，设置大小为 60 点，输入文字“TOT”；然后打开“渐变编辑器”，选择黑白渐变，把白色的颜色值改为 RGB，值分别为 220、158、15，由下向上对文字进行渐变，效果如图 1-206 所示。

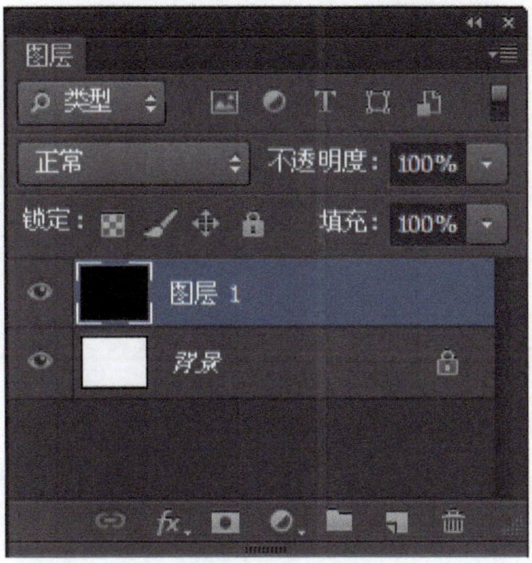

图 1-205　图层面板

图 1-206　文字渐变效果

Step 4 把火焰的素材导入图层，选择“编辑→自由变形”菜单命令，调整火焰的大小，效果如图 1-207 所示。

Step 5 在工具箱中选择“橡皮擦工具”，再选择“柔边圆”对火焰进行擦除，去掉多余的火焰，让文字与火焰更加融合，最终效果如图 1-208 所示。

图 1-207　自由变形

图 1-208　例 1-7 最终效果

1.7 综合案例：创意合成技巧

Step 1 用 Adobe Photoshop 打开“Pier”图像文件，然后导入“Sunset Sky”图像文件，并选择“叠加”混合模式，如图 1-209 所示。

图 1-209 “叠加”混合模式

Step 2 在“Sunset Sky”图层中新建蒙版，把图像中海平面部分使用黑色填充进行遮挡，如图 1-210 所示。

图 1-210 创建蒙版

Step 3 插入图像“Door”文件，并使用蒙版进行遮挡，调整大小和位置，如图 1-211 所示。

图 1-211　使用蒙版抠图

Step 4 插入图像文件“North”，然后使用“扭曲”命令把字母“N”与道路重合，选择混合模式为“正片叠底”，超出路面部分使用蒙版遮挡，如图 1-212 所示。

图 1-212　字母“N”与道路重合

Step 5 插入图像文件“Clouds for Pier”，调整合适的位置，使用蒙版遮挡不需要显示的区域，如图 1-213 所示。

图 1-213　插入白云

Step 6 按照上面的方法，使用蒙版，把小船和海鸥抠图并调整大小和位置，如图 1-214 和图 1-215 所示。

Step 7 插入图像文件“Clouds for Sky”，设置混合模式为“变亮”，并把图层移至“海欧”和“小船”下方，最终效果如图 1-216 所示。

图 1-214　调整小船

图 1-215　调整海鸥

图 1-216　综合案例最终效果

本章小结

Adobe Photoshop 是一个功能强大的图像编辑软件，主要应用于图像、图形、文件等方面。本章介绍了 Adobe Photoshop CC 图像处理软件的主要功能，包括图像基本编辑、图层与蒙版、图层样式和色彩，并结合实例进行讲解。通过本章的学习，读者可以掌握图像的简单编辑处理方法。

习题1

一、选择题

1．Adobe Photoshop 默认的文件格式是（　　）。

A．JPG 格式　　B．PSD 格式　　C．PDF 格式　　D．TIFF 格式

2．设置新文件的“颜色模式”，一般采用（　　）模式。

A．CMYK 模式　　B．RGB 模式　　C．Lab 模式　　D．灰度模式

3．位图图像组成的基本单位是（　　）。

A．像素　　B．点　　C．英寸　　D．路径

4．色彩模式 CMKY 代表（　　）颜色。

A．青色、黄色和红色　　B．红色、黄色和绿色

C．青色、洋红、黄色和黑色　　D．青色、洋红、黄色和蓝色

5．使用（　　）工具形成的选区可以定义图案形状。

A．椭圆工具　　B．套索工具　　C．魔棒工具　　D．矩形工具

6．使用仿制图章工具时，通过如下（　　）操作可以在图像中取样。

A．在取样位置按住 Shift 键的同时单击鼠标左键

B．在取样位置按住 Alt 键的同时单击鼠标左键

C．在取样位置按住 Ctrl 键的同时单击鼠标左键

D．在取样位置单击鼠标左键

7．使用选框工具时，如果需要添加选区，应该按（　　）键进行操作。

A．Shift　　B．Alt　　C．Ctrl　　D．Delete

8．如果图像的色调太暗了，需要提高亮度，应该通过（　　）命令来调整。

A．反相　　B．去色　　C．曲线　　D．黑白

9．下列工具中，既可以降低饱和度又可以提高饱和度的是（　　）。

A．加深工具　　B．减淡工具　　C．海绵工具　　D．涂抹工具

10．在使用魔棒工具时需要对色彩分辨范围，则应该设置的参数选项是（　　）。

A．容差　　B．羽化　　C．锯齿　　D．扩展

11．背景橡皮擦可以用来擦除指定的（　　）。

A. 背景色　　B. 前景色　　C. 白色　　D. 黑色

12. Adobe Photoshop 文件中默认的前景色是（　　）。

A. 红色　　B. 蓝色　　C. 白色　　D. 黑色

13. 图像分辨率的单位是（　　）。

A. dpi　　B. ppi　　C. dpl　　D. dip

14. 一张彩色相片要转换成黑白相片，应该把图像模式切换成（　　）。

A. 灰度　　B. RGB　　C. CMYK　　D. 多通道

15. 把所有图层合成一个图层，应该执行（　　）命令。

A. 链接图层　　B. 添加蒙版　　C. 合并图层　　D. 删除图层

16. 图像必须是（　　）模式才能转换成位图模式。

A. 灰度　　B. RGB　　C. 索引颜色　　D. 双色调

17. 创建新图层的按钮是灰色的，不可选，原因是图像在（　　）模式下。

A. 灰度　　B. RGB　　C. 索引颜色　　D. 双色调

18. 如果需要进入快速蒙版状态，最佳方法是（　　）。

A. 创建一个选区　　B. 改变图像模式

C. 选择一个 Alpha 通道　　D. 单击工具箱中的快速蒙版图标

19. 对文字图层添加滤镜效果时，需要（　　）。

A. 栅格化该文字图层　　B. 直接添加滤镜命令

C. 为文字图层改变颜色　　D. 对文字进行变形

20. 吸管工具的作用是（　　）。

A. 把图像中的颜色吸掉　　B. 没有具体作用

C. 为图像上色　　D. 获取图像中某个点的颜色值

21. （　　）可选择连续的相似颜色区域。

A. 选框工具　　B. 魔棒工具　　C. 套索工具　　D. 渐变工具

22. 使用钢笔工具创建曲线转折点的方法是（　　）。

A. 用钢笔工具直接单击

B. 用钢笔工具单击并按住鼠标左键拖动

C. 用钢笔工具单击并按住鼠标右键拖动

D. 用钢笔工具直接双击

23. 下列不属于文字图层中抗锯齿类型的是（　　）。

A. 中度　　B. 明晰　　C. 强　　D. 平滑

24. 下列不属于套索工具的是（　　）。

A. 多边形套索工具　　B. 磁性套索工具

C. 套索工具　　D. 椭圆套索工具

25. 使用钢笔工具可以绘制最简单的线条是（　　）。

A. 曲线　　B. 直线　　C. 双实线　　D. 锚点

26. 下列不属于图层锁定功能的是（　　）。

A. 锁定不透明像素　　B. 锁定图像像素

C. 锁定位置　　D. 锁定全部

27. （　　）可以将图像自动对齐和分布。

A. 调节图层　　B. 填充图层　　C. 链接图层　　D. 背景图层

28. 下列不属于 Adobe Photoshop 面板的是（　　）。

A. 图层面板　　B. 变换面板　　C. 路径面板　　D. 颜色面板

29. 在 RGB 模式的图像中添加一个新通道，它是（　　）。

A. Alpha 通道　　B. 蓝色通道　　C. 红色通道　　D. 绿色通道

30. 前景色和背景色相互转换的快捷键是（　　）。

A. X 键　　B. Z 键　　C. A 键　　D. 空格键

二、填空题

1. 色彩的三个基本属性是 ________、________ 和 ________。

2. 使用选框工具时，选择方式有 4 种，分别是 ________、________、________ 和 ________。

3. 在 Adobe Photoshop 中新建一个文件，其分辨率默认是 ________ 像素/英寸，颜色模式是 ________。

4. 色彩深度是指在一个图像中 ________ 的数量。

5. 图层合并方式有 ________、________ 和 ________。

6. 文字工具包括 ________、________、________ 和 ________。

三、操作题

1．使用选框工具绘制卡通人物。

❶ 选择“文件→新建”菜单命令，新建一个文档，设置其宽度和高度分别为 800 像素和 600 像素，分辨率为 72 像素/英寸，如图 T1-1 所示。

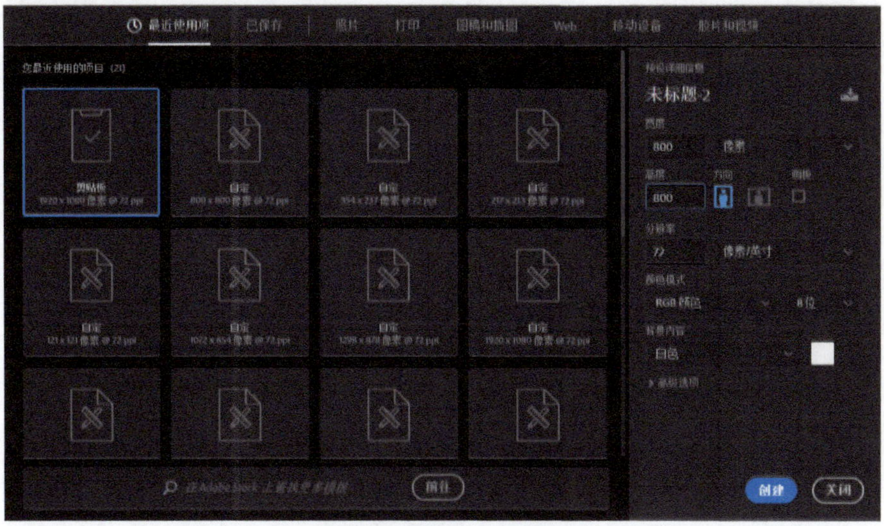

图 T1-1 “新建”对话框

❷ 使用“椭圆选框工具”绘制一个椭圆，选择“编辑→描边”菜单命令，效果如图 T1-2 和图 T1-3 所示。

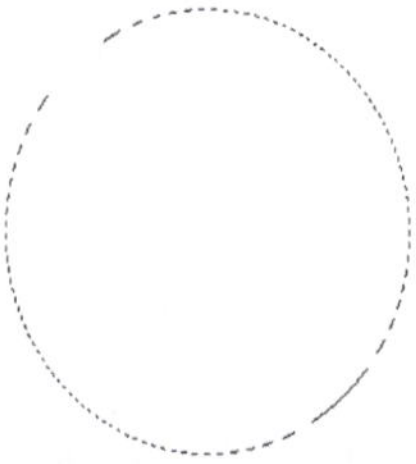

图 T1-2 绘制椭圆

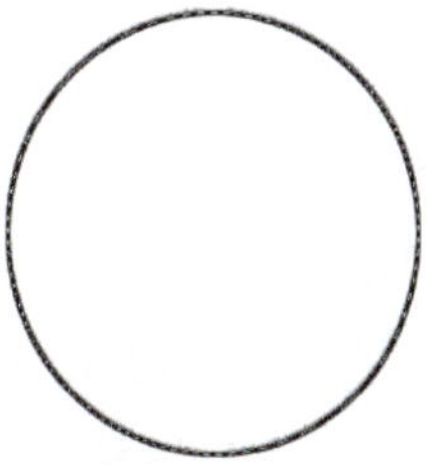

图 T1-3 描边

❸ 使用“椭圆选框工具”，结合选区 4 种状态，绘制头部，再选择“编辑→描边”菜单命令，效果如图 T1-4 和图 T1-5 所示。

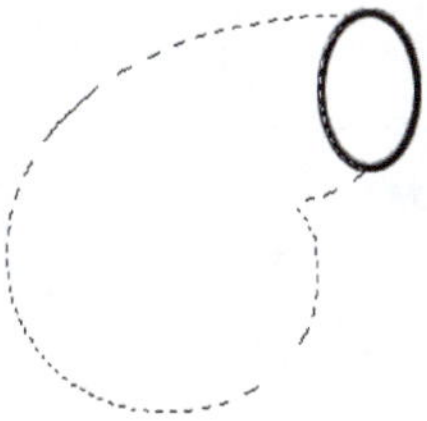

图 T1-4 脸部

图 T1-5 描边

❹ 新建一个图层，使用“椭圆选框工具”，结合选区 4 种状态，绘制耳朵，并描边，然后通过复制图层，得到另一个耳朵；使用同样的方法，绘制嘴巴和身体，效果如图 T1-6 ~ 图 T1-8 所示。

图 T1-6　绘制眼睛

图 T1-7　绘制嘴巴

图 T1-8　水平翻转

❺ 新建一个图层，使用“直线工具”绘制小猪佩奇的手，线条粗细设置为 4 像素；通过复制图层得到另一个，并移动到最佳位置，效果如图 T1-9 所示；然后使用画笔绘制尾巴，效果如图 T1-10 所示。

❻ 新建一个图层，使用“选框工具”绘制腿，效果如图 T1-11 所示。

图 T1-9　绘制手部

图 T1-10　绘制尾巴

图 T1-11　绘制的图像效果

2. 修饰图像。

❶ 打开素材，如图 T1-12 所示。

❷ 在图层中，先复制素材，然后使用“滤镜→模糊→高斯模糊”菜单命令设置参数，数值越大，素材越模糊，效果如图 T1-13 所示。

图 T1-12　素材 1

图 T1-13　高斯模糊

❸ 按住 Alt 键并单击图层蒙版，添加黑色图层蒙版，使用白色画笔进行涂抹皮肤，效

果如图 T1-14 所示。

❹ 使用曲线调整亮度，效果如图 T1-15 所示。

图 T1-14　使用鼠标涂抹

图 T1-15　修饰图像后的效果

3．图像色彩处理。

❶ 打开素材，如图 T1-18 所示。

图 T1-18　素材 2

❷ 创建一个“可选颜色”调整图层，然后在“属性”面板中设置“颜色”为“黄色”“蓝色”和“黑色”，参数如图 T1-19 所示，效果如图 T1-20 所示。

图 T1-19　设置颜色参数

图 T1-20　设置颜色后的图片效果

❸ 创建一个“照片滤镜”调整图层，然后在“属性”面板中勾选“颜色”选项，设置颜色的 R、G、B 值分别为 41、0、255，浓度为 54%，如图 T1-21 所示。

❹ 最终效果如图 T1-22 所示。

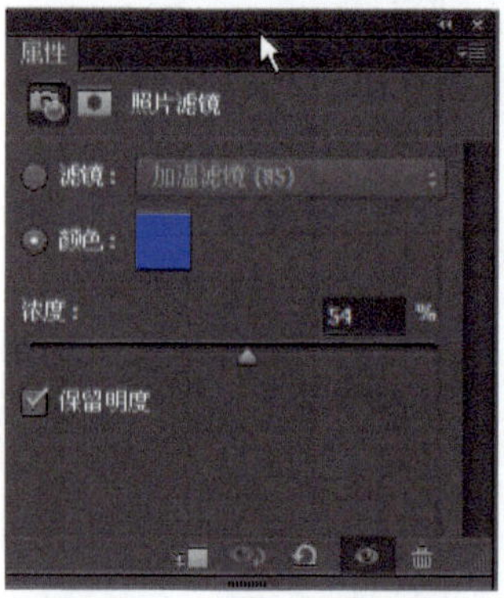

图 T1-21　“照片滤镜”属性

图 T1-22　最终效果

第 2 章

2

音频处理软件 Adobe Audition

2.1 音频基础知识 / 60

2.2 Adobe Audition CC 基础 / 61

2.3 Adobe Audition CC 效果组 / 68

2.4 综合案例 / 88

本章小结 / 93

Adobe Audition 原名为 Cool Edit，被 Adobe 公司收购后，改为 Adobe Audition。Adobe Audition 是一个功能强大的音频编辑软件，包含用于创建、混合、编辑和复原音频内容的多轨、波形和光谱显示功能。

2.1 音频基础知识

2.1.1 音频信号

声音是由物体振动产生的，通常把正在发声的物体称为声源，声音以声波的形式传播。按频率，声音可以分为可听声波、超声波和次声波；按内容，声音可以分为语言、效果声、音乐和噪声；按存储，声音可以分为模拟音频和数字音频。

模拟音频信号有两个重要参数：频率和幅度，声音的频率体现音调的高低，声波幅度的大小体现声音的强弱。模拟音频数字化的过程涉及音频的采样、量化和编码，采样和量化的过程可由 ADC（Analog-to-Digital Converter，模/数转换器）实现，而 ADC 以固定的频率去采样，即每个周期测量和量化信号一次。经采样和量化后的声音信号被编码后，就成为了数字音频信号，可以将其以文件形式保存在计算机的存储介质，完成的文件称为数字声波文件。

2.1.2 数字音频常见格式

1. 波形音频文件 WAV

WAV 为 Microsoft 公司开发的一种声音文件格式，符合 RIFF（Resource Interchange File Format，资源交换文件格式）规范，用于保存 Windows 平台的音频信息，被 Windows 平台及其应用程序所广泛支持。WAV 格式也支持 MSADPCM、CCITT A LAW 等压缩运算法，支持多种数字音频。标准格式化的 WAV 文件的取样频率和声道与 CD 格式的一样，也是 44.1kHz 的取样频率，16 位量化数字。

2. MPEG 音频文件（.mp1、.mp2、.mp3）

按照 MPEG-1 Audio Layer 3 标准压缩的文件是目前最流行的音乐文件格式。MPEG-1 Audio Layer 指的是 MPEG 标准音频层，分为 3 层：MP1、MP2 和 MP3。MP1、MP2 的压缩比例是 4 ∶ 1、6 ∶ 1 ～ 8 ∶ 1。MP3 是第一个实用的有损音频压缩编码，实现 12 ∶ 1 的压缩比例，压缩原理是把声音中人耳听不见或无法感知的信号过滤，并大幅减少声音数字化后所需要的存储空间。

3. MP3Pro 文件

MP3Pro 是新一代的 MP3 格式，也是 MP3 编码格式的升级版本。MP3Pro 由瑞典 Coding 科技公司开发，在保持相同的音质下能把声音文件的文件量压缩到原有 MP3 格式的一半，而且可以在基本不改变文件大小的情况下改善 MP3 格式音乐的音质。MP3Pro 的另一个优点是能够在用较低的比特率压缩音频文件的情况下，最大限度地保持压缩前的音质。

4. MP4 文件

MP4 与 MP3 之间并没有必然的联系。首先，MP4 并不是 MPEG-4 或者 MPEG-1 Audio Layer4 格式。与 MPEG-1、MPEG-2 相比，MPEG-4 不仅支持自然声音（如语音和音乐），还支持合成声音（如 MIDI）。MPEG-4 音频部分将音频的合成编码和自然声音的编码相结合，并支持音频的对象特征，可将压缩比成功地提高到 15 ∶ 1（最高达 20 ∶ 1）而不影响音乐的实际听感，在加密和授权方面也做了特别的设计。

5. RealAudio 文件（.ra、.rm、.ram）

RealAudio 文件是 RealNetworks 公司开发的一种新型流式音频（Streaming Audio）文件格式，包含 RealNetworks 所制定的音频、视频压缩规范 RealMedia，主要用于在低速率的广域网上实时传输音频信息。网络连接速率不同，客户端获得的音频质量也不尽相同：对于 28.8kb/s 的速率，可以达到广播级的声音质量；如果拥有 ISDN 或更快连接速率，则可获得 CD 音质。

6. AIFF 文件（.aif、.aiff）

AIFF 是音频交换文件格式（Audio Interchange File Forma），是 Apple 公司开发的一种音频文件格式，被 Macintosh 平台及其应用程序所支持，其他专业音频软件同样支持这种格式。

2.2 Adobe Audition CC 基础

Audition 是一款专业的音频编辑软件，能够进行单轨音频编辑、多轨混音编辑、音频录制、视频文件中的音频编辑等工作。

2.2.1 Adobe Audition CC 工作界面

Adobe Audition CC 工作界面如图 2-1 所示。

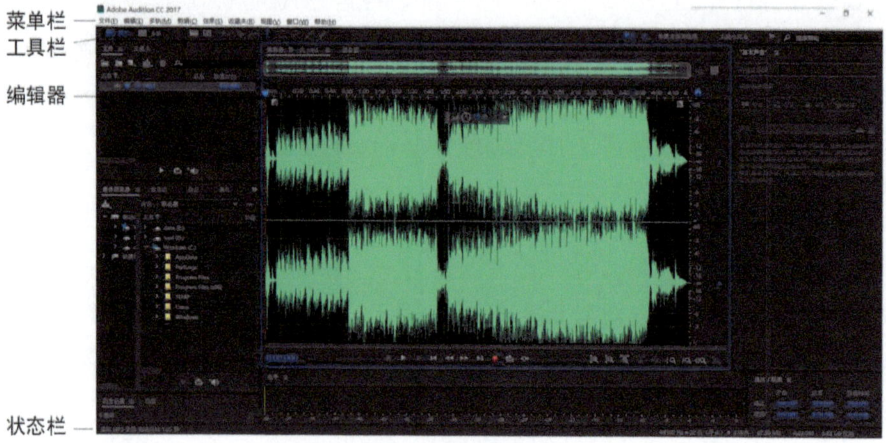

图 2-1 Adobe Audition CC 工作界面

菜单栏主要包括文件、编辑、多轨、剪辑、效果、收藏夹、窗口和帮助等菜单。单击相应的菜单，则可以打开其下的命令。

工具栏中有两个按钮，第一个按钮是进入波形编辑界面（即单轨界面），第二个按钮是进入多轨合界面（即多轨混音）。当选择“波形”或“多轨”菜单命令后，出现的工具还包括移动工具、切断所选剪辑工具、滑动工具、时间选择工具、框选工具、套索选择工具、画笔选择工具和污点修复画笔。

编辑器分为波形编辑器和多轨编辑器两种。波形编辑器只能编辑单个音频文件，多轨编辑器可以同时编辑多个音频文件。

在默认情况下，“文件”“编辑器”“电平”“选区/视图”“历史记录”等面板是显示的，其他面板组可以通过“窗口”菜单命令来选择打开。

状态栏主要显示当前文件的状态信息，包括采样频率、大小和文档的尺寸等信息。

2.2.2 文件基本操作

1. 新建音频文件

（1）使用波形编辑器录音，新建音频文件

Step 1 选择“文件→新建→音频文件”菜单命令，弹出“新建音频文件”对话框，如图 2-2 所示，设置录制的音频文件起名字、采样率和位

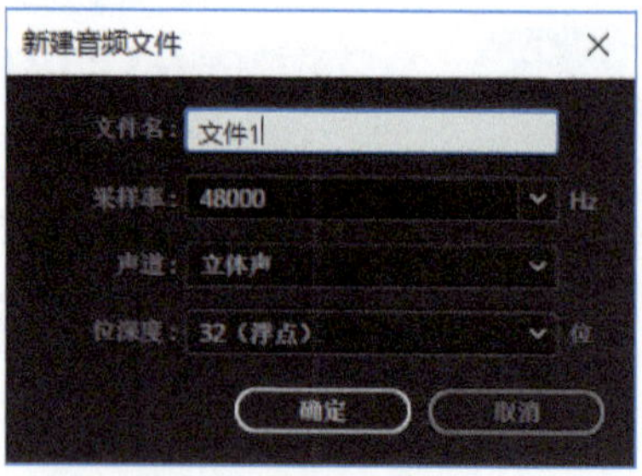

图 2-2 新建音频文件

深度、录制的音频文件是单声道还是立体声。一般情况下，如果是录制解说音频，则可以选择采样率为 44100 Hz、位深度为 32 bit，声道选择单声道。

Step 2 单击“确定”按钮后，就会打开波形编辑器，如图 2-3 所示，单击“录音”按钮就可以开始录音了。

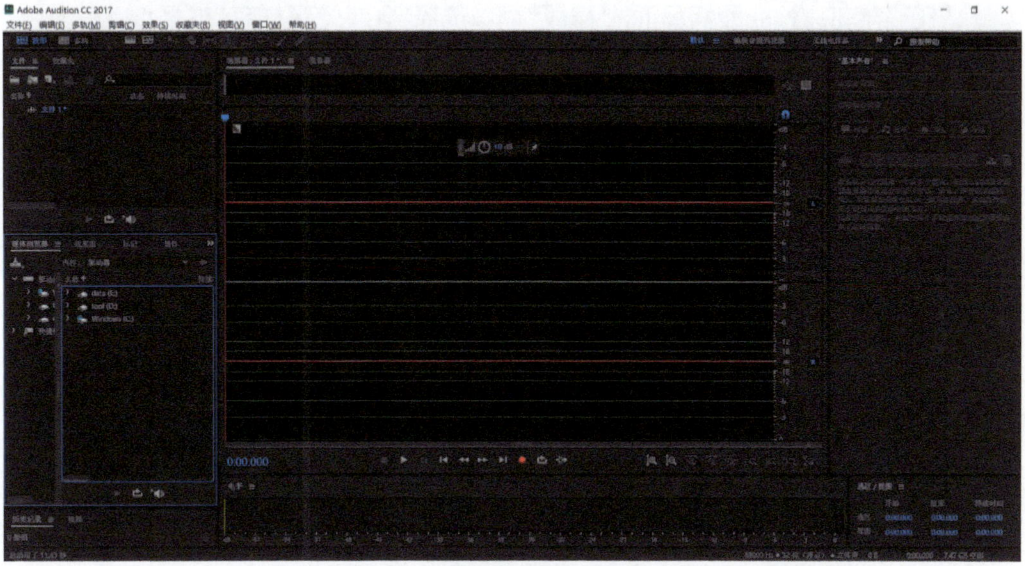

图 2-3 录音

Step 3 录制完成后，单击“停止”按钮结束录音，则可以看到波形文件，如图 2-4 所示。

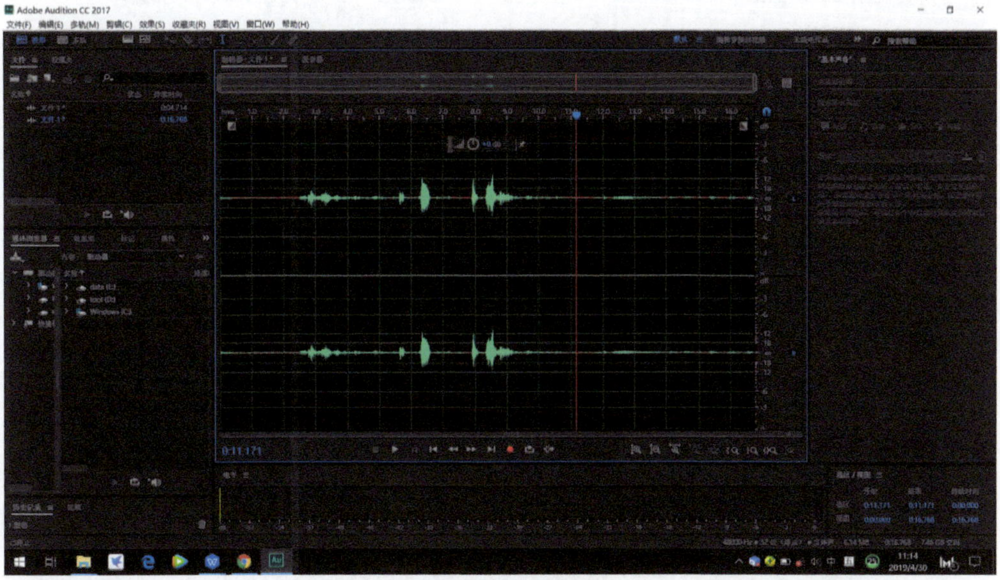

图 2-4 音频波形

（2）在多轨编辑器中录音，新建音频文件

Step 1 选择“文件→新建→多轨会话”菜单命令，弹出“新建多轨会话”对话框（如图 2-5 所示），可以命名多轨会话文件、设置录音文件的保存位置、选择模板文件、设置采样率和位深度，决定多轨会话的是单声道、立体声还是 5.1 声道。名称可以根据需要更改，单击“浏览”按钮，可以设置录音产生的音频文件的存储位置。一般情况下，“模板”可以选择“无”，“采样率”选择“44100Hz”，“位深度”选择“32bit”，“主控”选择“立体声”。

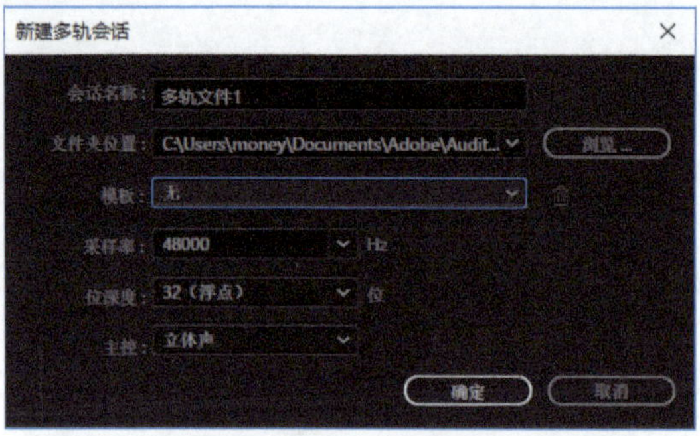

图 2-5　新建多轨会话

Step 2 单击“确定”按钮后，就会打开多轨编辑器。在菜单中选择“多轨→轨道→添加单声道音轨”菜单命令，为录音新建一个单声道音轨。

Step 3 每个音轨都有如图 2-6 所示的控件，必须点亮其中的“R”按钮来激活音轨的录音准备功能；如果需要实时听到自己即将录制的声音，则可以单击“I”按钮来打开监视输入按钮。

图 2-6　激活录音准备、监视输入按钮

Step 4 单击多轨编辑器下方的“录音”按钮开始录音。录制完成后，单击“停止”按钮停止录音。

Step 5 选择“文件→导出→多轨混音→整个会话”菜单命令，弹出“导出多轨混音”对话框（如图 2-7 所示），可以设置导出音频的名称、位置、格式等信息。在“格式”下拉菜单中选择音频格式，默认为 WAV 格式，也可以选择其他格式，如“MP3 音频”。设置完成后，单击“确定”按钮即可导出。

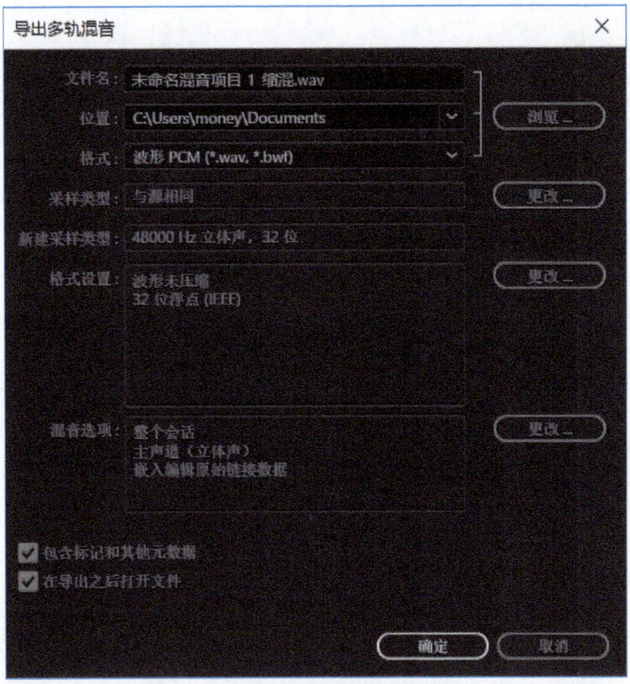

图 2-7 导出多轨混音

2. 打开音频文件

启用 Adobe Audition 后，选择“文件→打开”菜单命令，可以在弹出的窗口中选择需要打开的音频文件，也可以使用文件面板将所需音频文件导入；然后双击文件名，即可用波形编辑器打开音频文件。

3. 保存项目

方法 1：按组合键 Ctrl+S。

方法 2：单击菜单栏中的“保存”命令。

4. 关闭项目

方法 1：选择“文件→退出”菜单命令，或按组合键 Crtl+Q。

方法 2：单击右上角的退出按钮 × 。

5. **导入文件**

方法1：选择“文件→导入→文件”菜单命令，在弹出的对话框中选择要导入的文件。

方法2：在“文件”面板中单击“导入文件”按钮，然后在弹出的对话框中选择要导入的文件。

2.2.3 音频基本编辑

1. 选择部分波形

方法1：通过键盘选取一段波形。先在选择区域的结束时间处单击，然后按住Shift键，结合←键，把游标移至开始时间处，即可选择部分波形。

方法2：通过鼠标选择一段波形。在选择区域的开始时间处开始拖曳鼠标，直到结束时间处释放鼠标，选择的波形呈现高亮效果。

2. 选择波形

选择立体声中某一个声道的波形，选择“编辑→首选项→常规”菜单命令，然后在出现的对话框中勾选“允许相关敏感度声道编辑”复选框，如图2-8所示。如果要选择左声道中的某段波形，则在拖曳过程中鼠标的位置要保持在偏上方；如果要选择右声道中的某段波形，则在拖曳过程中鼠标的位置要保持在偏下方。

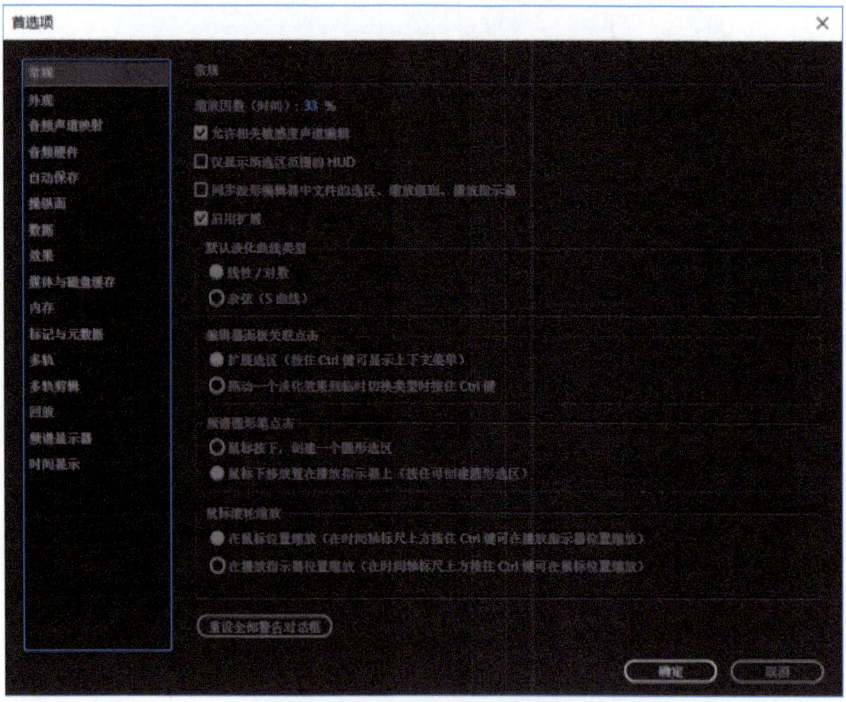

图2-8 “首选项”对话框

3. 复制波形到新建

复制波形到新建是指复制选取区域的波形并生成新的文件。

方法 1：选择“编辑→复制到新文件”菜单命令，如图 2-9 所示。

方法 2：单击右键，在弹出的快捷菜单中选择“复制到新建”命令，如图 2-10 所示。

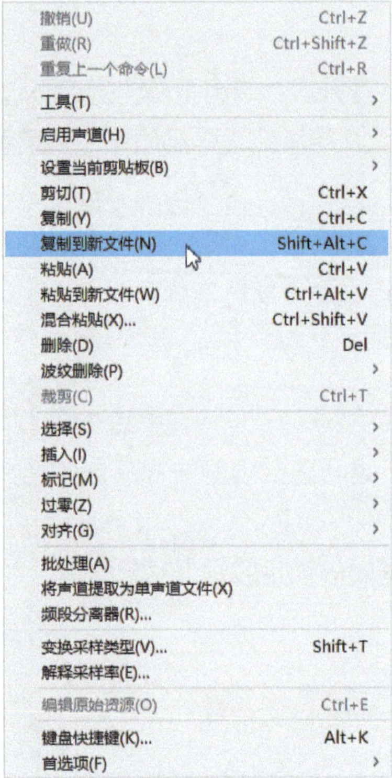

图 2-9　复制到新文件

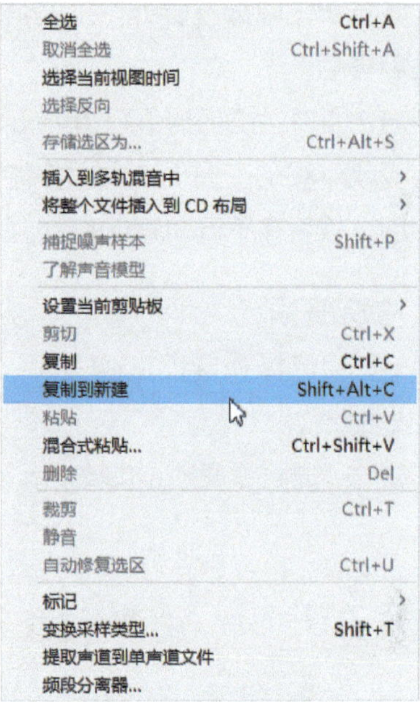

图 2-10　复制到新建

4. 粘贴波形

方法 1：先将一段波形复制或剪切到剪切板中，然后在需要粘贴处单击右键，再选择快捷菜单中的“编辑→粘贴”命令。

方法 2：先将一段波形复制或剪切到剪切板中，然后在需要粘贴处单击右键，再选择快捷菜单中的“粘贴”命令。

5. 删除波形

方法 1：选择需要删除的一段波形，然后按 Delete 键。

方法 2：选择需要删除的一段波形，然后选择“编辑→删除”菜单命令。

方法 3：选择需要删除的一段波形，然后单击右键，在弹出的快捷菜单中选择“删除”命令。

6. 裁剪波形

裁剪波形是指保留选择区域的波形，删除其他未选中的波形。

方法 1：选择一段需要的波形，再选择“编辑→裁剪”命令或按 Ctrl+T 组合键。

方法 2：选择一段需要的波形，然后单击右键，在弹出的快捷菜单中选择“裁剪”命令。

7. 移动波形

方法 1：在多轨模式下，选择一段需要移动的音频块，单击工具栏的“移动工具”按钮，然后按住鼠标左键进行拖动，所选音频可以在当前轨道中前后移动，或者在不同轨道中移动。

方法 2：如果当前使用的工具不是“移动工具”，则可将鼠标移动到音频块的标题区，鼠标会变成“移动工具”，然后按住鼠标左键进行拖动，所选音频可以在当前轨道中前后移动，或者在不同轨道中移动。

8. 锁定音频

方法 1：选择需要锁定的音频，然后单击右键，在弹出的快捷菜单中选择“锁定时间”命令。

方法 2：选择需要锁定的音频，然后选择“剪辑→锁定时间”菜单命令。

2.3 Adobe Audition CC 效果组

Adobe Audition CC 效果组包括振幅和压限、延迟和回声、滤波和均衡、调制、降噪 / 恢复、混响、特殊效果、立体声声像、时间与变调等功能，可以制作多种多样而有趣的特效。

2.3.1 振幅和压限

振幅和压限包括增幅、声道混合器、消除齿音、动态处理、强制限幅、多频段压缩器、单频段压缩器、语音音量级别和电子管建模压缩器。

1. 增幅

增幅是指增加声波的幅度，可以使声音变大或柔和，如图 2-11 所示。

“预设”中有 +10 dB 提升、+1 dB 提升、+3 dB 提升、+6 dB 提升、-10 dB 提升、-1 dB 提升、-3 dB 提升、-6 dB 提升。

“增益”分为左侧和右侧，可以通过滑块分别调整音量。

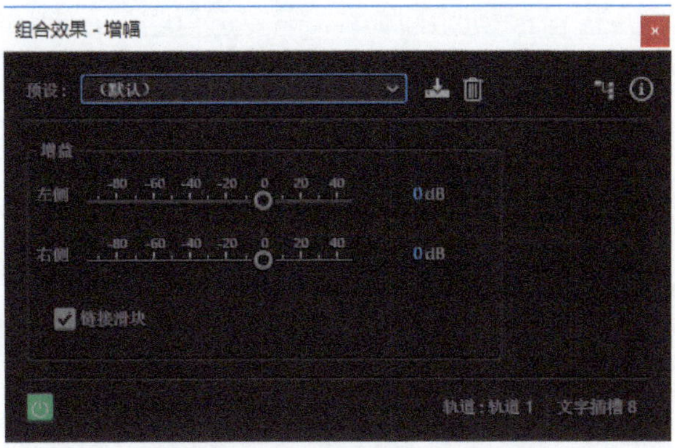

图 2-11　增幅

2. 声道混合器

声道混合器可以改变立体声或环绕声声道的平衡，可以更改声音的表现位置、校正不匹配的电平或解决相位问题，包括预设、LR 和反相，如图 2-12 所示。

“预设”中有 Ambisonic B-Format 到 ITU 5.1、互换左右声道、混音 1/0、用右侧填充左侧和立体声到中置 / 侧边等选项。

3. 消除齿音

消除齿音可去除语音和歌声中使高频扭曲的齿音“嘶嘶”声，如图 2-13 所示。

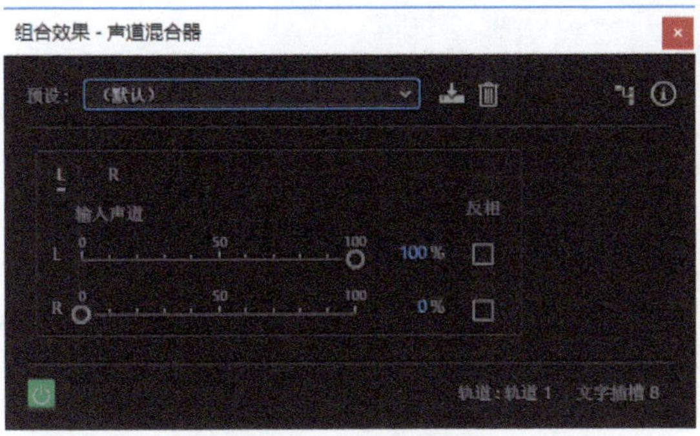

图 2-12　声道混合器

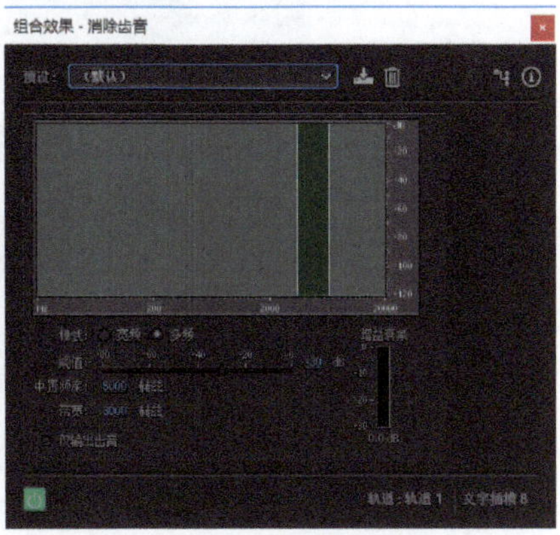

图 2-13　消除齿音

“预设”中有 4410 ～ 6100 Hz 闪避（Ducking）、4410 ～ 7100 Hz 齿音消除（DeEsser）、减少镲钹声（DeEsser）、女声 DeSher、女声齿音消除、男声 DeSher 和男声齿音消除等选项。

“模式”可分为“宽频”和“多频”。“宽频”是指统一压缩所有频率，“多频”则仅压缩齿音范围。“多频”适合大多数音频内容，但会稍微增加处理时间。

“阈值”可以设置振幅上限，超过此振幅将进行压缩。

“中置频率”指定齿音最强时的频率。需要进行验证，请在播放音频时调整此设置。

“增益衰减”的范围为 0~-30 dB，显示处理频率的压缩级别。

4. 动态处理

动态处理可用于压缩器、限制器或扩展器，如图 2-14 所示，可以减少动态范围，产生一致的音量；作为扩展器时，通过减小低电平信号的电平来增加动态范围。

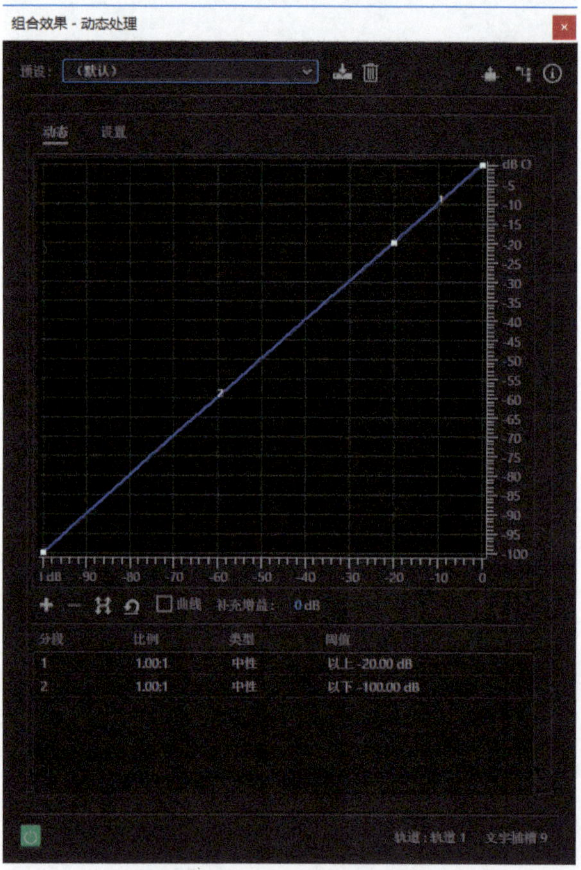

图 2-14　动态处理

“预设”中有人声限幅、低音鼓、击弦贝斯、劣质吉他、匹克贝斯、压限扩展器、厚面小军鼓、噪声门控制 @10 dB、平滑人声和快速鼓等选项。

“动态”可以通过鼠标单击添加点，然后通过拖动调整。

“设置”包括常规、电平检测、增益处理器和频段限制。

5. 强制限幅

强制限幅会大幅减弱高于指定阈值的音频，如图 2-15 所示。通常，通过输入增强施加限制是一种可提高整体音量同时避免扭曲的方法。

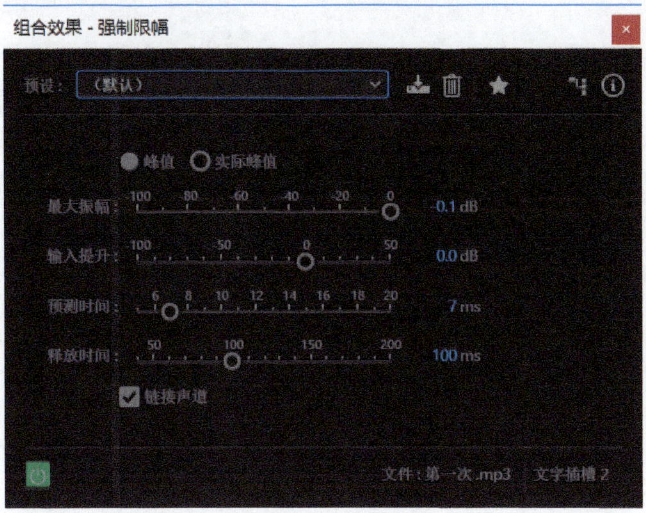

图 2-15　强制限幅

“预设”中有中、失真、实际峰值、灯光、这是一匹死马、重、限幅 -0.1dB、限幅 -3dB 和限幅 -6dB 等选项。

“最大振幅”设置允许的最大样本振幅。

“输入提升”指在限制音频前对其进行预放大，在不剪切的情况下使所选音频更大声。

“预测时间”指设置在达到最大声峰值之前减弱音频的时间量（以毫秒为单位）。

“释放时间”指设置音频减弱向回反弹 12dB 所需的时间（以毫秒为单位），默认值为 100 左右时的设置效果很好，可保持非常低的低音频率。

6. 多频段压缩器

多频段压缩器可以独立压缩 4 个不同的频段，并且每个频段通常包含唯一的动态内容，如图 2-16 所示。因此，多频段压缩对于音频母带处理是一项强大的工具。

“预设”中有互联网交付、全部重高、古典音乐大师、增强低音、增强高音、对讲机、广播、提高人声、更紧密的低音、流行音乐大师、消除齿音和独立艺术家低保真等选项。

“阈值”指设置压缩开始时的输入电平，范围为 -60 ～ 0 dB。最佳设置取决于音频内容和音乐样式。要仅压缩极端峰值并保留更大动态范围，需将阈值设置在低于峰值输入电平 5 dB 左右；要高度压缩音频并大幅减小动态范围，需设置在低于峰值输入电平 15 dB 左右。

“增益”指在压缩之后增强或消减振幅，范围为 -1 ～ +18 dB，为 0 时表示单位增益。

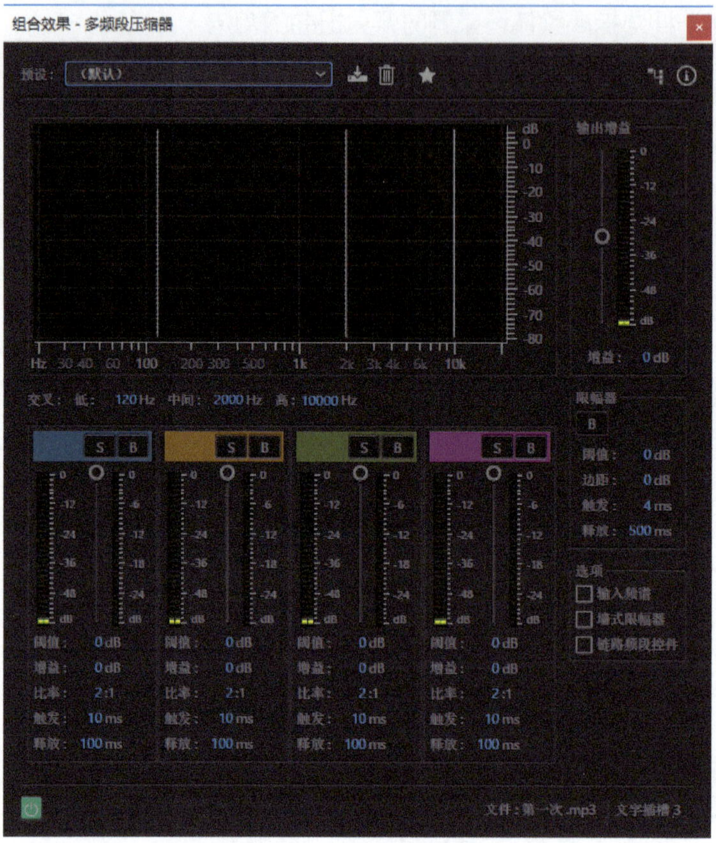

图 2-16　多频段压缩器

“比率”指设置介于 1 ： 1 和 30 ： 1 之间的压缩比。例如，设置为 3.0 时，在压缩阈值以上每增加 3 dB，输出将增加 1 dB。典型设置范围为 2.0 ～ 5.0，较高设置会产生常在流行音乐中听到的压缩声音。

“触发”是指确定当音频超过阈值时应用压缩的速度，范围为 0 ～ 500 ms，默认为 10 ms，适合各种音频。更快的设置可能更适合具有快速瞬时变化的音频，但对于打击节奏较少的音频，采用这种设置的声音听起来不自然。

“释放”指确定在音频下降到阈值后停止压缩的速度，范围为 0 ～ 5000 ms，默认为 100 ms，适合各种音频。具有快速瞬时变化的音频尝试较快设置，打击节奏较少的音频尝试较慢设置。

7. 单频段压缩器

单频段压缩器可以减少动态范围，从而产生一致的音量并提高感知响度，如图 2-17 所示。单频段压缩对于画外音有效，因为它有助于在音乐音轨和背景音频中突显语音。

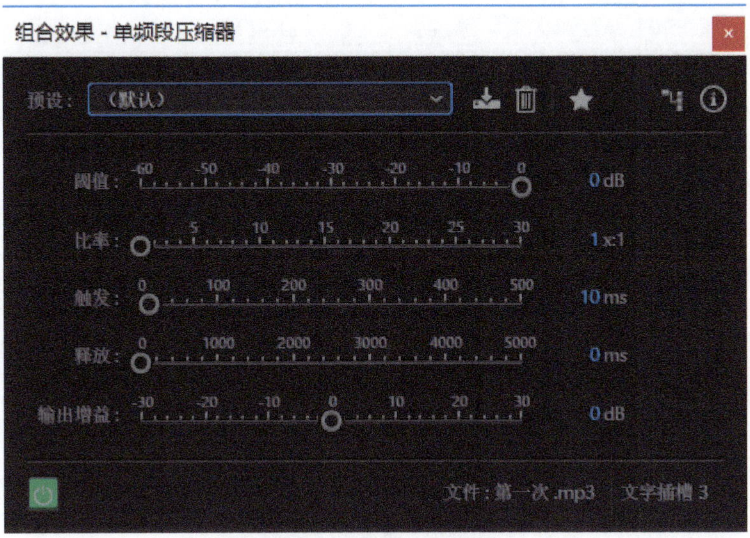

图 2-17 单频段压缩器

“预设”中有人声提升器、人声触发器、低至中音增强器、光线主控、吉他吸引器、垫处理、墙式限幅器和幸福的低音等选项。

“阈值”指设置压缩开始时的输入电平，最佳设置取决于音频内容和样式。如果要压缩极端峰值并保留更大动态范围，则将阈值设置在低于峰值输入电平 5 dB 左右；如果要高度压缩音频并大幅减小动态范围，则设置在低于峰值输入电平 15 dB 左右。

“压缩比”指设置介于 1 ∶ 1 和 30 ∶ 1 之间的压缩比，典型设置范围为 2 ～ 5，较高设置会产生常在流行音乐中听到的压缩声音。

“触发”指确定在音频超过阈值设置后开始压缩的速度，默认为 10 ms，适合各种源素材，仅对具有快速瞬时变化的音频使用较快设置，如打击乐的录制。

“释放”指确定在音频下降到低于阈值设置时停止压缩的速度，默认为 100 ms，适合各种音频。具有快速瞬时变化的音频尝试较快设置，打击节奏较少的音频尝试较慢设置。

“输出增益”指在压缩之后增强或消减振幅，范围为 -30 ～ +30 dB，为 0 时表示单位增益。

8. 语音音量级别

语音音量级别是指优化对话的压缩效果，可平均音量、去除背景噪声，如图 2-18 所示。

“预设”中有中、仔细、强烈和柔和选项等选项。

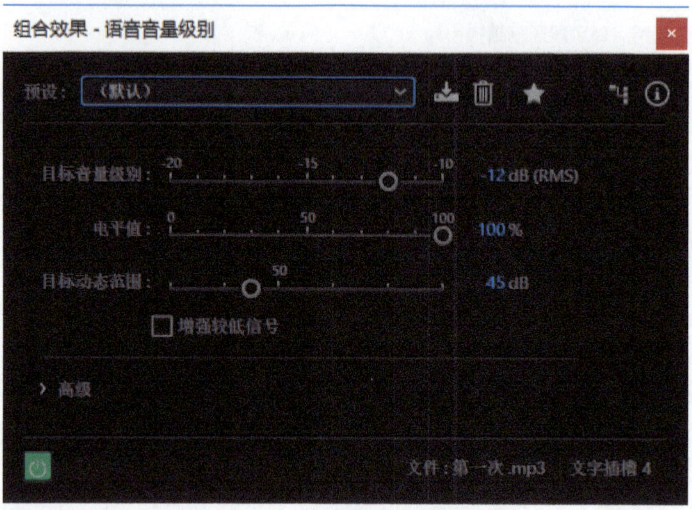

图 2-18　语音音量级别

“目标音量级别”指设置所需的相对于 0 dB 的输出电平。电平量设置较低时，轻微放大语音而不会提升噪声基准。设置较高时，更大程度地放大整个信号，因为信号降至接近噪声基准。

“目标动态范围”是指在仅放大和调平语音时将背景噪声最小化，为了获得大多数内容的最佳效果，建议设置为 30 ～ 80 dB。

9. 电子管建模压缩器

电子管建模压缩器可以模拟老式硬件压缩器的温暖度，可以添加使音频增色的微妙扭曲，如图 2-19 所示。

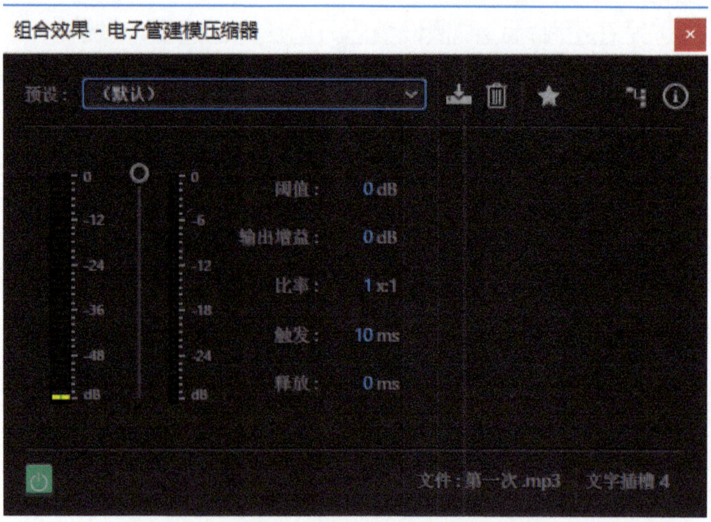

图 2-19　电子管建模压缩器

2.3.2 延迟和回声

1. 模拟延迟

模拟延迟指可以模拟老式硬件压缩器的声音温暖度，如图 2-20 所示。若创建不连续的回声，则指定 35 ms 或更长的延迟时间；若创建更微妙的效果，则指定更短的时间。

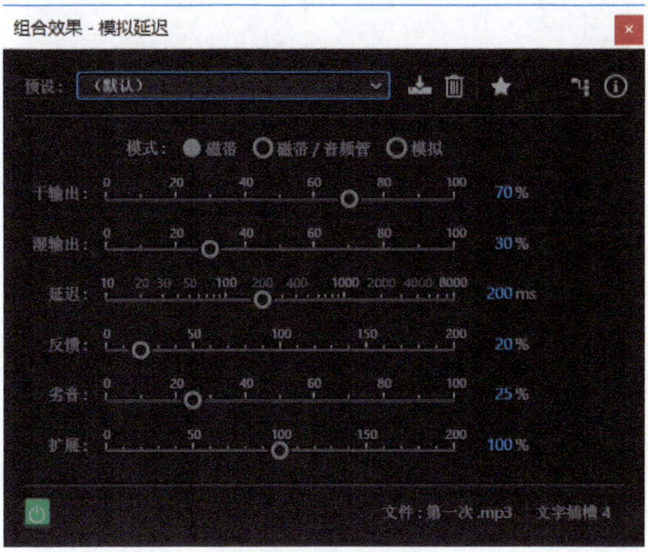

图 2-20　模拟延迟

“预设”中有 50 年代的山谷回声、三连音副歌、公用地址、大脚车拉力赛、峡谷回声、延迟以清洗和开服呼唤等选项。

“模式”指定硬件模拟的类型，从而确定均衡和扭曲特性。“磁带”和“电子管”类型可反映老式延迟装置的声音特性，“模拟”类型可反映后来的电子延迟线。

“干输出”指确定原始未处理音频的电平。

“湿输出”指确定延迟的、经过处理的音频的电平。

“延迟”指延迟长度（以 ms 为单位）。

“反馈”指通过延迟线重新发送延迟的音频，来创建重复回声。例如，设置为 20%，将发送原始音量五分之一的延迟音频，从而创建缓慢淡出的回声；设置为 200%，将发送 2 倍于原始音量的延迟音频，从而创建强度快速增长的回声。

“扩展”指确定延迟信号的立体声宽度。

2. 延迟

延迟可以用于产生单个回声和其他大量效果，如图 2-21 所示。35 ms 或更长时间的延迟可产生不连续的回声，而 15 ~ 34 ms 之间的延迟可产生简单的和声或镶边效果。

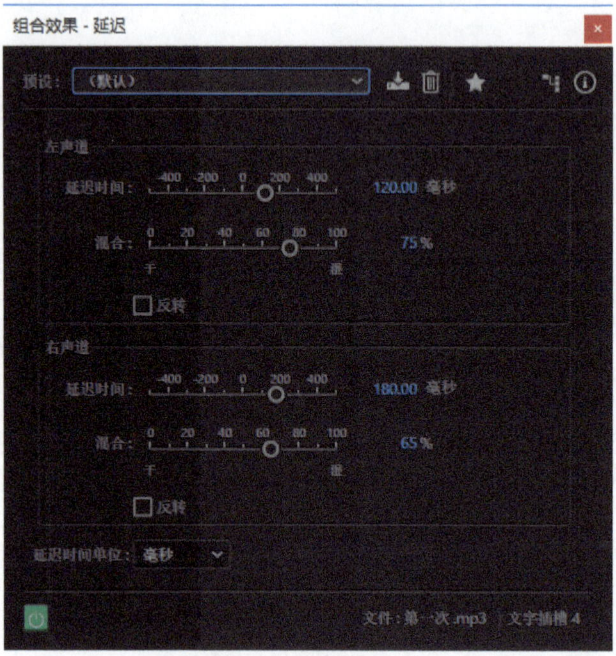

图 2-21　延迟

“预设”中有不合拍、乡村摇滚乐、单声道重复、口吃、回弹、大量高音重复、山谷回声、左声道 100 毫秒延迟和广泛最大延迟等选项。

“延迟时间”指将左声道和右声道的延迟同时从 500 ms 调整到 +500 ms。负数表示可以使声道提前而不是延迟。

“混合”指设置要混合到最终输出中的经过处理的湿信号与原始的干信号的比率。

“反转”指反转延迟信号的相位，从而创建类似梳状滤波器的相位抵消效果。

3. 回声

回声可以向声音添加一系列重复的衰减回声，如图 2-22 所示。如果获得单个回声，则改用延迟效果。

“预设”中有低通延迟、偶偶细语、共振峰延迟、危险、右侧回声加强、合成 SMPTE、左侧回声加强和弹性电话等选项。

“延迟时间”指定两个回声之间的毫秒数、节拍数或采样数。例如，设置为 100 ms，将在连续两个回声之间产生 0.1 秒延迟。

“反馈”指确定回声的衰减比。每个后续的回声都比前一个回声以某个百分比减小。衰减设置为 0%，则不会产生回声；设置为 100%，则会产生不会变小的回声。

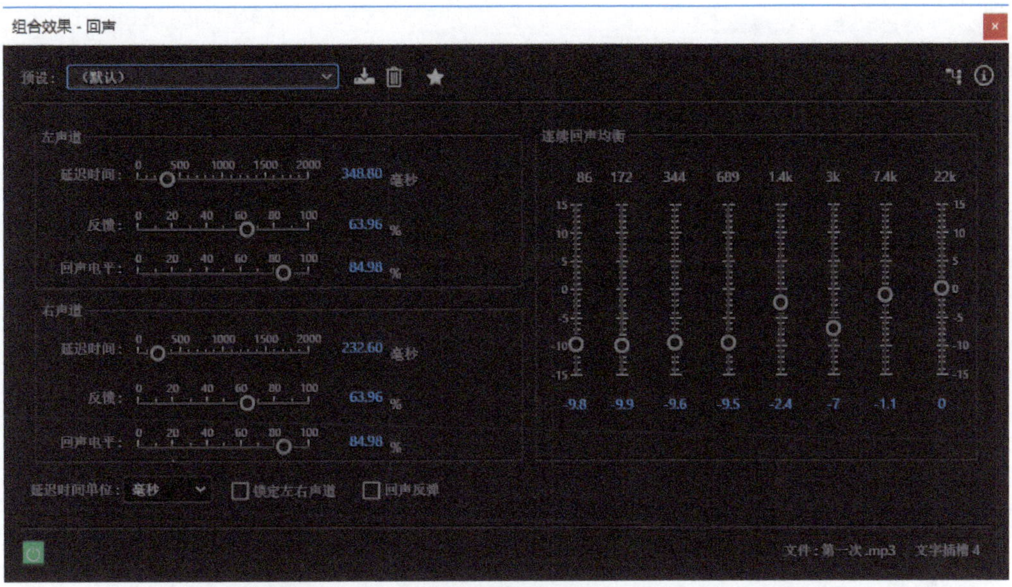

图 2-22　回声

“回声电平”指设置要在最终输出中与原始（干）信号混合的回声（湿）信号的百分比。

“锁定左右声道”指链接衰减、延迟和初始回声音量的滑块，使每个声道保持相同设置。

“回声反弹”指使回声在左右声道之间来回反弹。如果创建来回反弹的回声，则将初始回声的一个声道的音量选择为 100%，另一个选择为 0%；否则，每个声道的设置都将反弹到另一个声道，而每个声道中产生两组回声。

“连续回声均衡”指使每个连续回声通过八频段均衡器，模拟房间的自然声音吸收。设置为 0，将保持频段不变，最大设置为 15，会将该频率减小 15 dB。由于 15 dB 是各连续回声的差值，因此某些频率将比其他频率更快消失。

“延迟时间单位”指定延迟时间设置采用毫秒、节拍或采样为单位。

2.3.3　滤波和均衡

1．FFT 滤波器

FFT（Fast Fourier Transform，快速傅里叶变换）滤波器使得绘制用于抑制或增强特定频率的曲线或陷波变得简单，是一种用于快速分析频率和振幅的算法，如图 2-23 所示。

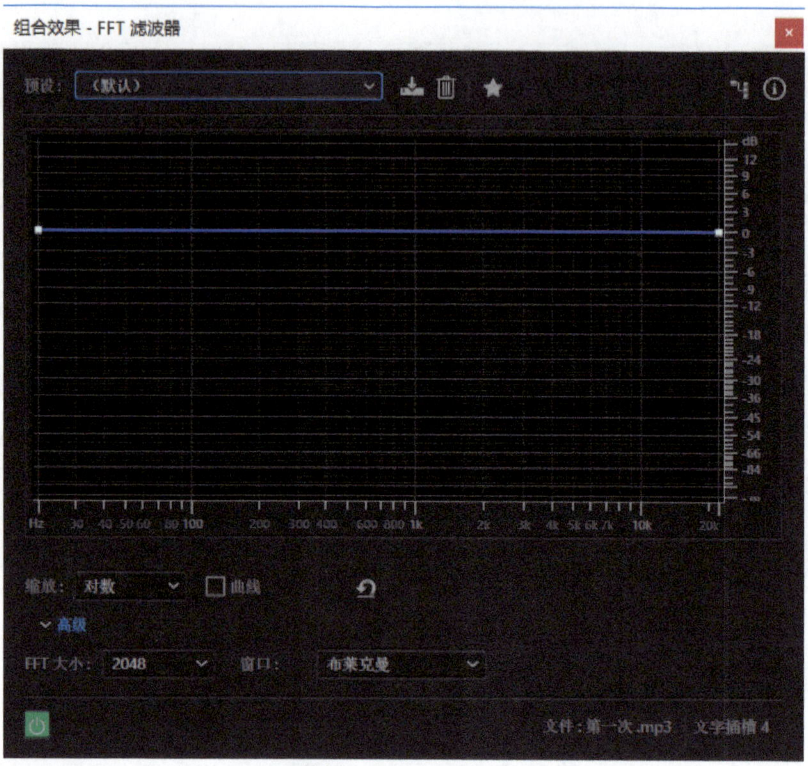

图 2-23　FFT 滤波器

“预设”中有C大调三和弦、LP去加重曲线、Matt办公室声音、保持400 Hz ～ 4 kHz、保持EQ、只有超重低音、只有高频音和夜总会楼下等选项。

“样条曲线”是在控制点之间创建更平滑的曲线过渡，而不是更突变的线性过渡。

“重设”指将图形恢复为默认状态，移除滤波。

“FFT大小”指定快速傅里叶变换的大小，确定频率和时间精度之间的权衡。陡峭的精确频率滤波器选择较高值。要减少带打击节奏的音频中的瞬时扭曲，则选择较低值。1024 ～ 8192的值适合大多数素材。

“窗口”是确定快速傅里叶变换的形状，每个选项都会产生不同的频率响应曲线。

2. 图形均衡器

图形均衡器可以增强或消减特定频段，并可直观地表示生成的EQ曲线，如图2-24所示。包含间隔时间隔开频段包括八度音阶（10个频段）、二分之一八度音阶（20个频段）和三分之一八度音阶（30个频段）。图形均衡器的频段越少，调整就越快；频段越多，则精度越高。

“预设”中有1965、两个八长矛音阶划分、低保真度、快速低通滤波器、快速高通滤波器、敲击树干等选项。

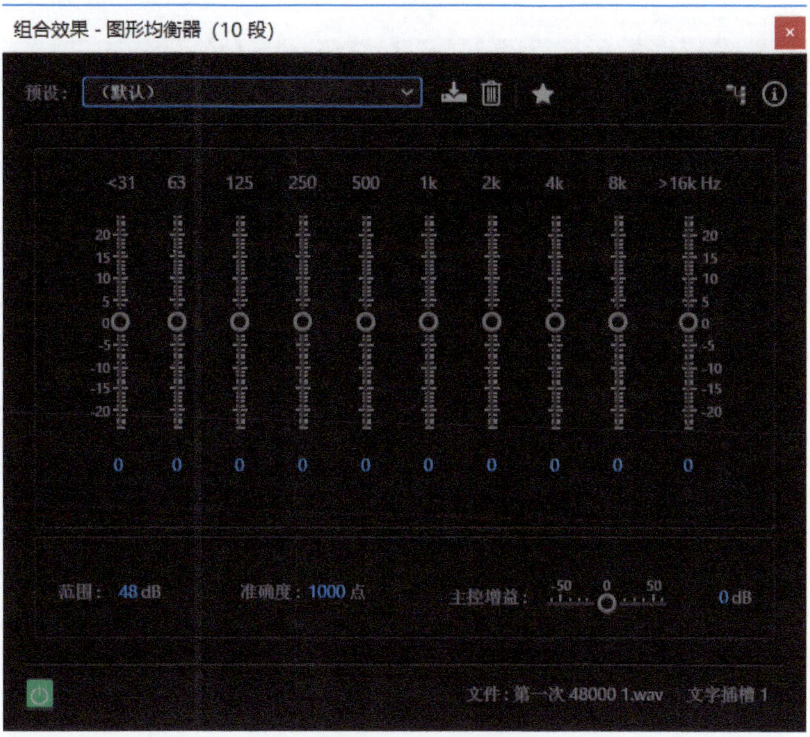

图 2-24　图形均衡器

“增益滑块”指为选定的频段设置准确的增强或减弱值（以 dB 为单位进行测量）。

“范围”定义滑块控件的范围，为 1.5 ～ 120 dB。

“精度”指设置均衡的精度级别。精度级别越高，在低范围的频率响应越好，但需要更多处理时间；如果仅均衡高频，则可以使用低精度级别。

“主增益”在调整 EQ 设置后对过软或过大声的整体音量进行补偿，默认值 0dB 表示没有主增益调整。

3. 陷波滤波器

陷波滤波器的使用可以删除非常窄的频段，同时将所有周围的频率保持原状，最多可删除 6 个用户定义的频段，包括预设、频率、精度、陷波宽度、超静音和将衰减固定为，如图 2-25 所示。

“预设”中有 100 Hz 消除、200 Hz 与八度音阶、200 Hz 与谐波、A 和 E、C 大调和弦、C 调全音队和 C 调小三度等选项。

“频率”可以指定每个陷波的中心频率。

“增益”可以指定每个陷波的振幅。

“陷波宽度”可以确定所有陷波的频率范围，范围为“窄”“窄小”和“超窄”。

“超静音”几乎可消除噪声和失真。

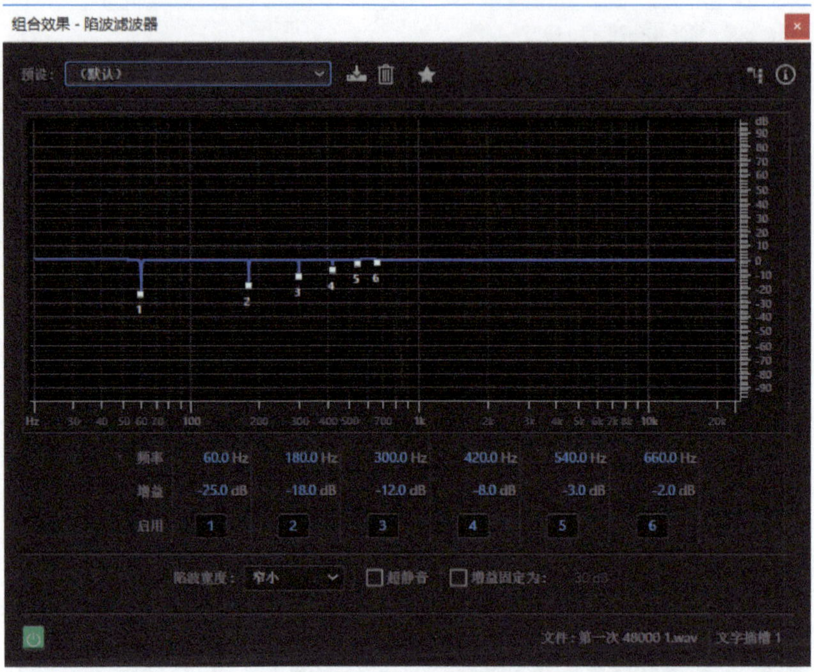

图 2-25　陷波滤波器

“增益固定为”确定陷波是具有同样的还是单独的衰减级别。

4. 参数均衡器

参数均衡器可以提供对音调均衡的最大控制，如图 2-26 所示。

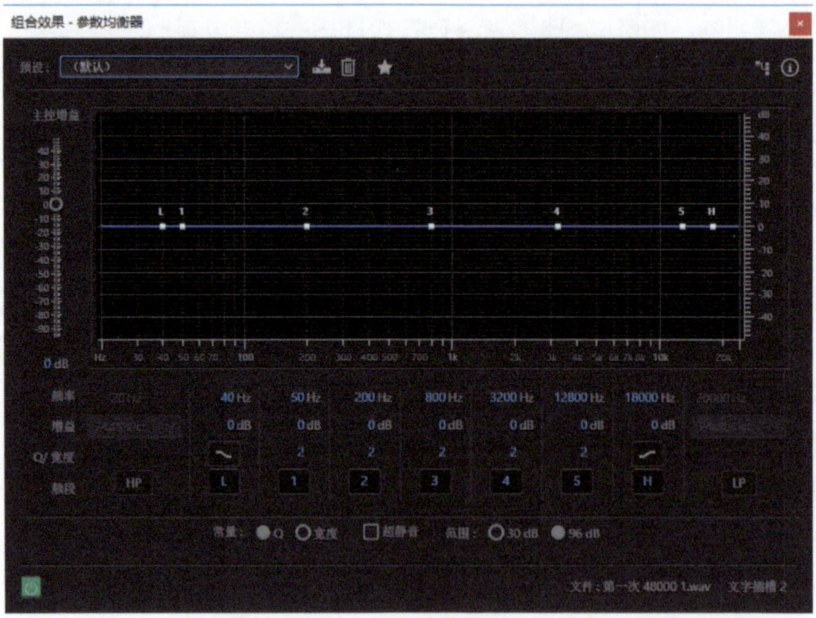

图 2-26　参数均衡器

“预设”中有人声增强、低音鼓、全部重设、原声吉他、响度最大化、常规低通、常规高通和老式收音机等选项。

“主控增益”在调整 EQ 设置后对过大或过软的整体音量进行补偿。

“频率”设置频段 1 ～ 5 的中心频率，以及带通滤波器和限值滤波器的转角频率。

“增益”设置频段的增强或减弱值，以及低通滤波器的每个八度音阶的斜率。

“Q/ 宽度”控制受影响的频段的宽度，Q 值越低，影响的频率范围越大。

5. 科学滤波器

科学滤波器可以对音频进行高级处理，如图 2-27 所示。

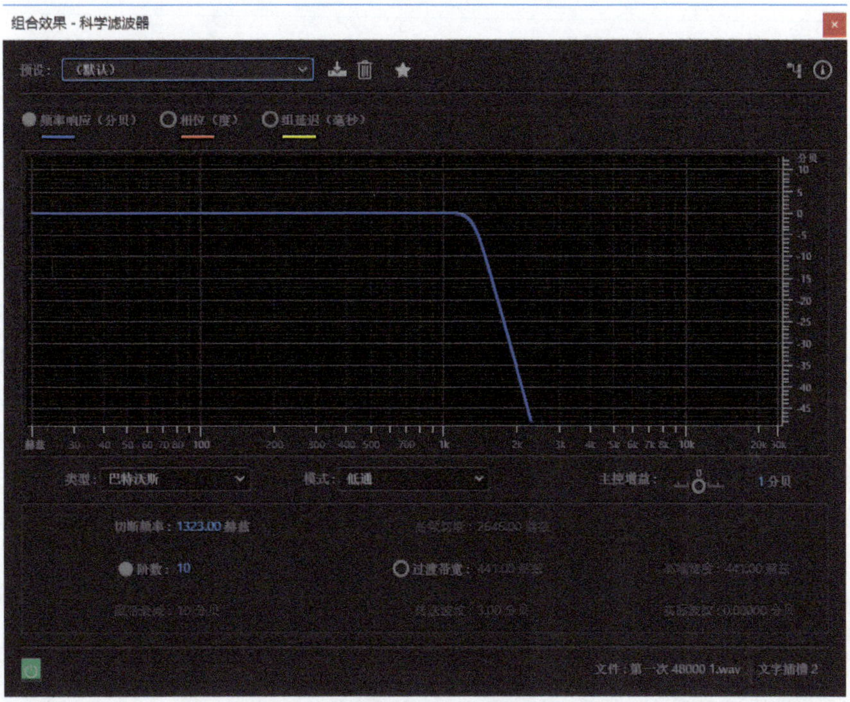

图 2-27　科学滤波器

“预设”中有 60 Hz 嗡嗡声陷波滤波器、严格 1 kHz、保留低音和嘶声切除等选项。

“类型”指科学滤波器的类型。

“模式”指滤波器的模式。

“主控增益”补偿调整滤波器设置之后可能太响亮或太柔和的整体音量级别。

“切断频率”定义在通过的和去除的频率之间充当边界的频率。

“高频截断”指在需要指定范围（“带通”和“带阻”）的滤波器中定义高频率边界。

“阶数”指确定滤波器的精确度。阶数越高，滤波器越精确。

“过渡带宽”可以设置过渡带的宽度（仅“巴特沃斯”和“切比雪夫”）。

“高端宽度”指在需要指定范围（“带通”和“带阻”）的滤波器中，此选项指定较高的频率过渡值（仅“巴特沃斯”和“切比雪夫”）。

“阻带衰减”指确定在去除频率之后要使用的增益衰减量（仅“巴特沃斯”和“切比雪夫”）。

“传送波纹”和“实际波纹”指确定允许的最大波动量，波动是截止点附近不需要的频率的提升和切断效果（仅“切比雪夫”）。

2.3.4 调制

1. 和声

和声可以一次模拟多个语音或乐器，原理是通过少量反馈添加多个短延迟，如图 2-28 所示。

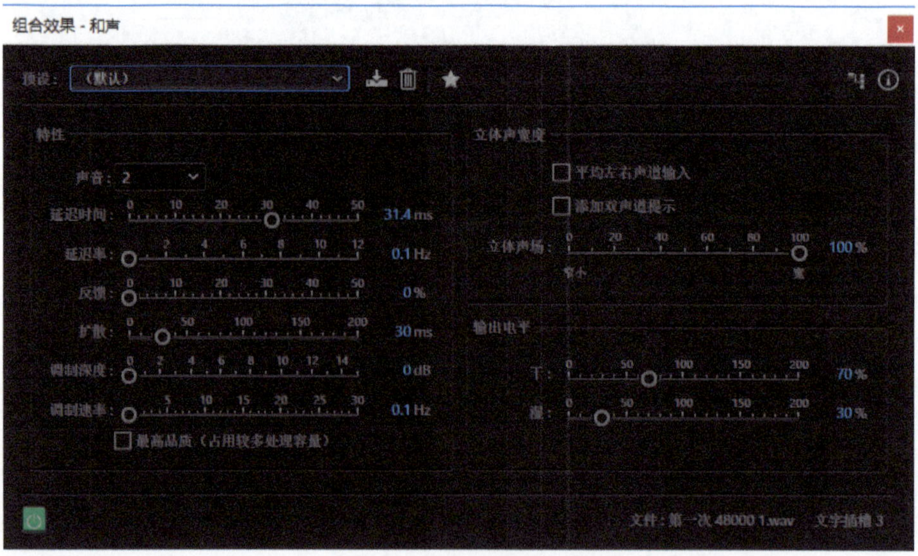

图 2-28 和声

“预设”中有 5 个声音、10 个声音、低音合唱、原声二重唱、多声部和声和微小卵石等选项。

“特性”表示和声中每个语音的特性。

“语音”指模拟的语音的数目。

“延迟时间”指允许的最大延迟量。

“延迟率”确定延迟从零循环到最大延迟设置的速度。

“反馈”将一定比例的处理后的语音添加回效果输入。

“扩展”为每个语音增加延迟，以大约 200 ms 的时间将语音隔开。

“调制深度”确定出现的振幅的最大变化。

“调制速率”确定发生振幅变化时的最大速率。

“最高品质”确保最佳品质结果，但是提高品质会增加预览和应用效果的处理时间。

“立体声宽度”确定各语音在立体声场中的位置，以及如何解读原始立体声信号。

“平均左右声道输入”合并原始左右声道。

“添加双声道提示”为每个语音的左右输出分别添加延迟。

“立体声场”指定和声语音在左右立体声声像之间的位置。

“输出电平”设置原始（干）信号与和声（湿）信号的比率。

2. 镶边

镶边是通过将大致等比例的变化短延迟混合到原始信号中而产生的音频效果，如图 2-29 所示。

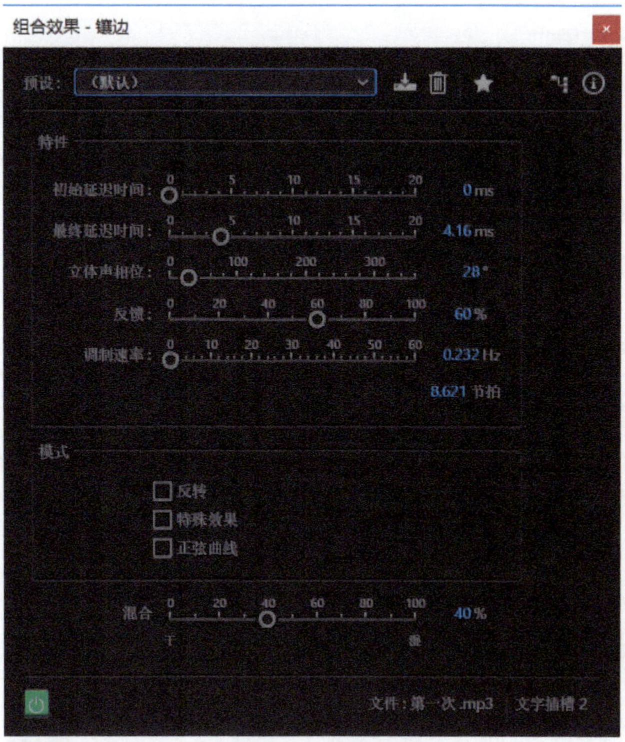

图 2-29　镶边

“预设”中有丹的吉他、信息传输、合成溜溜球、吉他镶边、吉米、听觉和地狱合唱等选项。

“初始延迟时间”设置在原始信号之后开始镶边的点（以 ms 为单位），通过随时间从初始延迟设置循环到另一个（或最终）延迟设置来产生镶边效果。

“最终延迟时间”设置在原始信号之后结束镶边的点（以 ms 为单位）。

“立体声相位”用不同的值设置左右声道延迟，以度为单位进行测量。例如，180° 将右声道的初始延迟设置为与左声道的最终延迟同时发生。此选项可以设置为反转左右声道的最初 / 最终延迟设置，从而创建循环的打击乐效果。

“反馈”确定反馈回镶边中的镶边信号的百分比。如果没有反馈，该效果将仅使用原始信号。添加反馈后，该效果将使用当前播放点之前的一定比例的受影响信号。

“调制速率”确定延迟从初始延迟时间循环到最终延迟时间的速度，以 Hz（次数 / 秒）或节拍（节拍数 / 分钟）为单位进行测量。小数值的设置调整将产生变化宽广的效果。

“模式”提供 3 种镶边方式。

- “反转”：反转延迟信号，定期抵消音频，而不是加强信号。如果“原始 – 扩展”混合设置为 50/50，只要延迟为 0，声波就会与静音抵消。
- “特殊效果”：混合正常和反转的镶边效果，当减去领先信号时，延迟信号被添加到效果中。
- “正弦曲线”：使初始延迟到最终延迟的过渡和回溯按照正弦曲线进行。

3. 相位

相位调整会移动音频信号的相位，并将其与原始信号重新合并，从而创造由 20 世纪 60 年代的音乐家首先推广的打击乐效果，如图 2-30 所示。

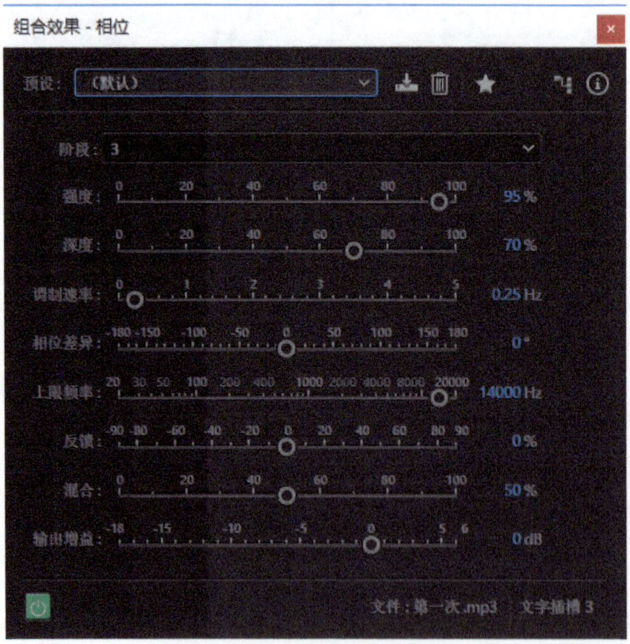

图 2-30 相位

“预设”包括3D滚球、一杯水、低保真定相、卡通效果、叠排式、微光相位、水下、水晶敌意、着陆灯和魔法羽毛等选项。

“阶段”指定相移滤波器的数量。较高的设置可产生更密集的相位调整效果。

“强度”确定应用于信号的相移量。

“深度”确定滤波器在上限频率之下行进的距离，设置越大，产生的颤音效果越宽广；设置为100%时，将从上限频率扫描到0 Hz。

“调制速率”控制滤波器行进至/自频率上限的速度，指定一个以Hz为单位的值。

“相位差异”确定立体声声道之间的相位差。正值表示在左声道开始相移，负值表示在右声道开始相移。最大值+180°和-180°将产生完全差异，但在声波上是相同的。

“上限频率”设置滤波器扫描的最高频率。要获得最生动的结果，应选择选定音频范围中间附近的频率。

“反馈”将一定比例的移相器输出回馈到输入，以增强效果。设置为负值，则将在回馈音轨之前反转相位。

“混合”控制原始音频与处理的音频的比率。

“输出增益”在处理之后调整输出电平。

2.3.5 降噪/恢复

1. 自适应降噪

自适应降噪可以快速去除变化的宽频噪声，如背景声音、隆隆声和风声，如图2-31所示。

“预设”包括弱降噪、强降噪和消除单个源的混响。

“降噪幅度”可以确定降噪的级别。

“噪声量”表示包含噪声的原始音频的百分比。

“微调噪声基准”可以将噪声基准手动调整到自动计算的噪声基准之上或之下。

“信号阈值”可以将所需音频的阈值手动调整到自动计算的阈值之上或之下。

“频谱衰减率”确定噪声处理下降60 dB的速度，可以实现更大程度的降噪而失真更少。过短的值会产生发泡效果，过长的值会产生混响效果。

“宽频保留”可以保留介于指定的频段与找到的失真之间的所需音频。

“FFT大小”可以确定分析的单个频段的数量。

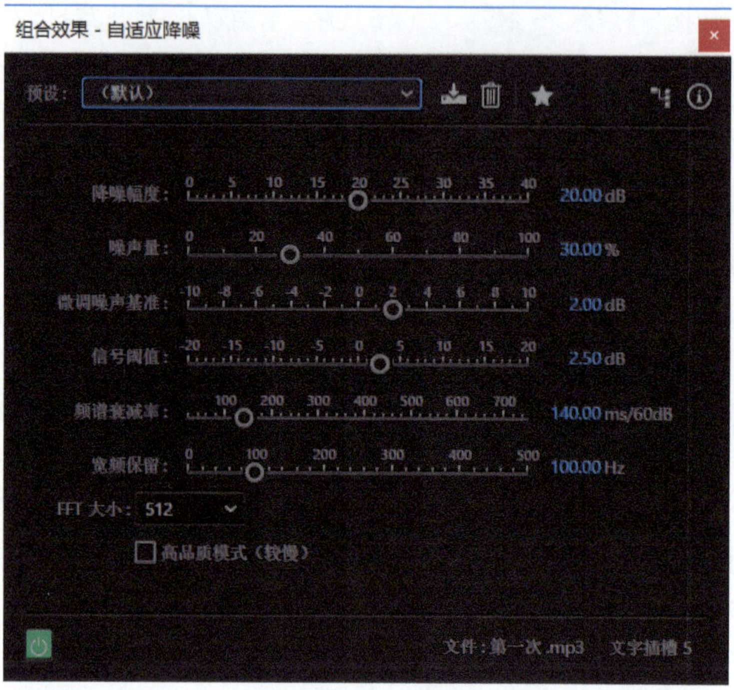

图 2-31　自适应降噪

2. 自动咔嗒声移除

自动咔嗒声移除可以校正一大片区域的音频或单个咔嗒声或爆音，如图 2-32 所示。

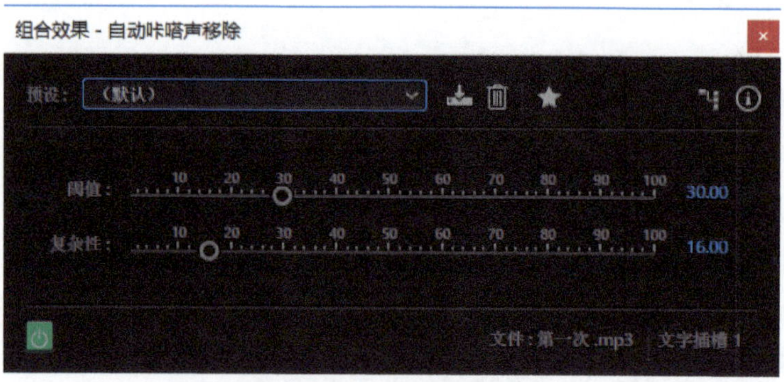

图 2-32　自动咔嗒声移除

“预设”包括中度降低、强降低和轻度降低等选项。

“阈值”可以确定噪声灵敏度。设置越低，可检测到的咔嗒声和爆音越多，设置范围为 1 ～ 100，默认为 30。

“复杂度”表示噪声复杂度。设置越高，应用的处理越多，但可能降低音质，设置范围为 1 ～ 100，默认为 16。

3. 自动相位校正

自动相位校正可以处理未对准的磁头中的方位角误差、放置错误的麦克风的立体声模糊以及许多其他相位相关问题，如图 2-33 所示。

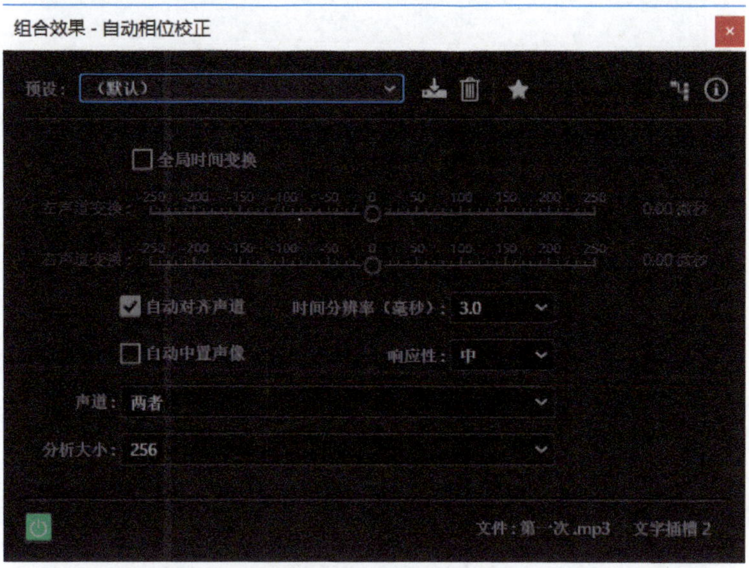

图 2-33　自动相位校正

“预设”包括中置声像、修复和手动校正等选项。

“全局时间变换”用于激活“左声道变换”和“右声道变换”滑块，可以对所有选定音频执行统一的相移。

“自动对齐声道”和“自动中置声场”在一系列不连续的时间间隔内校准相位和声像，使用以下选项指定这些间隔：

- ❖ “时间分辨率”指定每个处理间隔的毫秒数。较小值可提高精度，较大值可提高性能。
- ❖ “响应性”确定总体处理速率。较慢设置可提高精度，较快设置可提高性能。

“声道”指定相位校正将应用到的声道。

“分析大小”指定每个分析的音频单元中的样本数。

4. 消除嗡嗡声

消除嗡嗡声可以去除窄频段及其谐波，如图 2-34 所示，最常见的应用可处理照明设备和电子设备的电线嗡嗡声。但“消除嗡嗡声”命令也可以应用于陷波滤波器，以从源音频中去除过度的谐振频率。

“预设”包括 1000 Hz 共振、120 Hz/200 Hz 消频、120 Hz/200 Hz 消频（超窄）、移除 50 Hz/60 Hz/400 Hz 与谐波等选项。

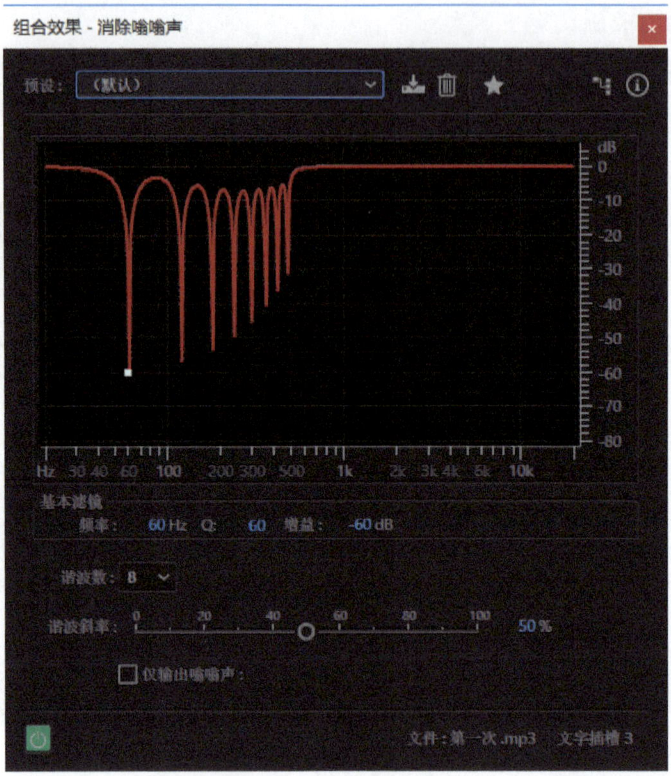

图 2-34 消除嗡嗡声

“频率”可以设置嗡嗡声的根频率。如果不确定精确的频率，则应在预览音频时反复拖动此设置。

“增益”可以确定嗡嗡声减弱量。

“谐波数”可以指定要影响的谐波频率数量。

“谐波斜率”可以更改谐波频率的减弱比。

“仅输出嗡嗡声”可以预览去除的嗡嗡声，以确定是否包含任何需要的音频。

另外，“混响”“特殊效果”“立体声声像”和“时间与变调”的操作方法类似，这里不再赘述。

2.4 综合案例

1. 降噪

个人录制音频时，由于外部环境的因素，一般情况会夹杂一些噪声，如图 2-35 所示，这些噪声会影响音频的品质，需要使用效果组进行处理。

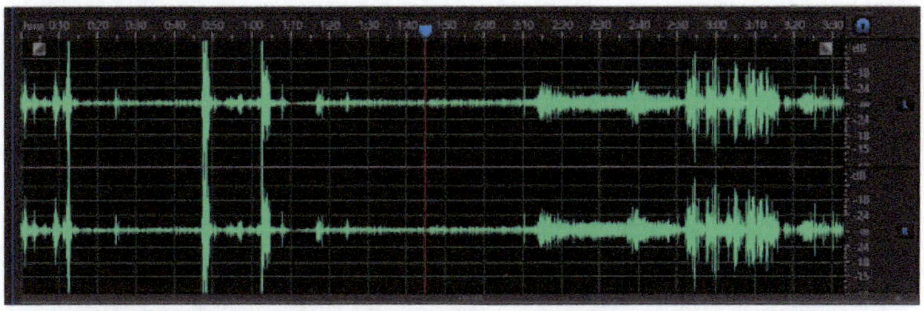

图 2-35　录制的音频波形

Step 1　播放音频，监听声音内容，判断哪一段存在噪声，然后监听通过放大显示波形，创建选区，如图 2-36 所示。

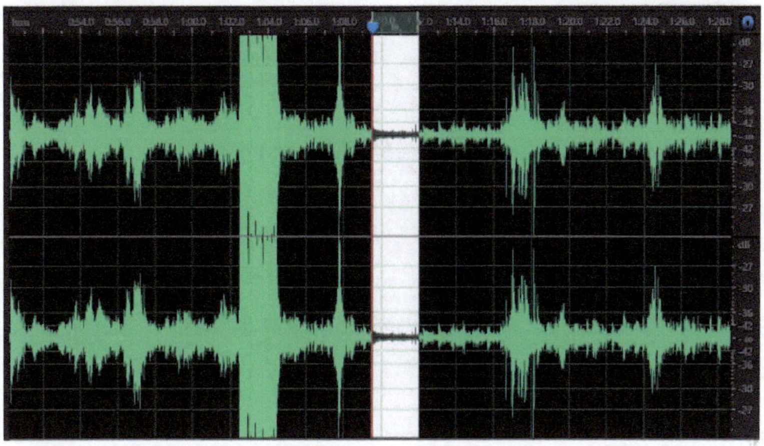

图 2-36　创建噪声波形选区

Step 2　选择“效果→降噪 / 恢复→捕捉噪声样本”菜单命令，如图 2-37 所示。

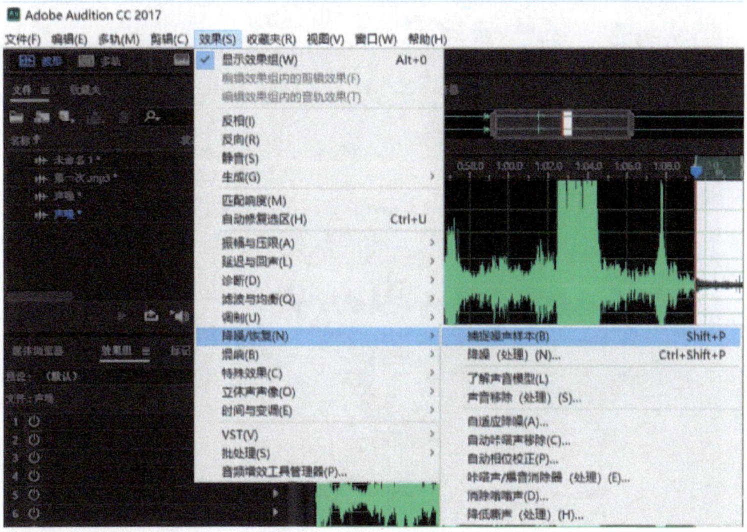

图 2-37　捕捉噪声样本

Step 3 选择该音频的全部波形，然后选择“效果→降噪/恢复→降噪（处理）”菜单命令，如图 2-38 所示。

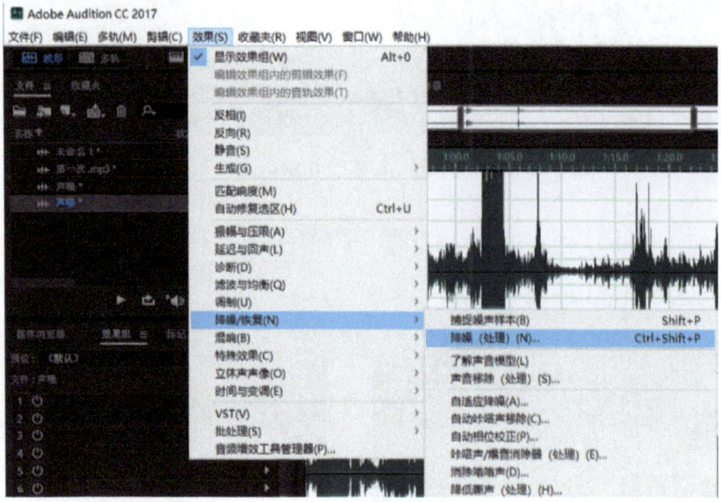

图 2-38 降噪

Step 4 弹出“效果 - 降噪”对话框，其中采集的噪声样本数据通过黄、红、绿三种颜色表示，调整降噪和降噪幅度的参数处理噪声，如图 2-39 所示，单击“应用”按钮。

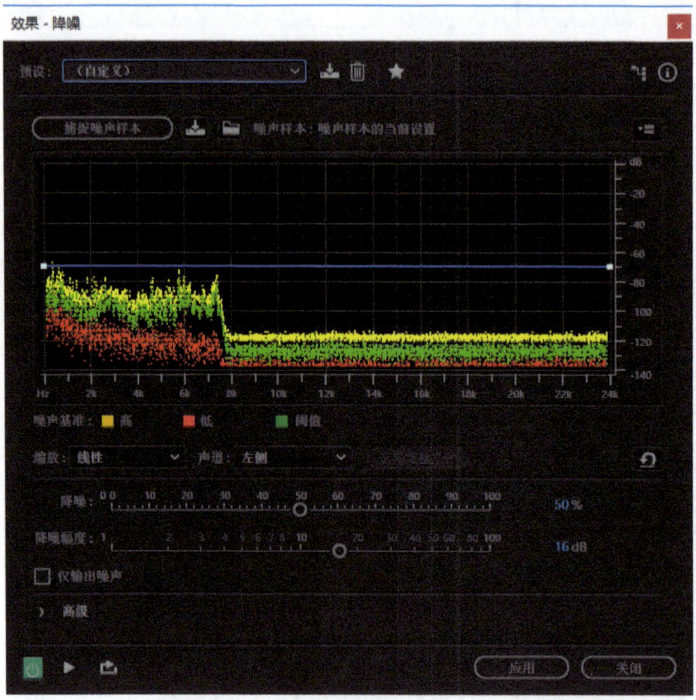

图 2-39 效果 - 降噪

Step 5 降噪处理完后，存在声噪的波形会变成一条细线的直线。降噪可以重复操作，直到效果最佳，如图 2-40 所示。

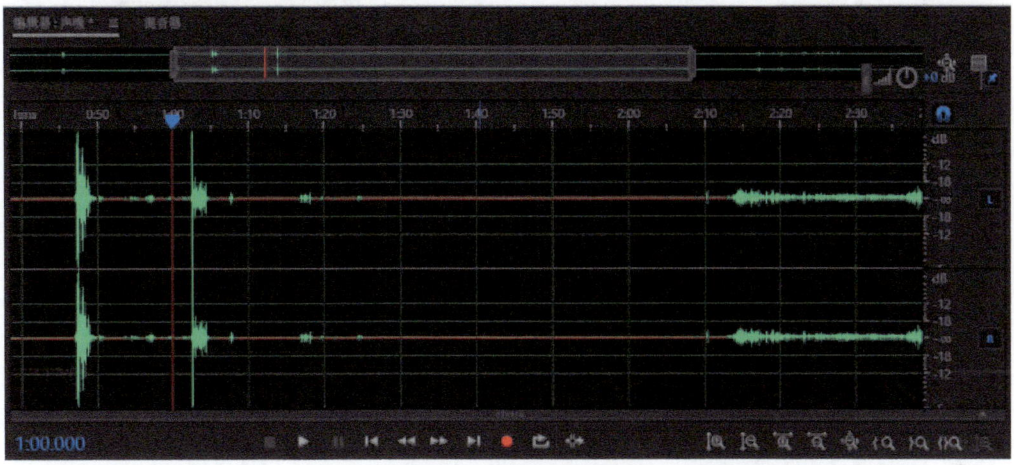

图 2-40　降噪后的波形

2. 男声变女声

Step 1 导入一段音频，然后选择全部音频波形，如图 2-41 所示。

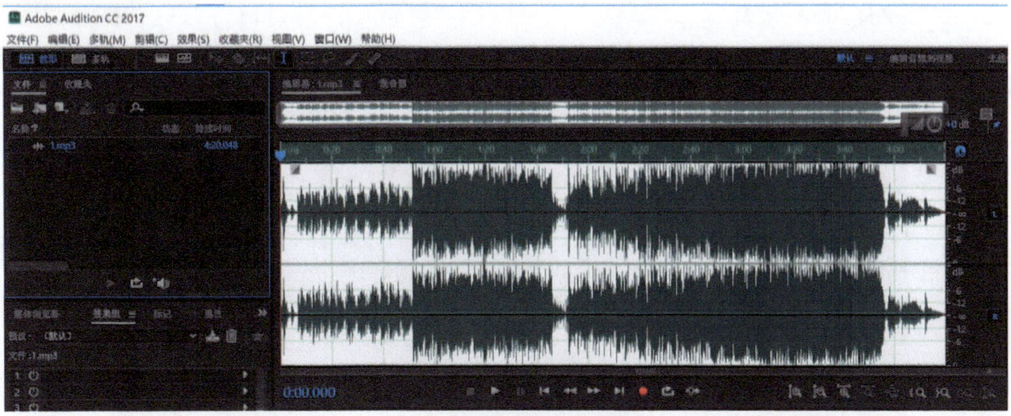

图 2-41　选择音频波形

Step 2 选择“效果→时间与变调→伸缩与变调（处理）”菜单命令，如图 2-42 所示。

Step 3 在弹出的对话框中把“变调”调整成“3 半音阶”，如图 2-43 所示，然后单击“应用”按钮。

Step 4 应用“伸缩与变调”需要等待一段时间，进度如图 2-44 所示。完成后，单击“播放”按钮，则可以听到音频中的男声变成了女声。

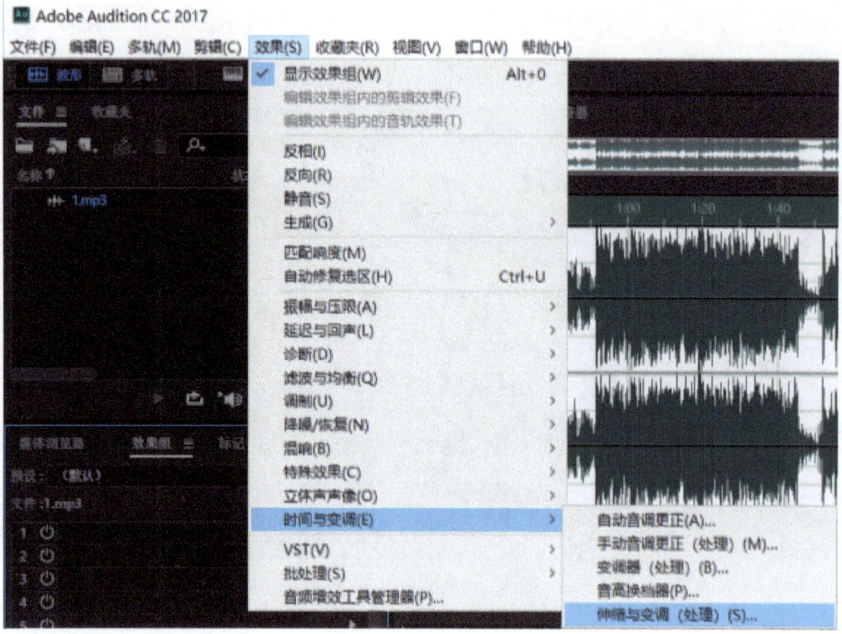

图 2-42 伸缩与变调

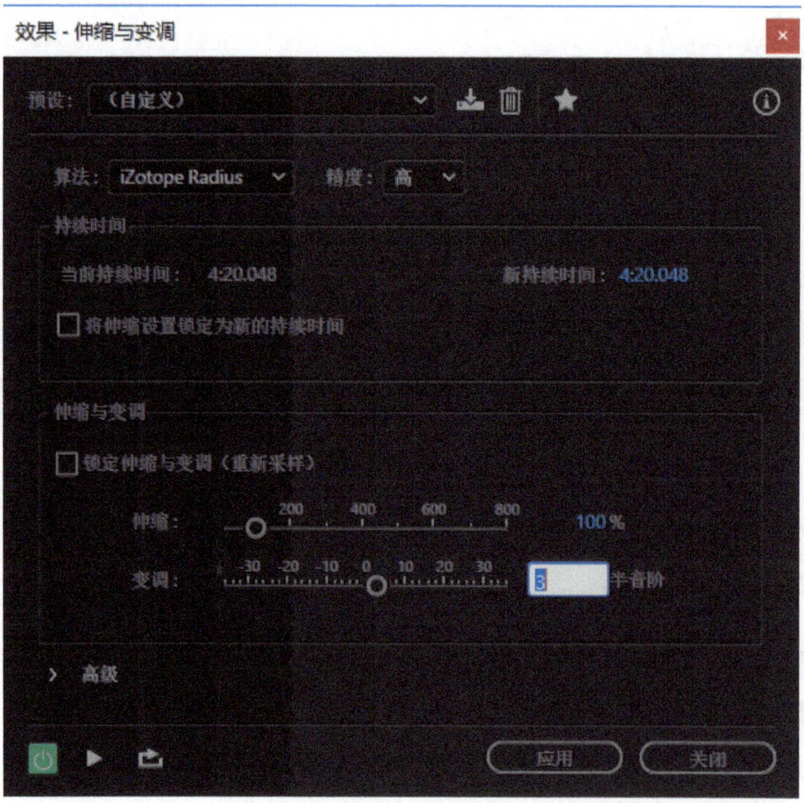

图 2-43 变调

图 2-44 应用变调

本章小结

Adobe Audition 是一个功能强大的音频编辑软件，主要包含创建、混合、编辑和复原音频内容的多轨、波形和光谱显示等功能。

本章介绍了 Adobe Audition CC 音频处理软件的主要功能，包括音频基本编辑、音轨、效果组，并结合实例进行讲解。通过本章的学习，读者可以对音频进行简单的编辑处理。

习 题 2

一、选择题

1. 不属于 Adobe Audition 界面的是（　　）。

   A. 多轨编辑器　　B. 媒体编辑器　　C. 波形编辑器　　D. CD 编辑器

2. 使用（　　）键可以控制波形声音的播放和停止。

   A. Shift　　B. Ctrl　　C. Alt　　D. Space

3. 选择全部波形的方法有（　　）。

   A. 在需要选择波形上单击鼠标左键两次

   B. 选择“编辑→选择全部波形”菜单命令

   C. 按 Ctrl+A 组合键

D. 在需要选择的波形上单击鼠标左键三次

4. 需要将成人的声音处理成儿童声音的效果，可以使用效果组中的（　　）。

A. 降噪　　B. 延迟　　C. 去噪　　D. 变调

5. 将音频按时间的反序显现出来，使用效果组中的（　　）。

A. 反相　　B. 变调　　C. 倒置　　D. 调幅

6. 数字音频采样和量化过程中使用的主要硬件是（　　）。

A. 数字编码器　　B. 数字确码器　　C. ADC　　D. DAC

7. 音频数字化的过程不包括（ ）。

A. 采样　　B. 调频　　C. 量化　　D. 编码

8. 过度降噪会导致声音（　　）。

A. 变小　　B. 空洞　　C. 浑厚　　D. 模糊

9. 在数字音频信息获取与处理过程中，下列顺序正确的是（　　）。

A. 采样、A/D 变换、压缩、存储、解压缩、D/A 变换

B. 采样、压缩、A/D 变换、存储、解压缩、D/A 变换

C. 采样、D/A 变换、压缩、存储、解压缩、A/D 变换

D. A/D 变换、采样、压缩、存储、解压缩、D/A 变换

10. 把某音频幅度范围内的电压用一个数字表示的是（　　）。

A. 音频采样　　B. 音频量化　　C. 语音识别　　D. 音频编辑

11. 使用麦克风实际输入的是（　　）声音。

A. 立体声　　B. 单声道　　C. 联合立体声　　D. 5.1 声道

12. 常见的音频编辑软件不包括（　　）。

A. Sound Edit　　B. Cool Edit Pro

C. Animator Studio　　D. Adobe Audition

13. 效果组中的回声的原理是（　　）。

A. 仿生学　　B. 物理学　　C. 多个延迟模拟　　D. 以上都是

14. 声音是一种波，它的两个基本参数是（　　）。

A. 振幅、频率　　B. 音色、音高

C. 噪声、音质　　D. 采样率、量化位数

15．人耳可听到的声波的频率范围是（　　）。

A．200Hz ~ 20kHz　　B．20Hz ~ 20kHz

C．20Hz ~ 200kHz　　D．200Hz ~ 200kHz

二、填空题

1．________是指利用数字化的手段对声音进行录制、存放、编辑、压缩与播放的技术，能够帮助人们简单快速地完成各种声音处理工作。

2．一切不希望存在的、难听的、令人厌烦的声音就是________。

3．单轨编辑模式下，只能编辑________个声音文件。

4．在多轨编辑模式下，如果需要将两个或两个以上的声音波形的绝对时间位置保持不变，则需要进行________。

5．为了将声音数字化处理，需要以声音频率________倍的频率进行取样，才能得到满意的效果。

6．均衡器里的 Q 值是________。

7．________效果是指音频选区的起始音量很小甚至无声，而最终音量相对较大。

8．人耳的听觉受到声音________和声压级范围的限制。

三、操作题

1．去噪。

启动 Adobe Audition 软件，然后按以下步骤操作。

❶ 在文件面板中新建一个音频文件，在弹出的对话框中将文件名命名为“录制音频”，采样率为 48000 Hz，声道为立体声和位深度为 32 位，如图 T2-1 所示。

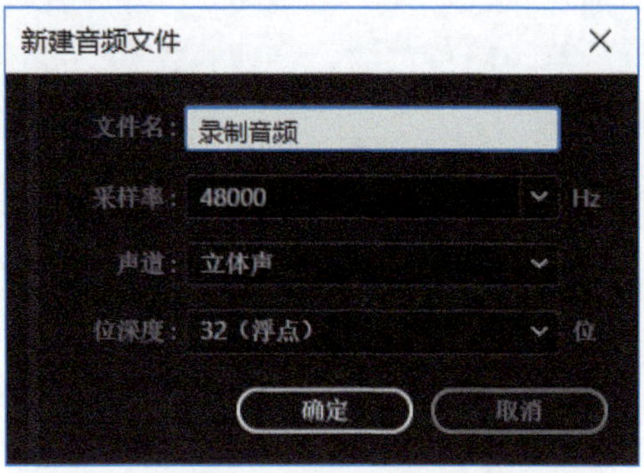

图 T2-1　新建录制音频

❷ 单击“录制”按钮或按 Shift+Space 组合键，然后开始录制，波形和电平会随着声音的大小而起伏，如图 T2-2 所示。

❸ 录制完成后，可以通过播放按钮监听音频文件的效果，在文件面板中也可以查看

文件的持续时间，如图 T2-3 所示。

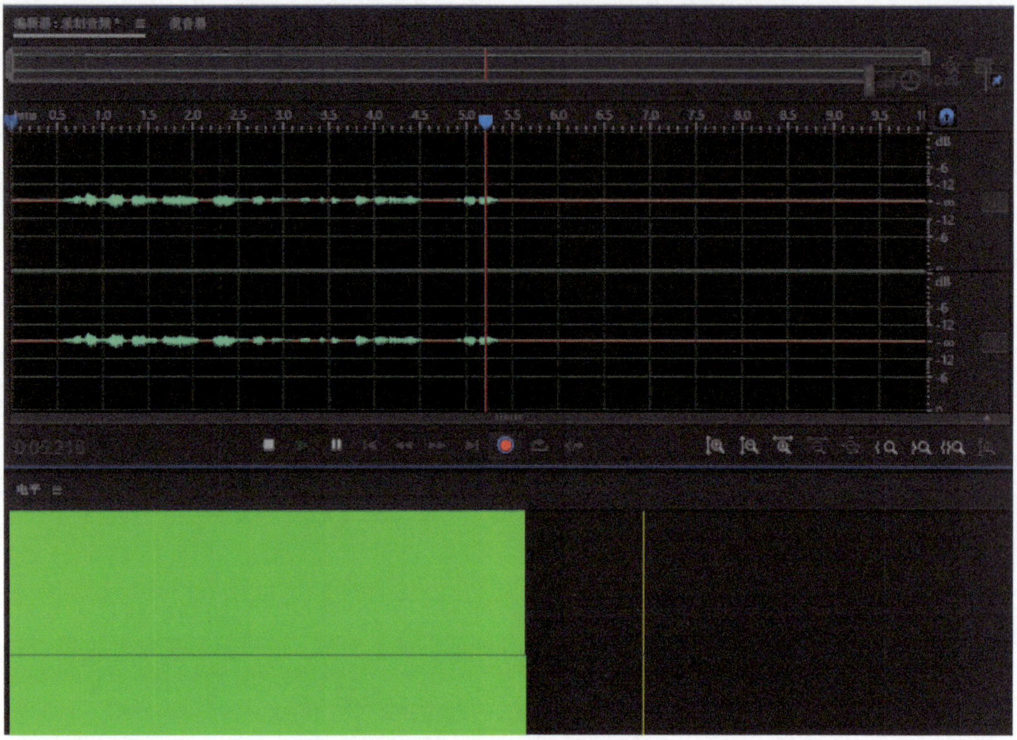

图 T2-2　录制

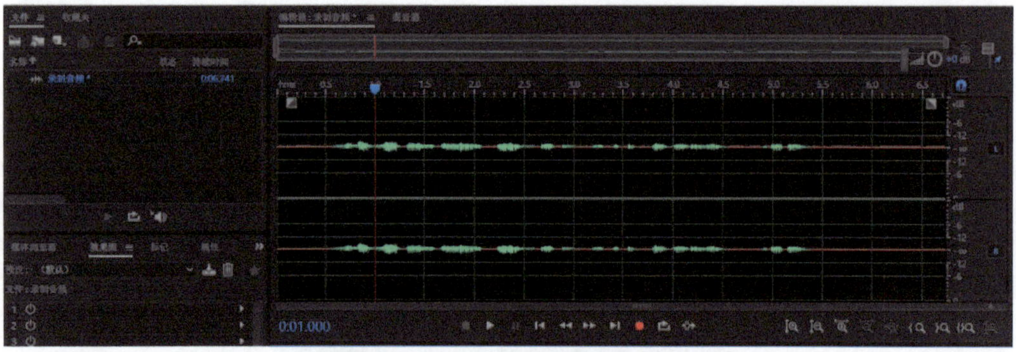

图 T2-3　文件持续时间

2．完成李白《将进酒》的朗诵配乐。

将进酒

作者：唐・李白

君不见，黄河之水天上来，奔流到海不复回。

君不见，高堂明镜悲白发，朝如青丝暮成雪。

人生得意须尽欢，莫使金樽空对月。
天生我材必有用，千金散尽还复来。
烹羊宰牛且为乐，会须一饮三百杯。
岑夫子，丹丘生，将进酒，杯莫停。
与君歌一曲，请君为我倾耳听。
钟鼓馔玉不足贵，但愿长醉不复醒。
古来圣贤皆寂寞，惟有饮者留其名。
陈王昔时宴平乐，斗酒十千恣欢谑。
主人何为言少钱，径须沽取对君酌。
五花马，千金裘，呼儿将出换美酒，与尔同销万古愁。

（1）录制李白《将进酒》的朗诵。

（2）选择合适的音乐作为背景音乐。

第 3 章

3

视频处理软件 Adobe Premiere

3.1 Adobe Premiere 基础 / 99
3.2 项目应用 / 104
3.3 字幕 / 108
3.4 视频效果 / 116
3.5 视频过渡 / 154
3.6 音频效果 / 158
3.7 音频过渡 / 170
3.8 影片输出 / 172
3.9 综合案例：人物定格 / 174
本章小结 / 176

3.1 Adobe Premiere 基础

Adobe Premiere 是由美国 Adobe Systems Incorporated 基于 Macintosh 和 Windows 平台开发的一款非常优秀的非线性编辑软件，集强大的视频、音频和特效编辑于一身，被广泛用于电视节目制作、广告制作和电影制作等领域。

3.1.1 Adobe Premiere CC 简介

Adobe Premiere CC 提供了采集、剪辑、调色、美化音频、字幕添加、输出的一整套流程，并与其他 Adobe 软件高效集成，足以完成在编辑、制作、工作流上遇到的所有挑战，满足创建高质量作品的要求。启动界面如图 3-1 所示，包括新建项目、打开项目、新建团队项目和打开团队项目。

图 3-1 Adobe Premiere CC 启动界面

3.1.2 工具面板

进入 Adobe Premiere Pro CC 后，其界面主要包括项目窗口、监视器窗口、时间线窗口、工具面板、字幕窗口、效果窗口、音频剪辑混合器窗口和其他面板，如图 3-2 所示。

1. 项目窗口

项目窗口存放所有需要进行非线性编辑的视频、音频和图像素材，也为了可以对它们进行分类或顺序的编排，如图 3-3 所示。

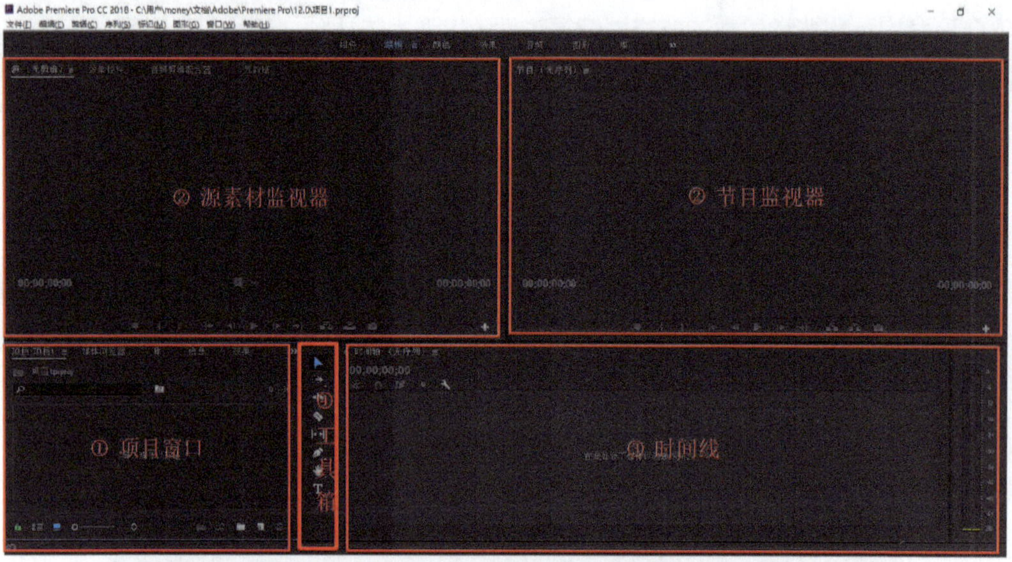

图 3-2　Adobe Premiere Pro CC 界面

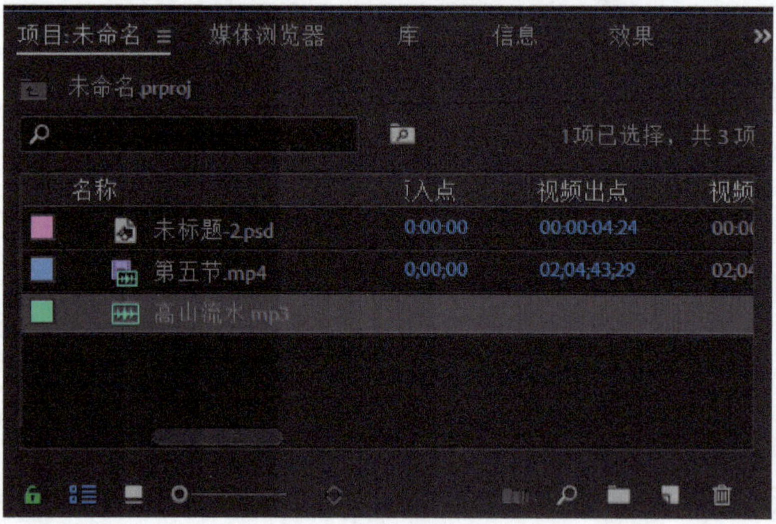

图 3-3 项目窗口

2. 监视器窗口

监视器窗口主要用于实时预览影片和剪辑影片。监视器布局默认双显示：源素材监视器和节目监视器。源素材监视器可以查看待编辑的素材，节目监视器则可以查看完成的剪辑效果，以便修改和调整，如图 3-4 所示。

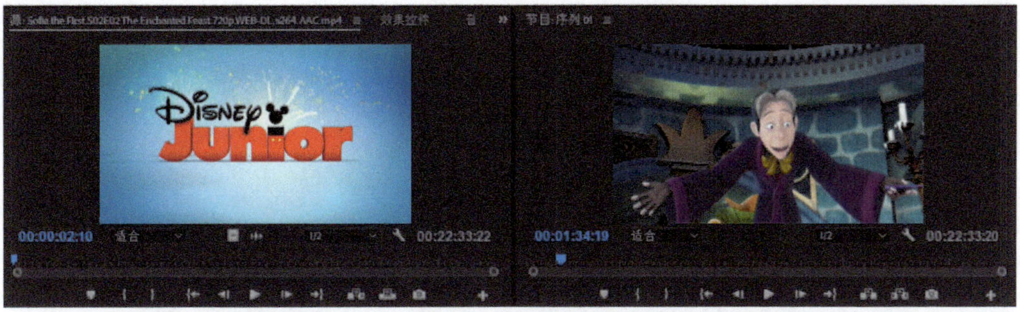

图 3-4　监视器窗口

3. 时间线窗口

时间线窗口是最重要的窗口之一，它的主要功能是可以实现序列的多层嵌套，可以把复杂的项目分解成几部分，每部分可以使用一个序列来编辑完成，每个序列又包括不同的图像、视频和音频等素材，通过加入各种特效和转场，再把所有的序列组合起来就是项目的最终输出，如图 3-5 所示。

4. 工具面板

工具面板包括选择工具、向前选择轨道工具、波纹编辑工具、剃刀工具、外滑工具、钢笔工具、手形工具和文字工具，如图 3-6 所示。

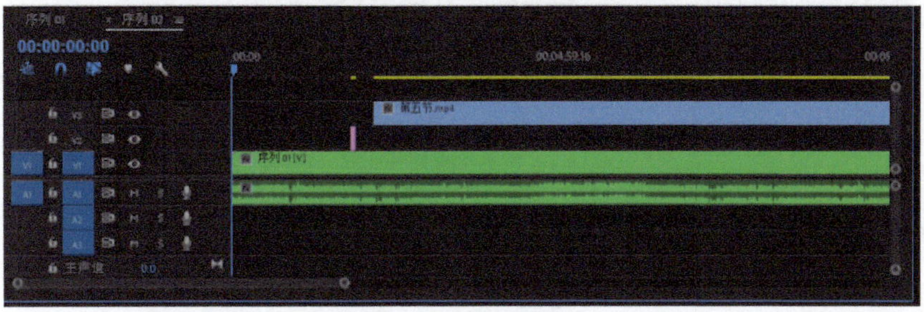

图 3-5　时间线窗口

图 3-6　工具面板

5. 字幕窗口

字幕是影片非常重要的组成部分，通过字幕工具可以制作出静态字幕和滚动字幕，并可以添加特效，使影片更加丰富多彩，如图 3-7 所示。

6. 效果窗口

效果窗口与项目窗口有相同的窗口和位置，如图 3-8 所示。

7. 音频剪辑混合器窗口

音频剪辑混合器窗口可以通过多个音频轨道，结合音量和声道对音频进行处理，如图 3-9 所示。

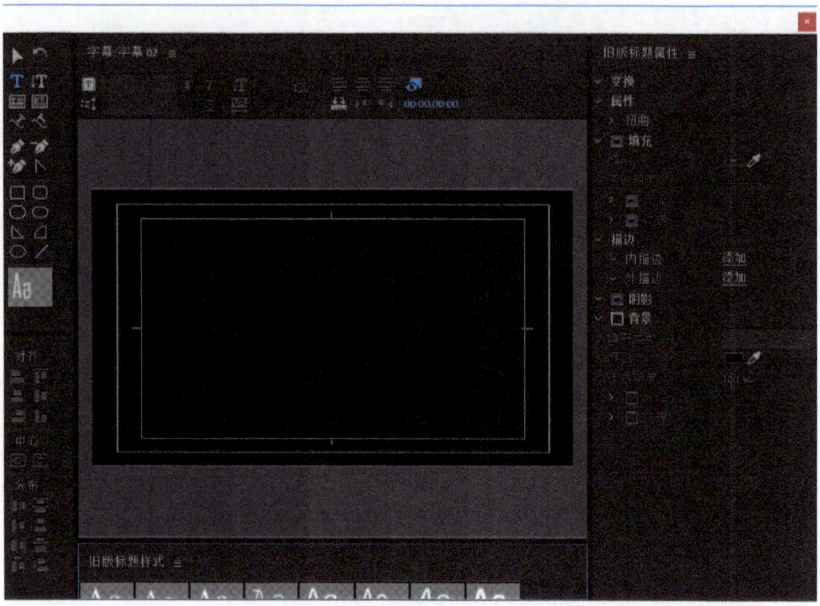

图 3-7　字幕窗口

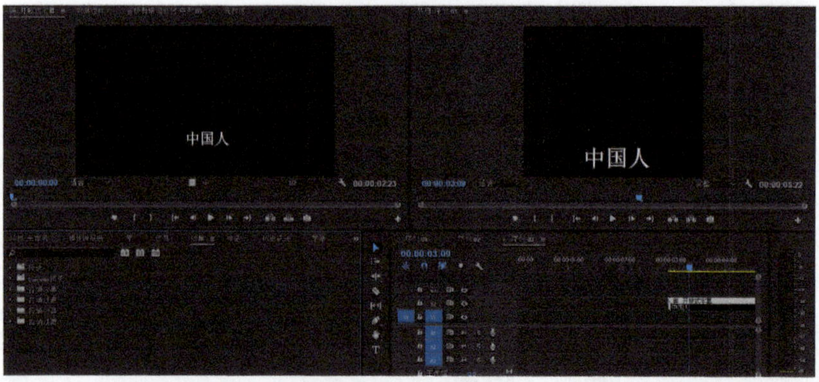

图 3-8　效果窗口

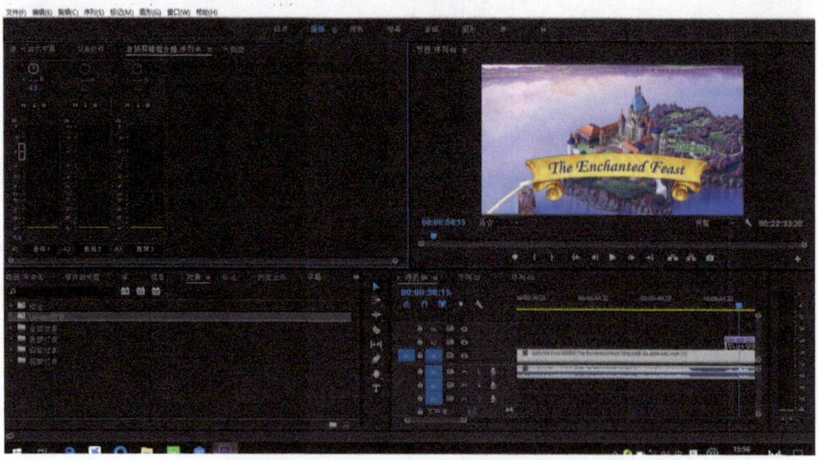

图 3-9　音频剪辑混合器窗口

8. 效果控制面板

效果控制面板主要用于影片素材编辑的参数设置，如图 3-10 所示，视频效果有运动、不透明度和时间重映射，音频效果有音量、声道音量和声像器。

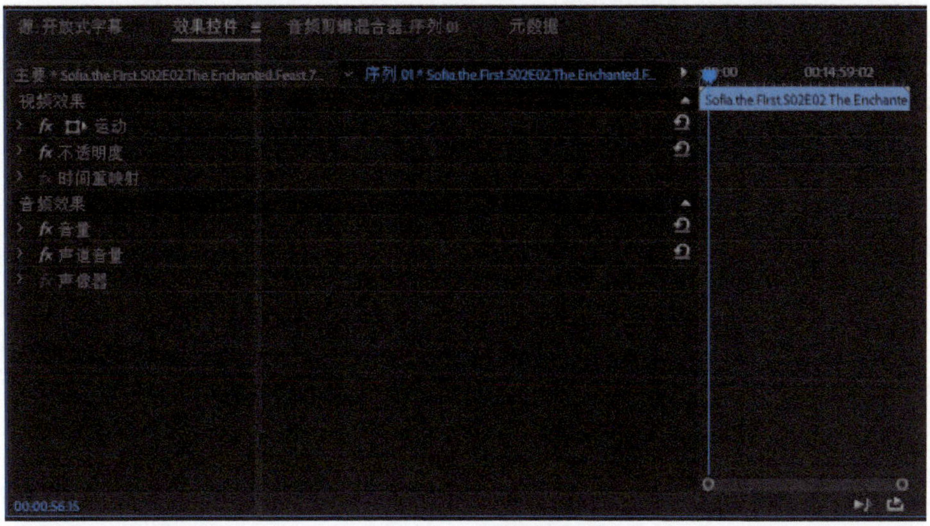

图 3-10　效果控制面板

3.1.3 常用视频文件格式

1. AVI

AVI（Audio Video Interleave）是一种音频视频交错格式，是微软公司于 1992 年 11 月推出的，作为其 Windows 视频软件的一部分。AVI 一般采用帧内有损压缩，可以用一般的视频编辑软件如 Adobe Premiere 或 MediaStudio 进行再编辑和处理。

2. MPEG

MPEG（Moving Picture Experts Group，动态图像专家组）是 ISO（International Standardization Organization，国际标准化组织）和 IEC（International Electrotechnical Commission，国际电工委员会）于 1988 年成立的专门针对运动图像和语音压缩制定国际标准的组织。

MPEG 标准主要有 5 个：MPEG-1、MPEG-2、MPEG-4、MPEG-7 和 MPEG-21。

3. MOV 和 QuickTime

MOV 即 QuickTime 影片格式，是 Apple 公司开发的一种音频、视频文件格式，用于存储常用数字媒体类型。QuickTime 用于保存音频和视频信息，支持包括 Mac in-tosh、Windows 在内的所有主流计算机操作系统。

4. RMVB

RMVB 是一种视频文件格式，其中的 VB 指 Variable Bit Rate（可变比特率）。RMVB 打破了压缩的平均比特率，降低了静态画面下的比特率，达到优化整个影片的比特率、提高效率、节约资源的目的。一般来说，700 MB 的 DVDrip 文件如果采用平均比特率为 450 kbps 的压缩率，生成的 RMVB 文件仅为 400 MB，但是画质并没有太大区别。

3.2 项目应用

影片的输出是指在一个工程文件中完成所有素材、特效和各种参数设置等信息，其格式为 PROJ。

3.2.1 创建项目

1. 新建项目

方法 1：在 Adobe Premiere 启动界面中选择新建项目，弹出如图 3-11 所示的对话框，修改项目名称、项目存放位置等，单击“确定”按钮后，则进入编辑界面。

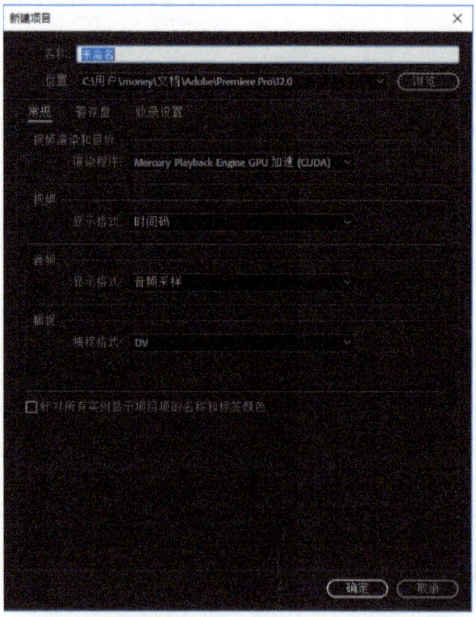

图 3-11　新建项目对话框

方法 2：在 Adobe Premiere 启动界面中选择“文件→新建→项目”菜单命令，或按 Ctrl+Alt+N 组合键。

2. 打开项目

方法 1：在启动界面中选择需要打开的项目。

方法 2：在菜单栏中选择“打开项目”命令，在弹出的对话框（如图 3-12 所示）中找到相关项目文件，再单击“打开”按钮。

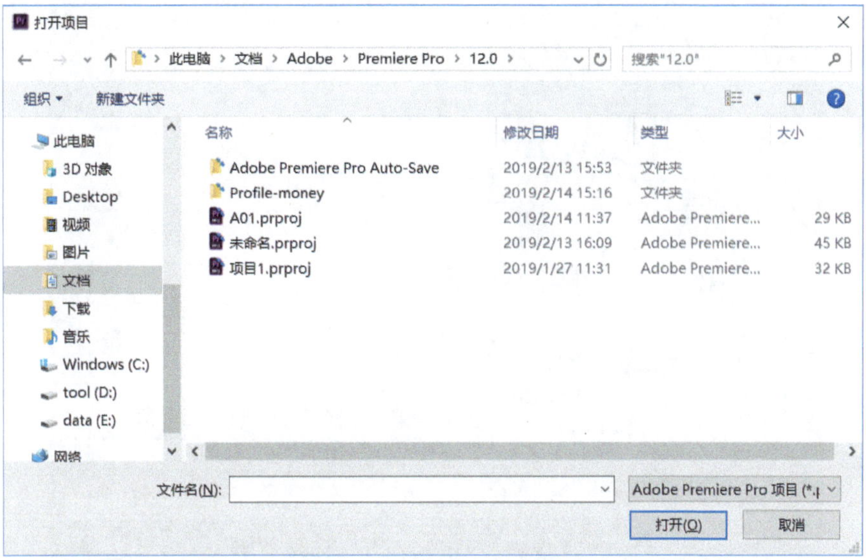

图 3-12　打开项目对话框

3. 保存项目

方法 1：按 Ctrl+S 组合键。

方法 2：选择“文件→保存”菜单命令。

4. 关闭项目

方法 1：选择“文件→退出”菜单命令，或按 Crtl+Q 组合键。

方法 2：单击右上角的退出按钮。

3.2.2 管理素材

1. 导入素材

在创建项目的基础上新建一个序列，如图 3-13 所示，才可以把各种素材导入。

在“序列预设”中选择某个“可用预设”，可以查看其描述，如编辑模式、时基、帧大小、帧速率、像素长宽比、场等，依据实际要求选择创建。

导入素材的方法如下。

方法 1：在菜单栏中选择“导入”命令。

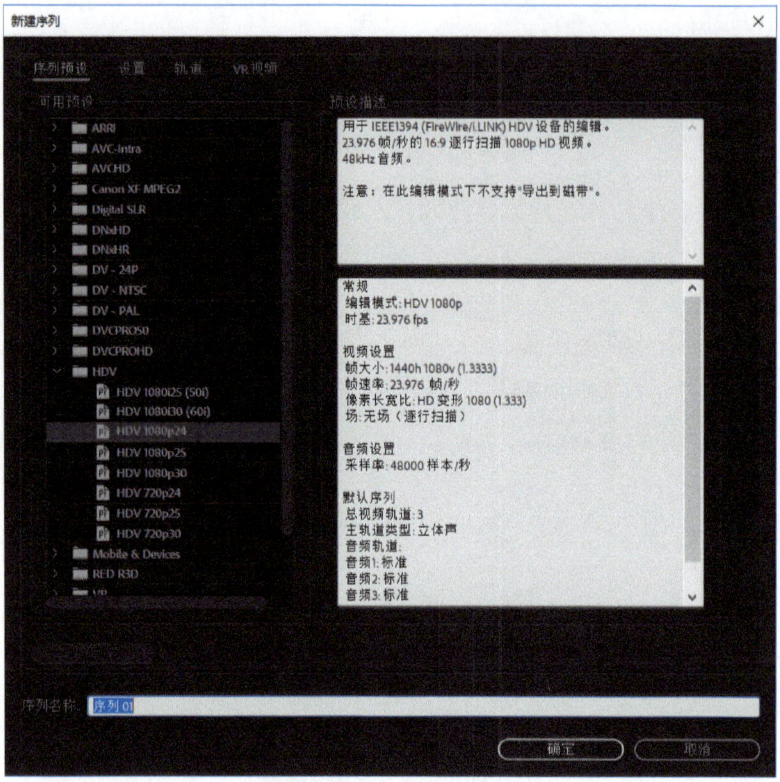

图 3-13　新建序列

方法 2：在项目窗口的空白处单击右键，在弹出的快捷菜单中选择“导入”命令。

方法 3：在项目窗口的空白处双击鼠标左键。

方法 4：按 Crtl+L 组合键。

如果导入的素材的数量或种类比较多，则可以选择创建素材箱来进行分类管理，如图 3-14 所示。

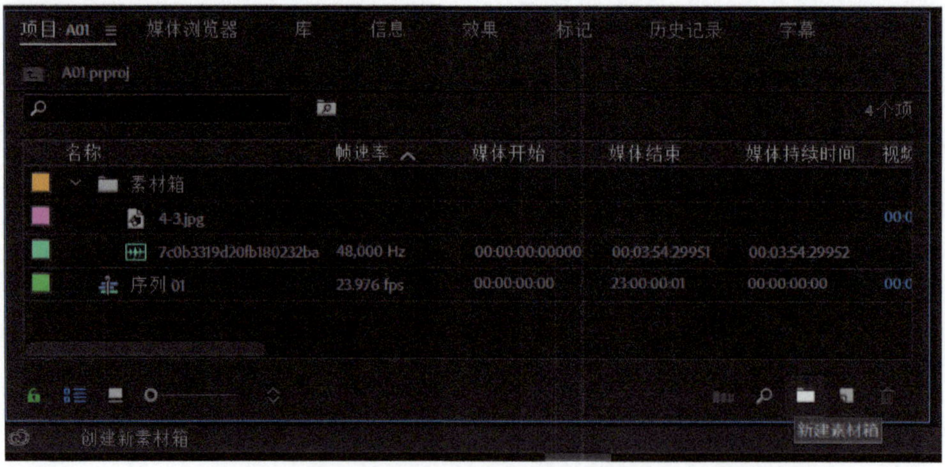

图 3-14　素材箱

2. 创建新元素

(1)通过倒计时片头

旧的影片一般有倒计时片头，用于影片开始的准备。在项目窗口中单击右键，然后在弹出的快捷菜单中选择“新建项目→通用倒计时片头”命令，如图 3-15 所示，弹出如图 3-16 所示的对话框，从中可以设置视频宽度和高度、擦除颜色、背景色、线条颜色、目标颜色、数字颜色和出点时提示音。

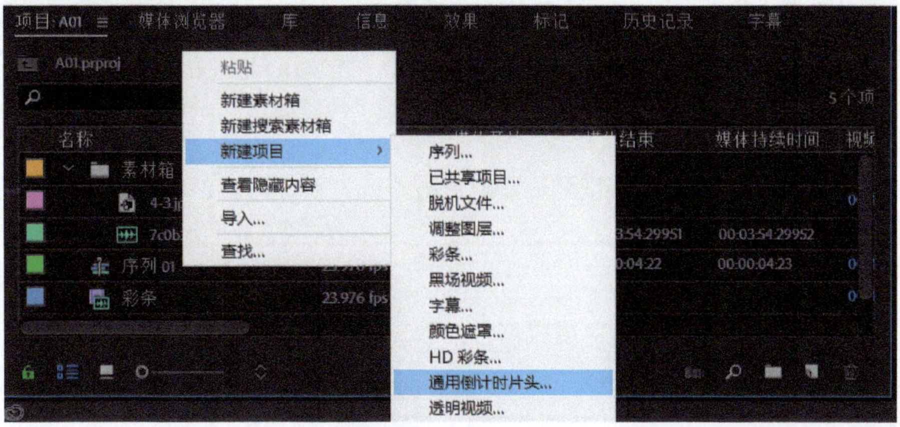

图 3-15 “通用倒计时片头”命令

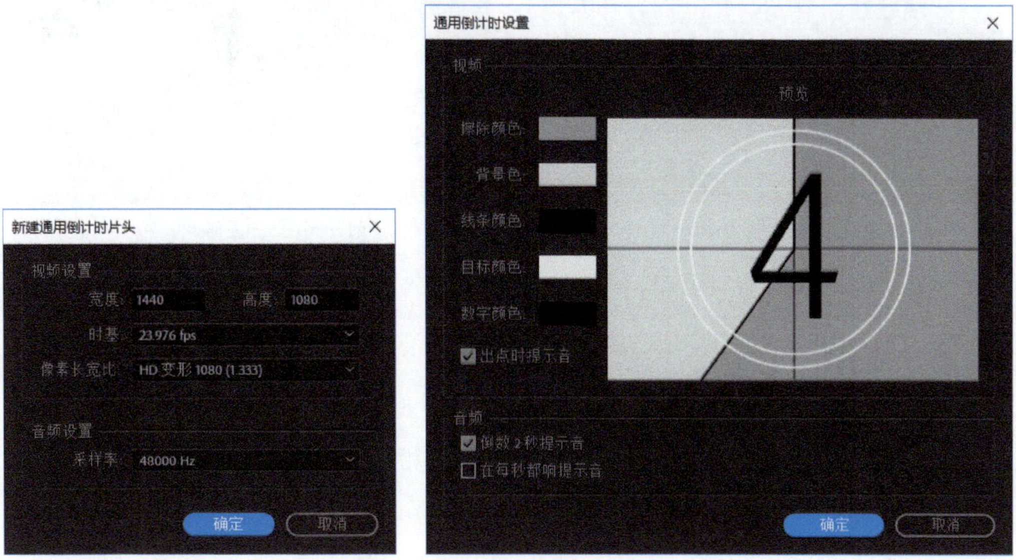

图 3-16 通用倒计时设置

(2)创建彩条

在项目窗口中单击右键，然后在弹出的快捷菜单中选择“新建项目→彩条”命令，弹出如图 3-17 所示的对话框，彩条效果如图 3-18 所示。创建 HD 彩条和创建彩条的方法相同。

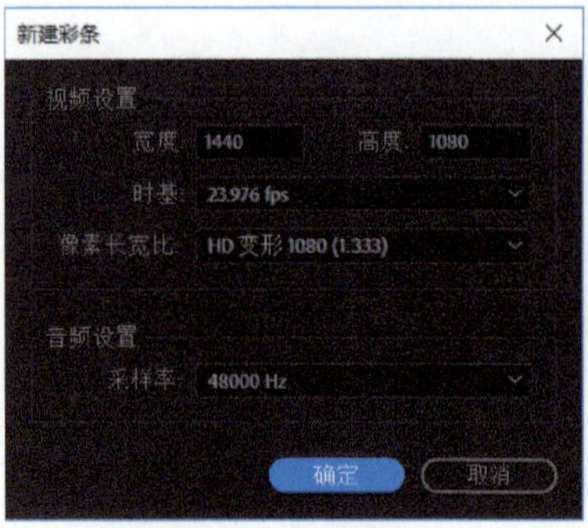

图 3-17　新建彩条

图 3-18　彩条效果

（3）创建黑场视频。

黑场视频一般添加在片头或两片素材之间，作为转场过渡，默认是 5 秒，其他参数如图 3-19 所示。

（4）创建透明视频。

透明视频一般应用于调色遮罩或特效，默认是 5 秒，其他参数如图 3-20 所示。

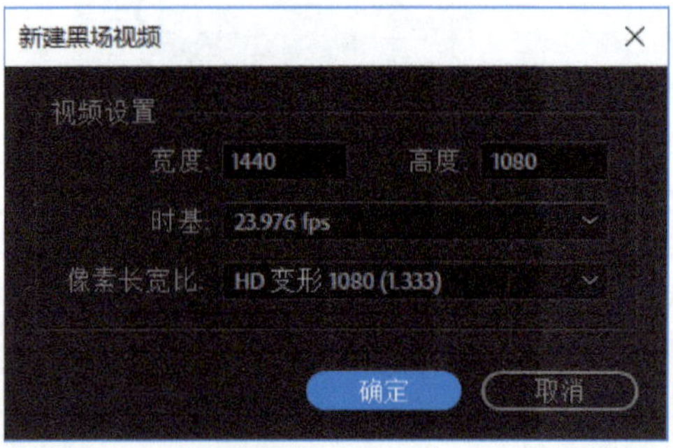

图 3-19　新建黑场视频

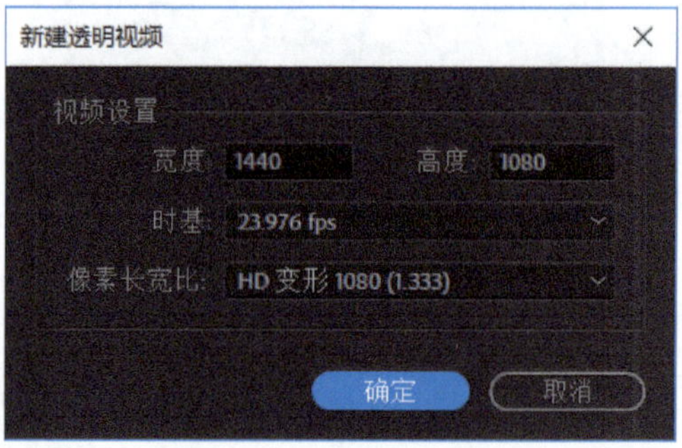

图 3-20　新建透明视频

3.3 字幕

字幕是影片中非常重要的一部分，常见字幕包括台词、解说、名单或歌词等。除了文字，字幕还可以创建各种图形。

3.3.1 字幕窗口

字幕窗口分为 6 部分，如图 3-21 所示。

1. 字幕工具栏

字幕工具栏包括选择工具、文字工具、路径文字工具、区域文字工具、钢笔工具和图形工具。

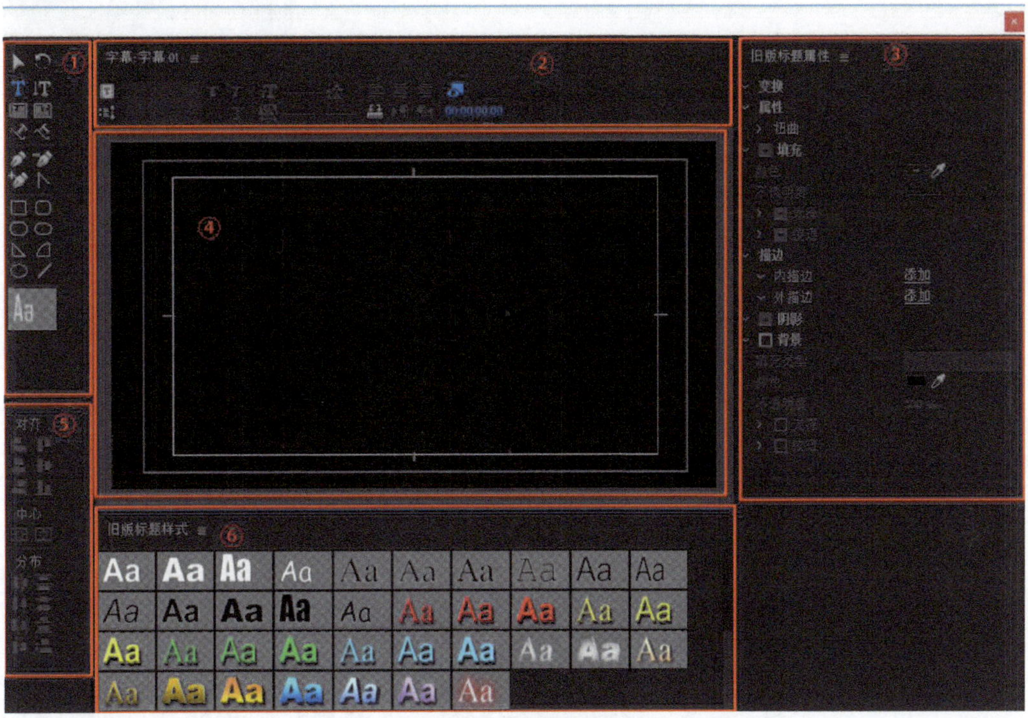

图 3-21　字幕窗口

2. 控制区

控制区用于创建新的字幕，设置字幕类型、对齐、字体和背景。

单击按钮，弹出“新建字幕”对话框。

单击按钮，弹出“滚动/游动”选项对话框，如图 3-22 所示。字幕类型可分为静止图像、滚动和游动（向左或向右）。静止图像类型字幕固定显示在屏幕的指定位置；滚动字幕类型从屏幕的底部方向运动到顶部；游动字幕类型是指从屏幕的一侧向另一侧运动，分为向左游动和向右游动。

3. 标题属性区

标题属性区用于设置字幕的各种相关属性参数。

变换： 设置选中对象的不透明度、X 位置、Y 位置、宽度、高度和旋转等相关参数的设置，如图 3-23 所示。

属性： 设置选中文字的字体系列、字体样式、字体大小、宽高比、行距、字偶间距、字符间距、基线位移、倾斜、小型大写字母、小型大写字母大小、下划线和扭曲，如图 3-24 所示。

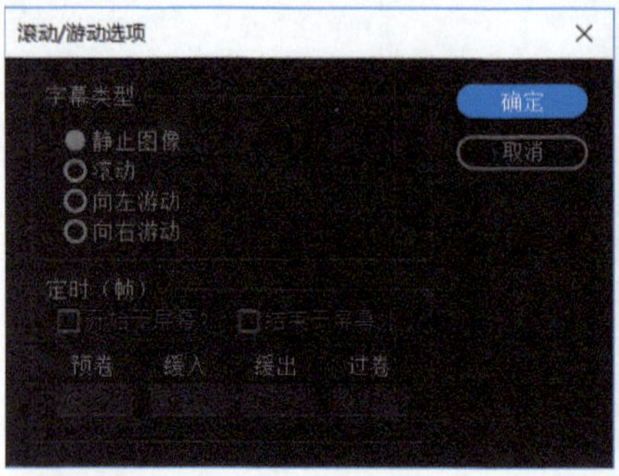

图 3-22 “滚动 / 游动选项”对话框

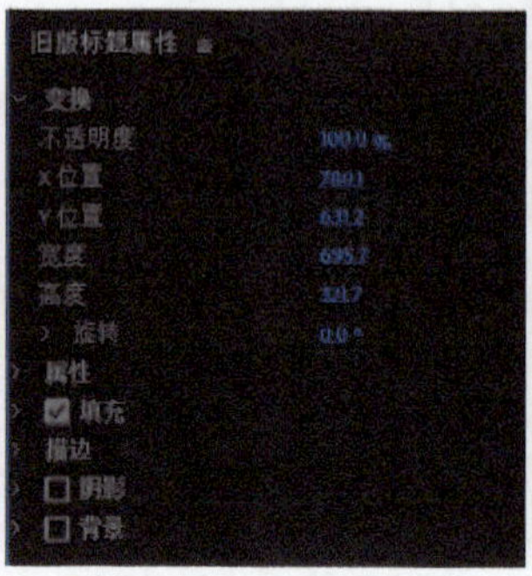

图 3-23 变换

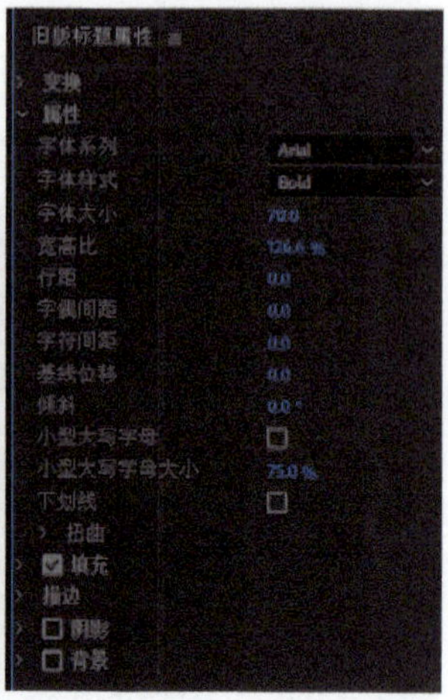

图 3-24 属性

填充：选择对象的填充内容，包括填充类型、颜色、不透明度、光泽和纹理等相关参数的设置，如图 3-25 所示。

描边：设置文字或图形的轮廓设置，包括内描边和外描边，单击添加命令可产生设置参数面板，如图 3-26 所示。

阴影和背景：设置文字或图形的阴影和背景，可以设置阴影的颜色、不透明度、角度、距离、大小和扩展；设置背景的填充类型、颜色、不透明度、光泽和纹理等参数，如图 3-27 所示。

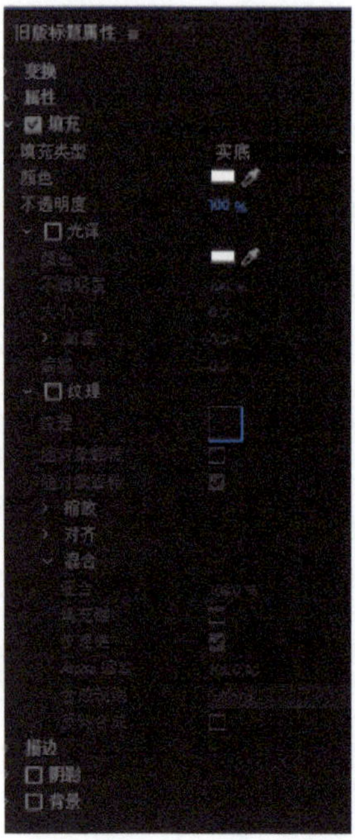

图 3-25 填充

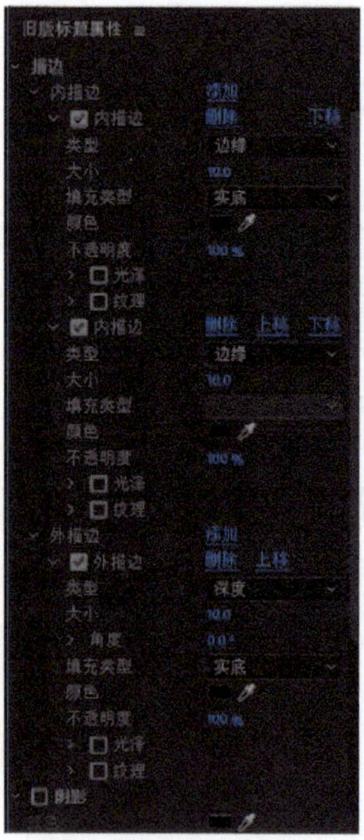

图 3-26 描边

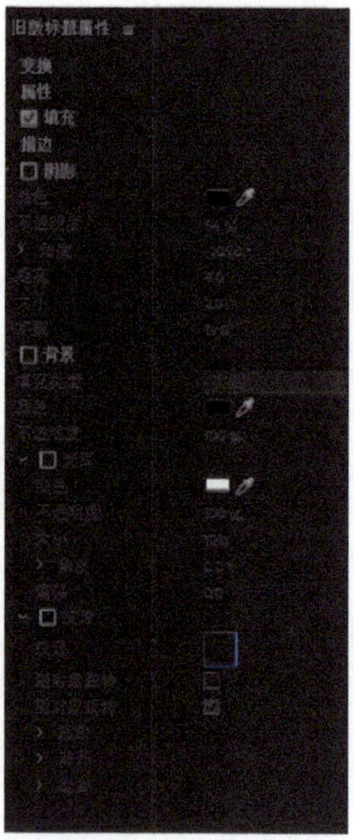

图 3-27 阴影和背景

4. 工作区

工作区是字幕显示的区域。

5. 对齐/中心/分布区

对齐 / 中心 / 分布区用于对字幕中的文字或图形进行排列对齐。

“对齐”有 6 种方式，在使用对齐方式时需要选择两个或两个以上对象。

- ❖ 水平靠左对齐：所选择对象全部水平靠左对齐。
- ❖ 水平居中对齐：所选择对象全部水平居中对齐。
- ❖ 水平靠右对齐：所选择对象全部水平靠右对齐。
- ❖ 垂直顶部对齐：所选择对象全部垂直顶部对齐。
- ❖ 垂直居中对齐：所选择对象全部垂直居中对齐。
- ❖ 垂直底部对齐：所选择对象全部垂直底部对齐。

“中心”有 2 种方式，在使用中心方式时需要选择一个或一个以上对象。

- ❖ 垂直居中：以屏幕为中心垂直居中对齐。
- ❖ 水平居中：以屏幕为中心水平居中对齐。

“分布”有 8 种方式，在使用分布方式时需要选择三个或三个以上对象。

- ❖ 水平靠左对齐分布：以对象的左边为边界平均分布。
- ❖ 水平居中分布：以对象的左边为边界居中分布。
- ❖ 水平靠右对齐分布：以对象的右边为边界平均分布。
- ❖ 水平平均分布：水平方向平均分布。
- ❖ 垂直顶部对齐分布：以对象的顶部为边界平均分布。
- ❖ 垂直居中对齐分布：垂直方向居中平均分布。
- ❖ 垂直底部对齐分布：以对象的底部为边界平均分布。
- ❖ 垂直平均分布：垂直方向平均分布。

6. 旧版标题样式

旧版标题样式区中可以从预设好的字幕样式中选择所需要的样式，可单击后直接使用，如图 3-28 所示。

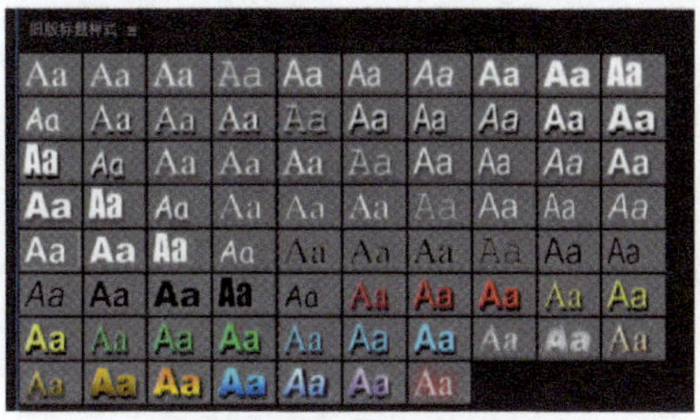

图 3-28　字幕样式

3.3.2 创建字幕

选择“文件→新建→旧版标题”菜单命令（如图 3-29 所示），弹出如图 3-30 所示的对话框。

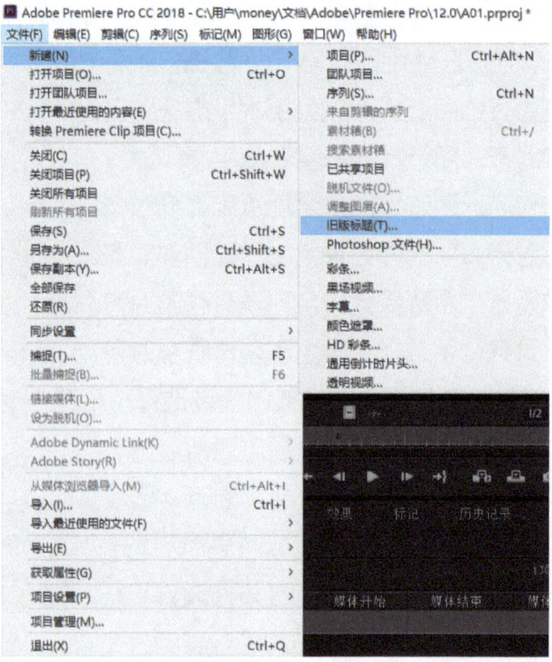

图 3-29 创建字幕

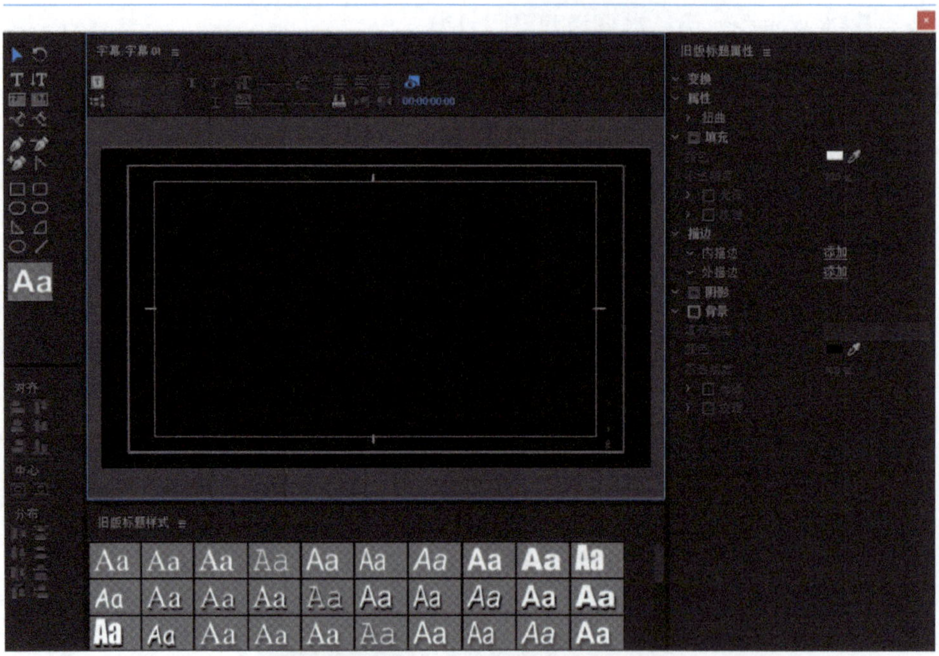

图 3-30 “字幕”对话框

1. 静止字幕

Step 1 导入一个图片作为背景，然后使用文字工具输入字幕内容，因为默认字体不是中文字体，所以会出现乱码形式，如图 3-31 所示。

图 3-31 字幕乱码

Step 2 在控制区中设置字体为中文字体，或者在“旧版标题属性”面板中设置“属性”中的“字体系列”（如图 3-32 所示），则可以正常显示文字内容，如图 3-33 所示。

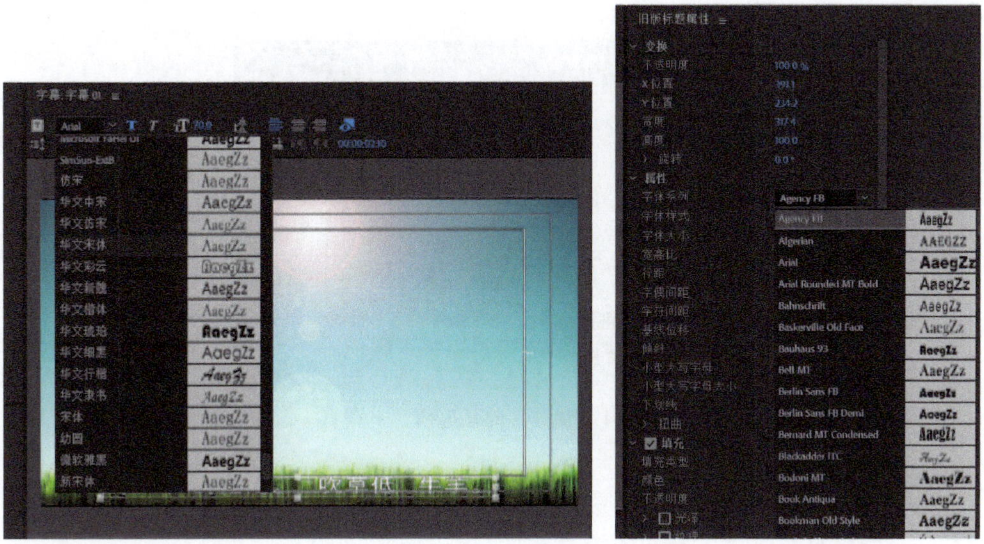

图 3-32 设置字体

图 3-33　正常显示字体

2. 滚动字幕

Step 1 单击新建滚动按钮，则弹出“滚动/游动选项”对话框（如图 3-34 所示），选择“字幕类型”为“滚动”，勾选“定时（帧）”中的“开始于屏幕外”和“结束于屏幕外”，“缓入”和“缓出”默认为 0 即可。

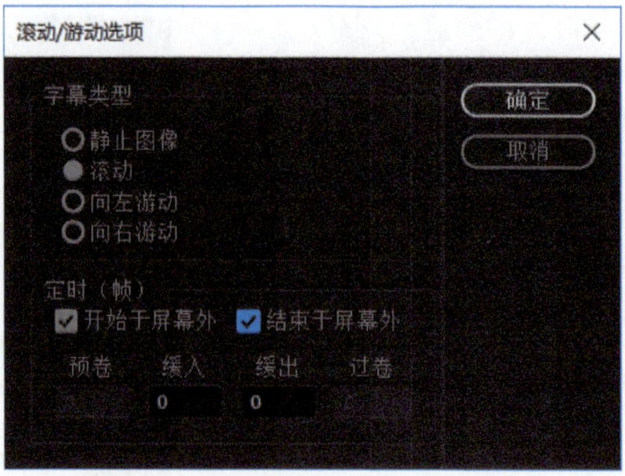

图 3-34 “滚动/游动选项”对话框

Step 2 使用文字工具输入字幕内容，设置字体、大小和行距，使其正常显示，并把文字移动至图片下方，如图 3-35 所示。

图 3-35　滚动字幕

Step 3 把字幕拖至序列轨道合适位置，单击“播放”按钮，则可以看到字幕从下方缓缓往上方移动。字幕默认时间是 5 秒，也可以通过拖动序列中字幕长度实现延长播放时间，相应的字幕移动速度会变慢。

3. 游动字幕

Step 1 单击新建滚动按钮，弹出“滚动 / 游动选项”对话框，选择“字幕类型”为“向左游动”，勾选“定时（帧）”中的“开始于屏幕外”和“结束于屏幕外”，“缓入”和“缓出”默认为 0 即可。

Step 2 使用文字工具输入字幕内容，设置字体、大小和行距，使其正常显示，并把文字与屏幕左边界对齐，如图 3-36 所示。

Step 3 把字幕拖至序列中的视频轨道合适位置，单击“播放”按钮，则可以看到字幕从左方缓缓向右方移动。字幕默认时间是 5 秒，也可以通过拖动序列中字幕的长度实现延长播放，相应的字幕移动速度会变慢。

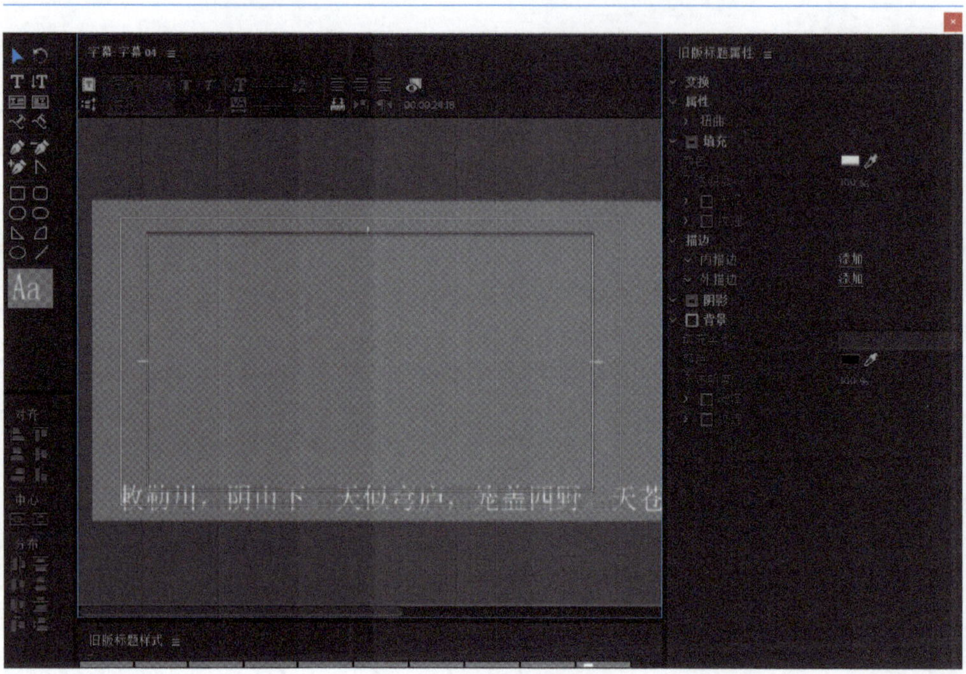

图 3-36　游动字幕

3.4 视频效果

视频效果主要用于对素材画面进行调整或修饰，如图 3-37 所示。

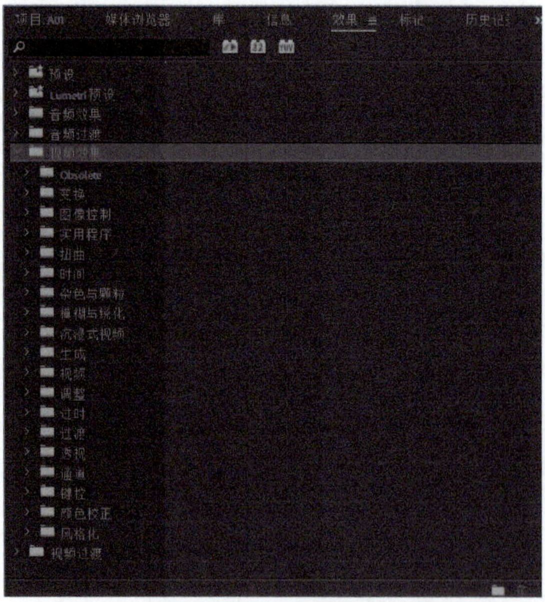

图 3-37　效果面板

1. Obsolete

Obsolete 只有一个快速模糊，用鼠标左键把“快速模糊”视频效果拖至视频轨道的视频素材中即可，然后在“效果”控件中调整参数，如将“模糊度”调整为“20.0”，如图 3-38 所示。

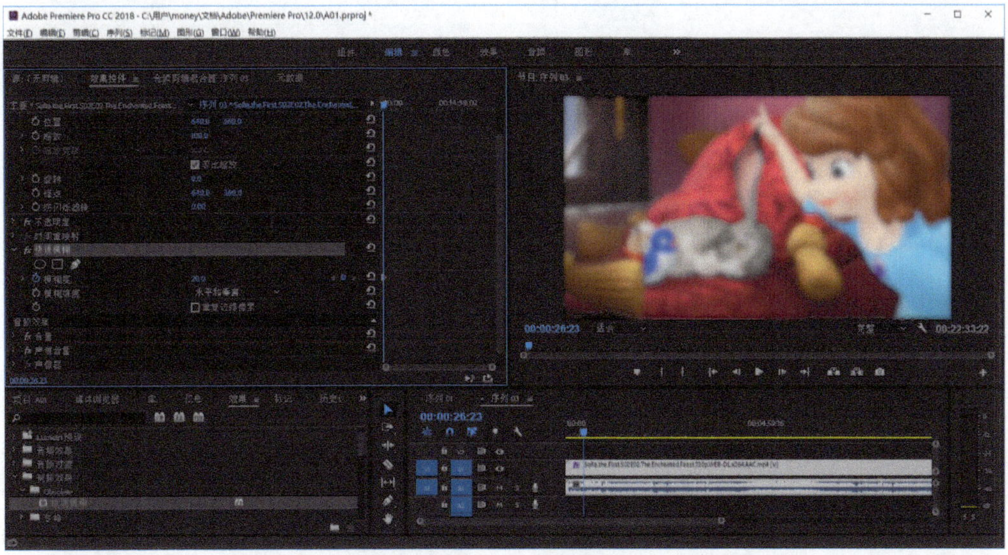

图 3-38　快速模糊

2. 变换

变换用于对素材进行垂直翻转、水平翻转、羽化边缘和裁剪。

垂直翻转： 直接应用，将素材画面上下翻转进行播放，如图 3-39 所示。

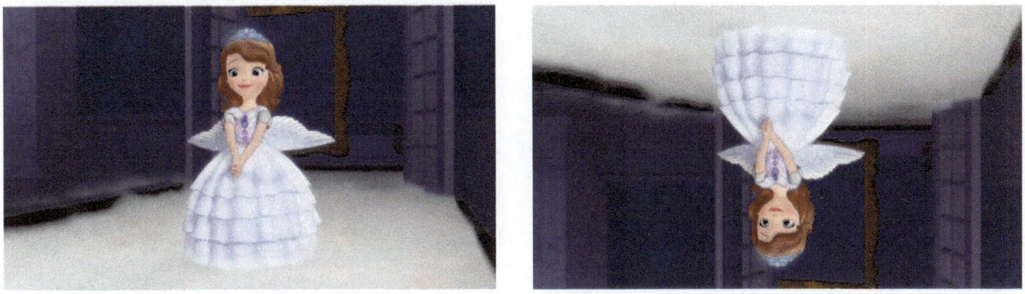

（a）原图　　　　（b）翻转后

图 3-39　垂直翻转

水平翻转： 将素材画面左右翻转进行播放，如图 3-40 所示。

羽化边缘： 将素材画面边缘进行羽化，羽化数量越多，边缘越大，如图 3-41 所示。

裁剪： 从左侧、顶部、右侧和底部方向将素材画面进行裁剪，如图 3-42 所示。

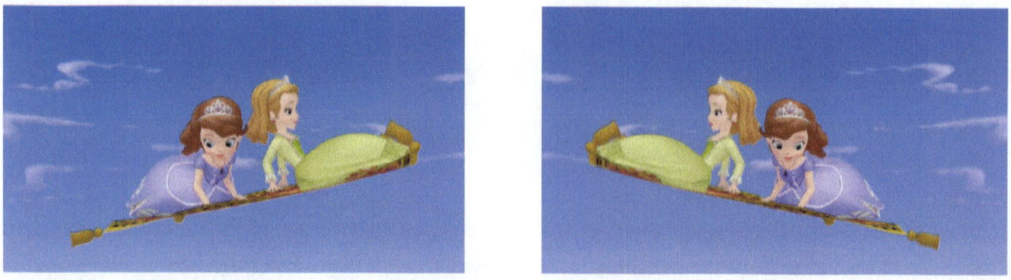

（a）原图　　（b）翻转后

图 3-40　水平翻转

（a）原图　　（b）羽化后

图 3-41　羽化边缘

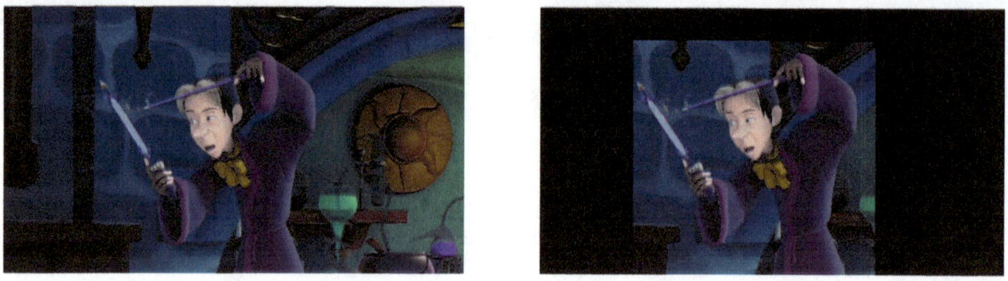

（a）原图　　（b）裁剪后

图 3-42　裁剪

3. 图像控制

图像控制用于对素材画面进行灰度系数校正、颜色平衡、颜色替换、颜色过滤和黑白方面的调整。

灰度系数校正：调整视频画面的灰度系数级别，从而改善视频显示效果，如图 3-43 所示。

（a）原图　　（b）校正后

图 3-43　灰度系数校正

颜色平衡： 调整视频画面的红、绿、蓝三种颜色，以便改善视频显示效果，如图 3-44 所示。

颜色替换： 设置目标颜色和替换颜色，结合相似性参数调整，以便替换素材画面中的某种颜色，如图 3-45 所示。

颜色过滤： 选定素材画面中某种颜色，调整相似性，可以过滤这种颜色，如图 3-46 所示。

黑白方面调亮： 将彩色素材设置为黑白效果，如图 3-47 所示。

（a）原图

（b）平衡后

图 3-44　颜色平衡

（a）原图

（b）替换后

图 3-45　颜色替换

（a）原图

（b）过滤后

图 3-46　颜色过滤

（a）原图

（b）黑白

图 3-47　黑白方面调整

4. 实用程序

在实用程序中只有一个 Cineon 转换器，用于素材画面的色彩转换。转换的类型包括对数到对数、线性到对数和对数到线性三种，效果如图 3-48 所示。

（a）原图　　（b）线性到对数

（c）对数到线性　　（d）对数到对数

图 3-48　实用程序

5. 扭曲

扭曲主要用于对素材画面的变形，包括位移、变形稳定器 VFX、变换、放大、旋转、果冻效应修复、波形变形、球面化、紊乱置换、边角定位、镜像和镜头扭曲。

位移：将素材画面中心移至指定位置，如图 3-49 所示。

（a）原图　　（b）位移后

图 3-49　位移

变形稳定器 VFX：消除视频素材因移动造成的抖动，使之稳定和流畅。

变换：将视频素材进行缩放、倾斜、旋转和设置不透明度等，如图 3-50 所示。

（a）原图

（b）变换后

图 3-50　变换

放大：调整形状、放大率、大小、羽化、不透明度、缩放和混合模式，可以将视频素材中某一区域进行放大，如图 3-51 所示。

（a）原图

（b）放大后

图 3-51　放大

旋转：调整角度、旋转扭曲半径和旋转扭曲中心，可以对视频素材进行扭曲旋转，如图 3-52 所示。

（a）原图

（b）旋转后

图 3-52　旋转

波形变形：调整波形类型、波形高度、波宽度、方向、波形速度、固定、相位和消除锯齿，其中波形类型包括正弦、正方形、三角形、锯齿、圆形、半圆形、逆向圆形、杂色和平滑杂色，可以使视频画面产生波形，如图 3-53 所示。

（a）原图

（b）波形变形后

图 3-53　波形变形

球面化：调整半径和球面中心，将视频素材中某一区域以球面的形式显示，如图 3-54 所示。

（a）原图

（b）球面化后

图 3-54　球面化

紊乱置换：调整置换类型、数量、大小、偏移、复杂度、演化、固定和消除锯齿，可以使视频画面变成畸形效果，如图 3-55 所示。

（a）原图

（b）紊乱置换后

图 3-55　紊乱置换

边角定位：通过左上、右上、左下和右下的调整，将视频素材画面进行变形调整，如图 3-56 所示。

镜像：调整反射角度和反射中心，可以将视频素材画面产生镜像效果，如图 3-57 所示。

（a）原图

（b）边角定位后

图 3-56　边角定位

（a）原图

（b）镜像后

图 3-57　镜像

镜头扭曲：调整曲率、垂直偏移、水平偏移、垂直棱镜效果和水平棱镜效果，可以将视频素材画面进行扭曲，如图 3-58 所示。

（a）原图

（b）镜头扭曲后

图 3-58　镜头扭曲

6. 时间

时间效果主要用于对视频素材时间上的控制，包括像素运动模糊、抽帧时间、时间扭曲和残影。

像素运动模糊：通过绘制蒙版，指定区域像素模糊。

抽帧时间：将视频素材锁定到特定的帧速率。

时间扭曲： 通过调整速度，将视频素材播放速度。

残影： 通过调整残影时间、残影数量，使视频素材产生残影效果，如图 3-59 所示。

（a）原图

（b）残影后

图 3-59　残影

7. 杂色与颗粒

杂色与颗粒用于对视频画面添加杂色或颗粒，包括中间值、杂色、杂色 Alpha、杂色 HLS、杂色 HLS 自动、蒙尘与划痕。

中间值： 将指定半径的视频素材与周围像素的 R、G、B 平均值来代替，从而改变视频画面，如图 3-60 所示。

杂色： 调整杂色数量、杂色类型和剪切，可以在视频素材画面中添加细小颗粒效果，如图 3-61 所示。

（a）原图

（b）应用后

图 3-60　中间值

（a）原图

（b）应用后

图 3-61　杂色

杂色 Alpha：调整杂色、数量、原始 Alpha、溢出、随机植入和杂色选项，可以在视频素材的 Alpha 通道中添加杂色效果，如图 3-62 所示。

（a）原图　　（b）应用后

图 3-62　杂色 Alpha

杂色 HLS：通过调整“色相”“亮度”和“饱和度”来设置噪点产生的位置，如图 3-63 所示。

（a）原图　　（b）应用后

图 3-63　杂色 HLS

杂色 HLS 自动：与杂色 HLS 相似，通过参数的调整自动生成杂色画面，如图 3-64 所示。

（a）原图　　（b）应用后

图 3-64　杂色 HLS 自动

蒙尘与划痕：调整半径和阈值，使视频素材画面杂色减少，如图 3-65 所示。

（a）原图　　（b）应用后

图 3-65　蒙尘与划痕

8. 模糊与锐化

模糊与锐化用于视频画面的模糊处理和锐化处理，包括复合模糊、方向模糊、相机模糊、通道模糊、钝化蒙版、锐化和高斯模糊。

复合模糊：调整最大模糊，如果图层大小不同，将视频素材进行模糊处理，如图 3-66 所示。

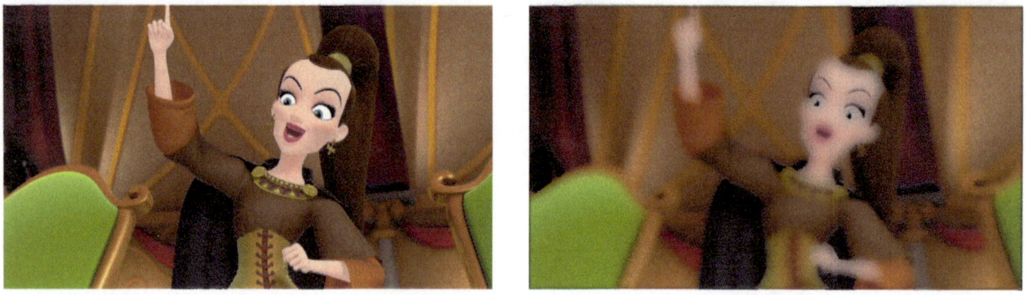

（a）原图　　（b）应用后

图 3-66　复合模糊

方向模糊：指定一个方向，使视频图像按此方向模糊处理，产生运动效果，如图3-67所示。

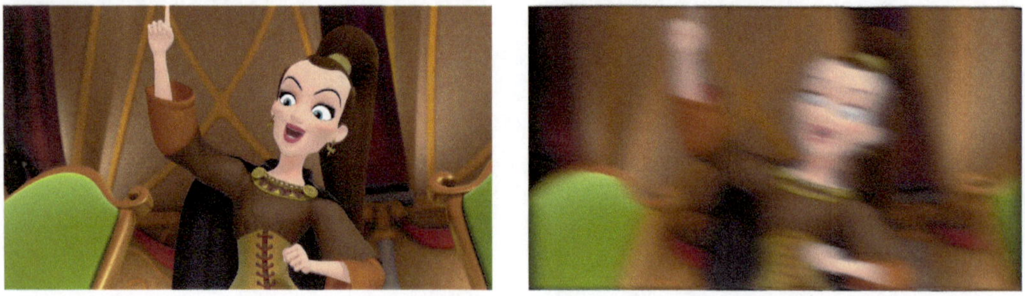

（a）原图　　（b）应用后

图 3-67　方向模糊

相机模糊：模拟摄像机镜头在变焦时所产生的模糊效果，如图 3-68 所示。

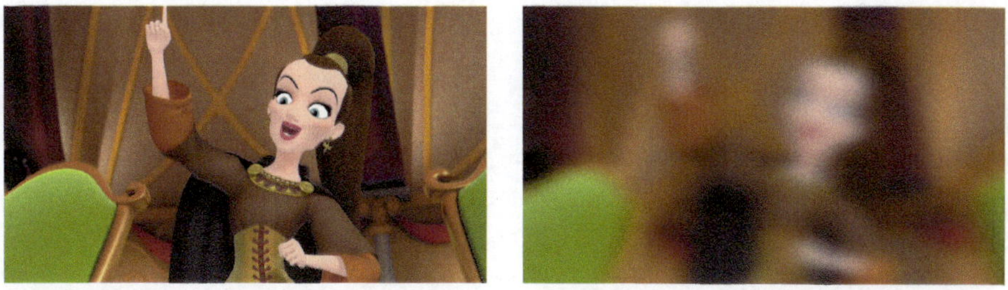

（a）原图　　　　　　　　（b）应用后

图 3-68　相机模糊

通道模糊：调整红色、绿色和蓝色的模糊度、Alpha 模糊度、边缘特性和模糊维度，将视频素材进行模糊处理，如图 3-69 所示。

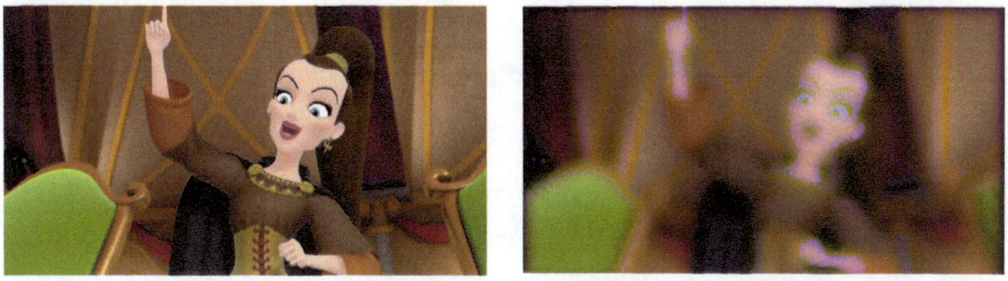

（a）原图　　　　　　　　（b）应用后

图 3-69　通道模糊

钝化蒙版：调整数量、半径和阈值，将视频画面进行模糊处理，如图 3-70 所示。

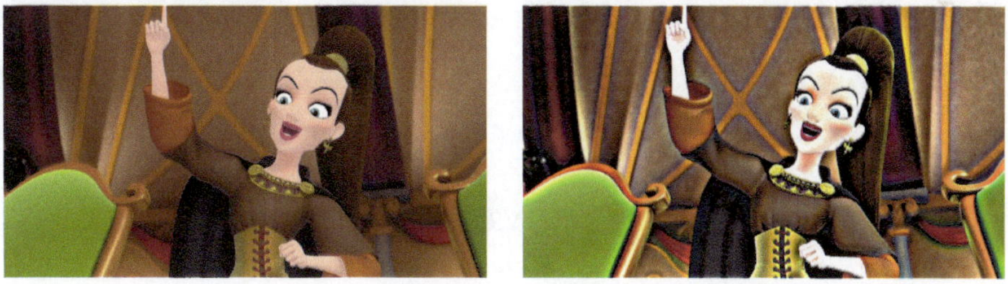

（a）原图　　　　　　　　（b）应用后

图 3-70　钝化蒙版

锐化：增加相邻像素的对比度，提高画面的清晰度，如图 3-71 所示。

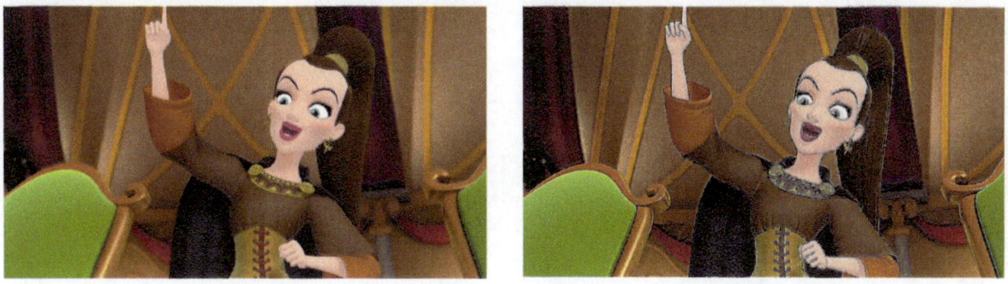

（a）原图　　　　　　　　（b）应用后

图 3-71　锐化

高斯模糊： 调整模糊度和模糊尺寸，使视频画面产生模糊效果，如图 3-72 所示。

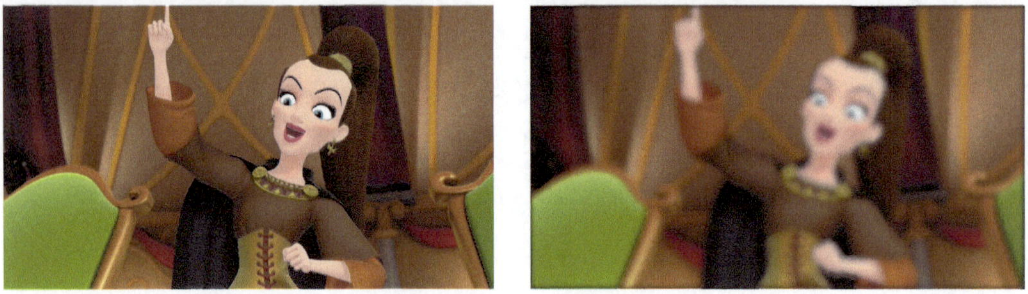

（a）原图　　（b）应用后

图 3-72　高斯模糊

9. 沉浸式视频

沉浸式视频包括 VR 分形杂色、VR 发光、VR 平台到球面、VR 投影、VR 数字故障、VR 旋转球面、VR 模糊、VR 色差、VR 锐化、VR 降噪和 VR 颜色渐变。

VR 分形杂色： 调整帧布局、分形类型、对比度、亮度、反转、复杂度、演化、随机植入和混合模式，使视频素材产生杂色效果，如图 3-73 所示。

（a）原图　　（b）应用后

图 3-73　VR 分形杂色

VR 发光： 调整帧布局、亮度阈值、发光半径、发光亮度、发光饱和度、使用色调颜色和色调颜色，使视频画面产生发光效果，如图 3-74 所示。

（a）原图　　（b）应用后

图 3-74　VR 发光

VR 平台到球面： 调整帧布局、缩放、立体视差和羽化，将视频画面变为球面效果，如图 3-75 所示。

（a）原图

（b）应用后

图 3-75　VR 平台到球面

VR 投影： 调整平移、倾斜和滚动参数，使视频画面产生投影效果，如图 3-76 所示。

（a）原图

（b）应用后

图 3-76　VR 投影

VR 数字故障： 调整帧布局、目标点、POI 缩放、POI 长宽比、主振幅和随机植入，使素材画面产生像素丢失效果，如图 3-77 所示。

（a）原图

（b）应用后

图 3-77　VR 数字故障

VR 旋转球面： 效果与 VR 投影相似，通过平移、倾斜和滚动，将素材画面旋转成球面效果，如图 3-78 所示。

（a）原图

（b）应用后

图 3-78　VR 旋转球面

VR 模糊：调整模糊度，使素材画面模糊，如图 3-79 所示。

（a）原图

（b）应用后

图 3-79　VR 模糊

VR 色差：调整红色、绿色和蓝色的色差参数，使素材画面产生色差效果，如图 3-80 所示。

（a）原图

（b）应用后

图 3-80　VR 色差

VR 锐化：适当增加锐化量，使素材画面更加清晰，如图 3-81 所示。

VR 降噪：调整帧布局、杂色类型和杂色级别，可以降低素材画面杂色，如图 3-82 所示。

（a）原图　　（b）应用后

图 3-81　VR 锐化

（a）原图　　（b）应用后

图 3-82　VR 降噪

VR 颜色渐变：通过点数、渐变功率、渐变混合和不透明度的设置，使素材画面产生颜色的渐变，如图 3-83 所示。

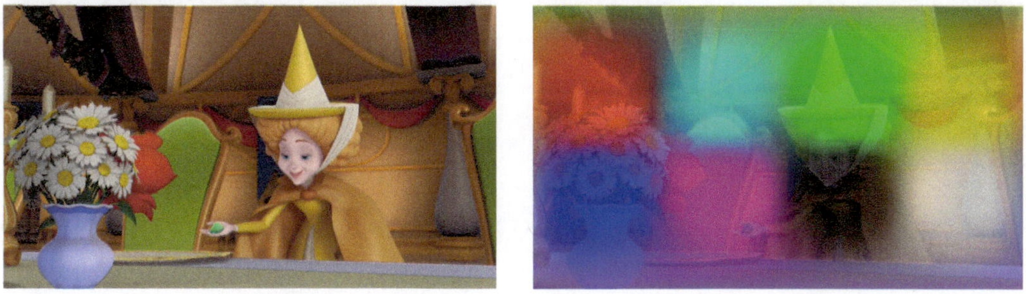

（a）原图　　（b）应用后

图 3-83　VR 颜色渐变

10. 生成

生成包括书写、单元格图案、吸管填充、四色渐变、圆形、棋盘、椭圆、油漆桶、渐变、网格、镜头光晕和闪电。

书写：设置画笔位置、描边长度等属性，在素材画面产生书写效果，如图 3-84 所示。

单元格图案：使画面产生图案效果，常用透明视频或黑场视频，如图 3-85 所示。

（a）原图　　（b）应用后

图 3-84　书写

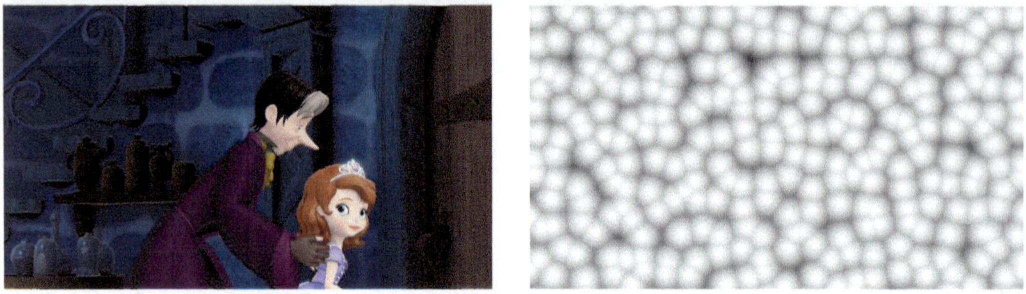

（a）原图　　（b）应用后

图 3-85　单元格图案

吸管填充：使用采样点获取的颜色，填充整个画面，如图 3-86 所示。

（a）原图　　（b）应用后

图 3-86　吸管填充

四色渐变：使素材画面产生四种颜色渐变区域，颜色和位置都可以修改，如图 3-87 所示。

圆形：使素材画面指定位置产生一个圆形，反转圆形可以产生遮罩效果，如图 3-88 所示。

棋盘：使素材画面产生棋盘效果，通过混合模式、宽度、不透明度和颜色进行调整，如图 3-89 所示。

（a）原图　　（b）应用后

图 3-87　四色渐变

（a）原图　　（b）应用后

图 3-88　圆形

（a）原图　　（b）应用后

图 3-89　棋盘

椭圆： 使素材画面产生一个空心椭圆，椭圆的宽度、高度、厚度和柔和度均可以调整，如图 3-90 所示。

（a）原图　　（b）应用后

图 3-90　椭圆

油漆桶： 设定颜色在素材画面指定位置进行填充，如图 3-91 所示。

（a）原图　　　　（b）应用后

图 3-91　油漆桶

渐变： 指定起始颜色和结束颜色，使素材画面产生渐变效果，通过设置“与原始图像混合”参数可以调整渐变的不透明度，如图 3-92 所示。

（a）原图　　　　（b）应用后

图 3-92　渐变

网格： 使素材画面产生 10×10 的网格，如图 3-93 所示。

（a）原图　　　　（b）应用后

图 3-93　网格

镜头光晕： 调整光晕中心、光晕亮度、镜头类型及与原始图像混合，在素材画面的指定位置产生一个镜头光晕效果，如图 3-94 所示。

（a）原图　　（b）应用后

图 3-94　镜头光晕

闪电： 调整起始点、结束点、分段、振幅、细节级别、细节振幅、分支、再分支、分支段长度、分支宽度、速度、稳定性、宽度和宽度变化，在素材画面的指定位置产生一个动态的闪电效果，如图 3-95 所示。

（a）原图　　（b）应用后

图 3-95　闪电

11．视频

视频包括 SDR 遵从情况、剪辑名称、时间码和简单文本。

SDR 遵从情况： 调整亮度、对比度和软阈值，以改变素材画面的亮度、对比度，如图 3-96 所示。

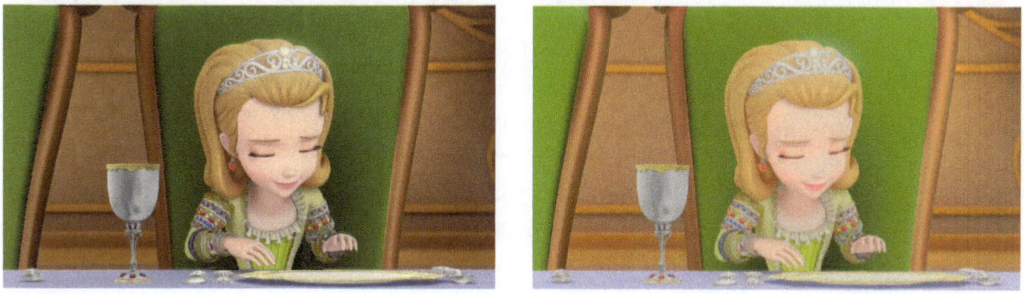

（a）原图　　（b）应用后

图 3-96　SDR 遵从情况

剪辑名称：调整位置、对齐方式、大小、不透明度和显示，把项目剪辑名称显示在素材画面中，如图 3-97 所示。

（a）原图　　（b）应用后

图 3-97　剪辑名称

时间码：调整位置、大小、不透明度、场符号和位移，在素材画面指定位置显示时间码，如图 3-98 所示。

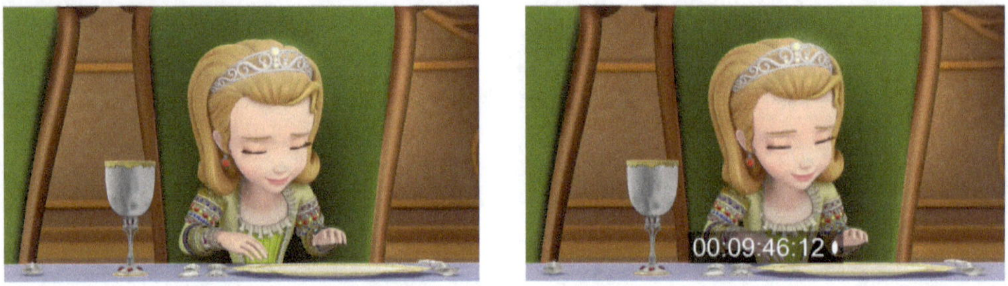

（a）原图　　（b）应用后

图 3-98　时间码

简单文本：调整位置、对齐方式、大小和不透明度，在素材画面指定位置显示文本，文本内容可以编辑，如图 3-99 所示。

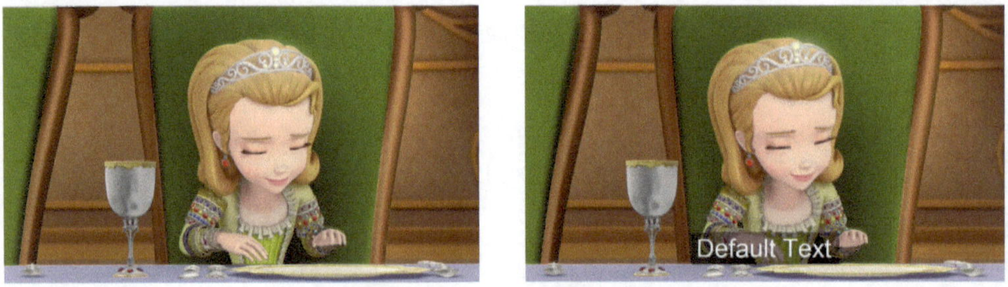

（a）原图　　（b）应用后

图 3-99　简单文本

12. 调整

调整包括 ProcAmp、光照效果、卷积内核、提取和色阶。

ProcAmp：模仿电视设备上的处理放大器，可以调整素材画面的亮度、对比度、色相、饱和度等，如图 3-100 所示。

（a）原图

（b）应用后

图 3-100　ProcAmp

光照效果：调整光照、环境光照颜色、环境光照强度、表面光泽、表面材质、曝光和凹凸高度，使素材画面应用光照效果，如图 3-101 所示。

（a）原图

（b）应用后

图 3-101　光照效果

卷积内核：使用卷积的数学运算来更改素材画面的亮度值，如图 3-102 所示。

（a）原图

（b）应用后

图 3-102　卷积内核

提取：调整输入黑色阶、输入白色阶和柔和度，从素材画面中移除颜色，变成黑白画面，如图 3-103 所示。

色阶：调整各参数，以控制素材画面的亮度和对比度，如图 3-104 所示。

（a）原图　　　　（b）应用后

图 3-103　提取

（a）原图　　　　（b）应用后

图 3-104　色阶

13. 过时

过时包括 RGB 曲线、RGB 颜色校正器、三向颜色校正器、亮度曲线、亮度校正器、快速颜色校正器、自动对比度、自动色阶、自动颜色和阴影 / 高光。

RGB 曲线： 主要调整红色、绿色和蓝色曲线，使素材画面提升或降低某一颜色的亮度，如图 3-105 所示。

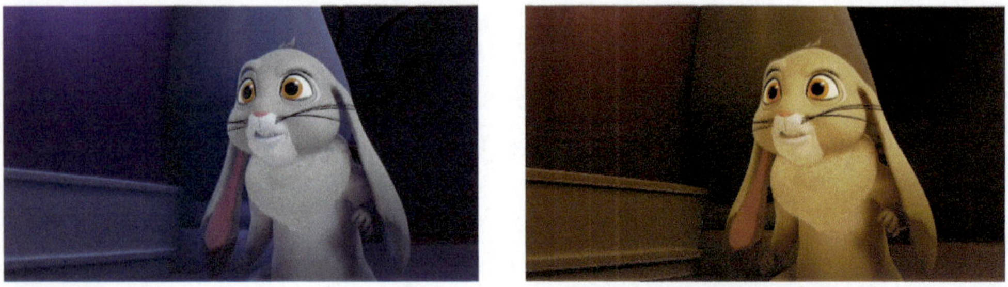

（a）原图　　　　（b）应用后

图 3-105　RGB 曲线

RGB 颜色校正器： 调整布局、拆分视频百分比、灰度系数、基值、增益、RGB 和辅助颜色校正，可以校正素材画面中偏高的颜色值。

三向颜色校正器： 通过阴影、中间调和高光三个色轮调整素材画面显示效果。

亮度曲线： 通过亮度波形调整素材画面的亮度效果，如图 3-106 所示。

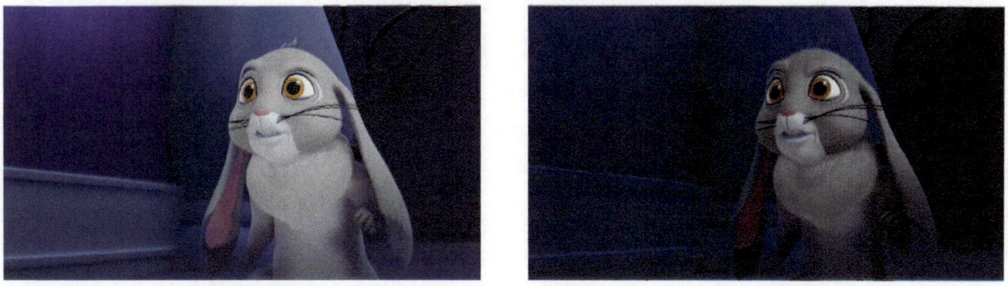

（a）原图　　　　（b）应用后

图 3-106　亮度曲线

亮度校正器： 调整亮度、对比度、对比度级别、灰度系统、基值和增益的参数，校正素材画面的亮度效果。

快速颜色校正器： 调整色相角度、平衡数量级、平衡增益和平衡角度，校正素材画面的颜色，如图 3-107 所示。

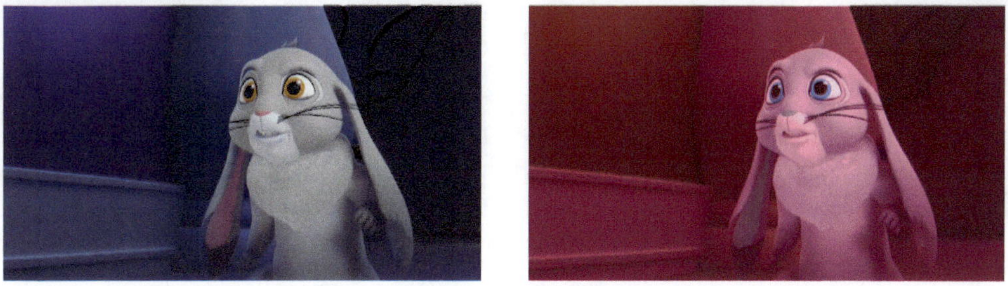

（a）原图　　　　（b）应用后

图 3-107　快速颜色校正器

自动对比度： 调整瞬时平滑、减少黑色像素、减少白色像素及与原始图像混合，校正素材画面的对比度。

自动色阶： 调整瞬时平滑、减少黑色像素、减少白色像素及与原始图像混合，校正素材画面的色阶，与自动对比度操作相同。

自动颜色： 调整瞬时平滑、减少黑色像素、减少白色像素、对齐中性中间调及与原始图像混合，校正素材画面的颜色。

阴影 / 高光： 调整阴影数量、高光数量、瞬时平滑（秒）及与原始图像混合，校正素材画面的阴影和高光。

14. 过渡

过渡包括块溶解、径向擦除、渐变擦除、百叶窗和线性擦除。

块溶解： 调整过渡完成、块宽度、块高度和羽化，使素材画面呈现块溶解效果，如图 3-108 所示。

（a）原图

（b）应用后

图 3-108　块溶解

径向擦除：调整过渡完成、起始角度、擦除中心、擦除和羽化，使素材画面呈现径向擦除效果，如图 3-109 所示。

（a）原图

（b）应用后

图 3-109　径向擦除

渐变擦除：调整过渡完成、过渡柔和度、渐变图层和渐变放置，使素材画面呈现渐变擦除效果，如图 3-110 所示。

（a）原图

（b）应用后

图 3-110　渐变擦除

百叶窗：调整过渡完成、方向、宽度和羽化，使素材画面实现百叶窗过渡效果，如图 3-111 所示。

（a）原图

（b）应用后

图 3-111　百叶窗

线性擦除： 调整过渡完成、擦除角度和羽化，使素材画面实现线性擦除效果，如图 3-112 所示。

（a）原图

（b）应用后

图 3-112　线性擦除

15. 透视

透视包括基本 3D、投影、放射阴影、斜角边和斜面 Alpha。

基本 3D: 调整旋转、倾斜及与图像的距离和镜面高光，使素材画面实现类似 3D 效果，如图 3-113 所示。

（a）原图

（b）应用后

图 3-113　基本 3D

投影: 调整阴影颜色、不透明度、方向、距离和柔和度，使素材画面产生一个投影，如图 3-114 所示，此效果不适合应用于全屏视频或图像。

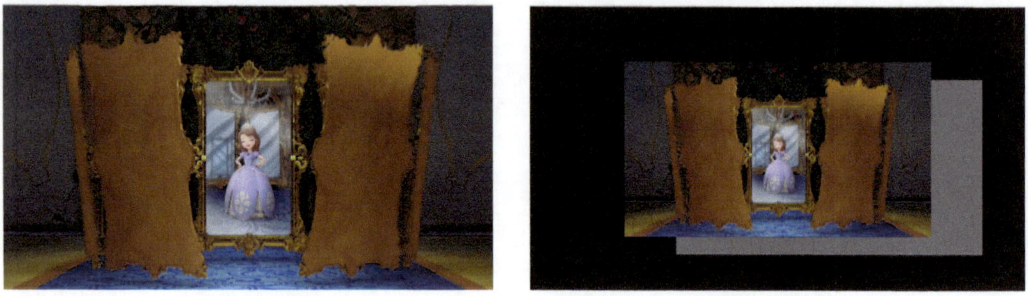

（a）原图　　（b）应用后

图 3-114　投影

放射阴影： 调整阴影颜色、不透明度、光源、投影距离和柔和度，使素材画面实现放射阴影效果，如图 3-115 所示，此效果不适合应用全屏视频或图像。

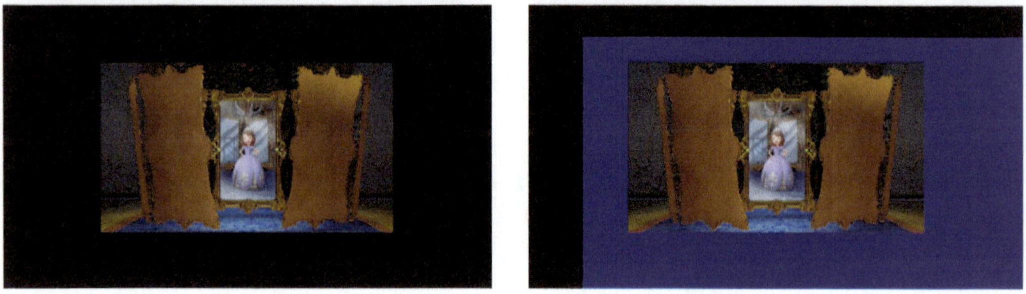

（a）原图　　（b）应用后

图 3-115　放射阴影

斜角边： 调整边缘厚度、光照角度、光照颜色和光照强度，使素材画面产生斜角边效果，如图 3-116 所示。

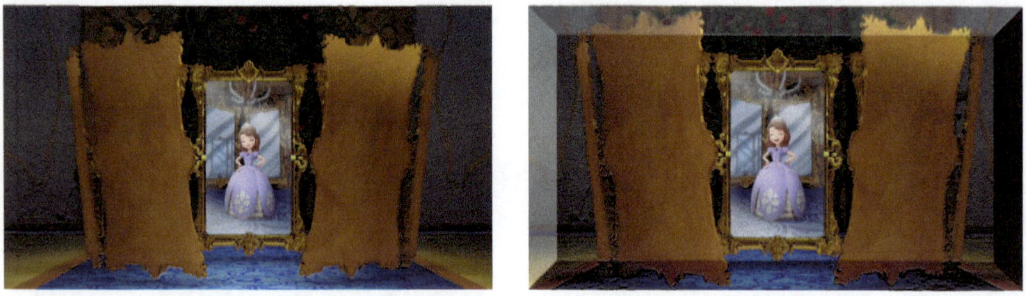

（a）原图　　（b）应用后

图 3-116　斜角边

斜面 Alpha： 调整边缘厚度、光照角度、光照颜色和光照强度，使素材画面四边产生一个或两个指定颜色的边缘，如图 3-117 所示。

(a) 原图

(b) 应用后

图 3-117　斜面 Alpha

16. 通道

通道包括反转、复合运算、混合、算术、纯色合成、计算和设置遮罩。

反转：调整声道及与原始图像混合，使素材画面在指定声道中反转显示，如图 3-118 所示。

(a) 原图

(b) 应用后

图 3-118　反转

复合运算：调整运算符、在通道上运算、溢出特征及与原始图像混合，使素材画面按运算符模式显示，如图 3-119 所示。

(a) 原图

(b) 应用后

图 3-119　复合运算

混合：调整模式、与原始图像混合、如果图层大小不同，使素材画面按模式显示，与复合运算类似。

算术：调整运算符、红色值、绿色值、蓝色值，并剪切，使素材画面按运算符类型显示，如图 3-120 所示。

（a）原图

（b）应用后

图 3-120 算术

纯色合成：调整源不透明度、颜色、不透明度和混合模式，使素材画面与指定颜色混合显示，如图 3-121 所示。

（a）原图

（b）应用后

图 3-121 纯色合成

计算：调整输入、第二个源、第二个图通道和混合模式，使素材画面与其他图层混合显示，如图 3-122 所示。

（a）原图

（b）应用后

图 3-122 计算

设置遮罩：调整从图层获取遮罩、用于遮罩，使素材画面以遮罩效果显示，如

图 3-123 所示。

（a）原图　　　　（b）应用后

图 3-123　设置遮罩

17. 键控

键控包括 Alpha 调整、亮度键、图像遮罩键、差值遮罩、移除遮罩、超级键、轨道遮罩键、非红色键和颜色键。

Alpha 调整： 调整不透明度，以控制素材画面显示透明度，如图 3-124 所示。

（a）原图　　　　（b）应用后

图 3-124　Alpha 调整

亮度键： 调整阈值和屏蔽度，以控制素材画面显示亮度，如图 3-125 所示。

（a）原图　　　　（b）应用后

图 3-125　亮度键

差值遮罩： 创建蒙版，调整视图、差值图层、如果图层大小不同、匹配容差、匹配柔和度和差值前模糊，使素材画面通过蒙版显示，如图 3-126 所示。

（a）原图

（b）应用后

图 3-126　差值遮罩

移除遮罩： 通过调整遮罩类型，可以使素材画面去掉遮罩效果。

超级键： 调整输出、设置、主要颜色、遮罩生成、遮罩清除、溢出抑制和颜色校正，使素材画面中指定颜色按输出类型显示，如图 3-127 所示。

（a）原图

（b）应用后

图 3-127　超级键

轨道遮罩键： 结合遮罩轨道，使素材画面按合成方式显示，如图 3-128 所示。

（a）原图

（b）应用后

图 3-128　轨道遮罩键

非红色键： 调整阈值、屏蔽度、去边、平滑和蒙版，使素材画面中不显示蓝绿色，如图 3-129 所示。

颜色键： 指定主要颜色，结合颜色容差、边缘细化和边缘羽化，使素材画面中去掉指定颜色，如图 3-130 所示。

(a) 原图　　　　(b) 应用后

图 3-129　非红色键

(a) 原图　　　　(b) 应用后

图 3-130　颜色键

18. 颜色校正

颜色校正包括 ASC CDL、Lumetri 颜色、亮度与对比度、分色、均衡、更改为颜色、更改颜色、色彩、视频限幅器、通道混合器、颜色平衡和颜色平衡 HLS。

ASC CDL: 调整红色斜率、红色偏移、红色功率、绿色斜率、绿色偏移、绿色功率、蓝色功率、蓝色斜率、蓝色偏移、饱和度，以改变素材画面显示效果，如图 3-131 所示。

(a) 原图　　　　(b) 应用后

图 3-131　ASC CDL

Lumetri 颜色： 调整基本校正、创意、曲线、色轮、HSL 辅助和晕影，以改变素材画面显示颜色，如图 3-132 所示。

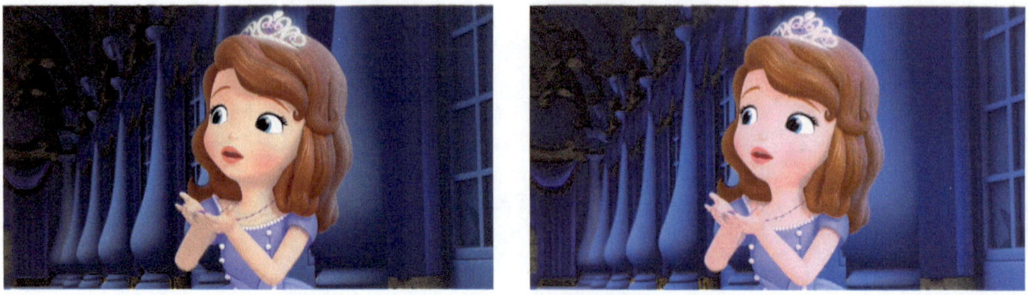

（a）原图　　　　（b）应用后

图 3-132　Lumetri 颜色

亮度与对比度： 调整亮度和对比度，以改变素材画面的亮度和对比度，如图 3-133 所示。

（a）原图　　　　（b）应用后

图 3-133　亮度与对比度

分色： 调整脱色量、要保留的颜色、容差、边缘柔和度和匹配颜色，使素材画面保留指定颜色，去掉其他颜色，如图 3-134 所示。

（a）原图　　　　（b）应用后

图 3-134　分色

均衡： 调整均衡和均衡量，使素材画面以 Photoshop 样式、RGB 或亮度中一种效果显示，如图 3-135 所示。

更改为颜色： 调整源颜色、目标颜色、更改、更改方式、容差和柔和度，使素材画面中指定的颜色更换成另一种颜色，如图 3-136 所示。

（a）原图

（b）应用后

图 3-135　均衡

（a）原图

（b）应用后

图 3-136　更改为颜色

更改颜色： 调整视图、色相变换、亮度变换、饱和度变换、要更改的颜色、匹配容差、匹配柔和度和匹配颜色，使素材画面更改指定的颜色，如图 3-137 所示。

（a）原图

（b）应用后

图 3-137　更改颜色

色彩： 调整映射和着色量，使素材画面中指定颜色附上一定量的黑色和白色效果，如图 3-138 所示。

视频限幅器： 调整布局、拆分视图百分比、信号最小值、信号最大值和色调范围，以影响素材画面显示效果，如图 3-139 所示。

通道混合器： 通过红色、绿色、蓝色两两之间的数值，以改变素材画面显示颜色效果，如图 3-140 所示。

（a）原图　　（b）应用后

图 3-138　更改颜色

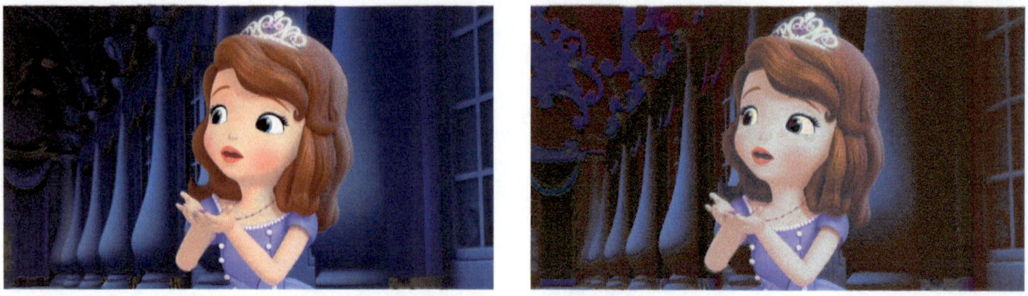

（a）原图　　（b）应用后

图 3-139　视频限幅器

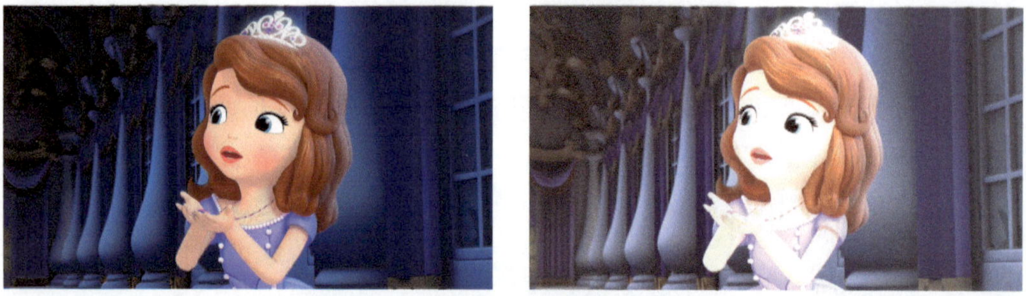

（a）原图　　（b）应用后

图 3-140　通道混合器

颜色平衡：通过对红色、绿色、蓝色的阴影平衡及中间调平衡、高光平衡，以改变素材画面的颜色平衡。

颜色平衡 HLS：调整色相、亮度和饱和度，以改变素材画面的显示效果。

19. 风格化

风格化包括 Alpha 发光、复制、彩色浮雕、抽帧、曝光过度、查找边缘、浮雕、画笔描边、粗糙边缘、纹理化、闪光灯、阈值和马赛克。

Alpha 发光：调整发光、亮度、起始颜色和结束颜色，使素材发光，如图 3-141 所示。

（a）原图

（b）应用后

图 3-141　Alpha 发光

复制： 调整计数，使素材画面以每行和每列计数数量显示，如图 3-142 所示。

（a）原图

（b）应用后

图 3-142　复制

彩色浮雕： 调整方向、起伏、对比度及与原始图像混合，使素材画面有浮雕效果，如图 3-143 所示。

（a）原图

（b）应用后

图 3-143　彩色浮雕

抽帧： 调整级别数值，使素材画面按不同级别显示，如图 3-144 所示。

曝光过度： 调整阈值，以改变素材画面的曝光效果，如图 3-145 所示。

查找边缘： 调整与原始图像混合，使素材画面以查找边缘效果显示，如图 3-146 所示。

（a）原图　　（b）应用后

图 3-144　抽帧

（a）原图　　（b）应用后

图 3-145　曝光过度

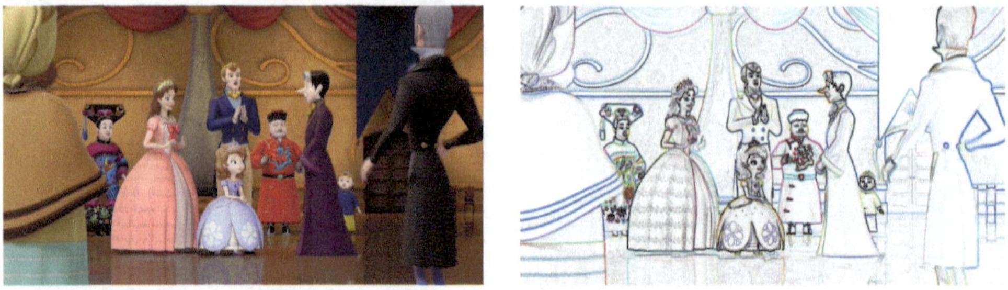

（a）原图　　（b）应用后

图 3-146　查找边缘

浮雕：调整方向、起伏、对比度及与原始图像混合，使素材画面具有浮雕效果，如图 3-147 所示。

（a）原图　　（b）应用后

图 3-147　浮雕

画笔描边：调整描边角度、画笔大小、描边长度、描边浓度及与原始图像混合，以改变素材画面显示效果，如图 3-148 所示。

（a）原图　　（b）应用后

图 3-148　画笔描边

粗糙边缘：调整边缘类型、边框、边缘锐度、不规则影响、比例、伸缩宽度或高度、复杂度和深化，使素材画面边缘粗糙化，如图 3-149 所示。

（a）原图　　（b）应用后

图 3-149　粗糙边缘

纹理化：设置纹理图、光照方向、纹理对比度和纹理位置，使素材画面出现指定纹理，如图 3-150 所示。

（a）原图　　（b）应用后

图 3-150　纹理化

闪光灯：调整闪光色、与原始图像混合、闪光持续时间、闪光周期（秒）、随机闪光机率、闪光、闪光运算符和随机植入，使素材画面出现类似闪光效果，如图 3-151 所示。

（a）原图

（b）应用后

图 3-151 闪光灯

阈值：调整级别，使素材画面显示阈值不同级别的效果，如图 3-152 所示。

（a）原图

（b）应用后

图 3-152 阈值

马赛克：调整水平块和垂直块的数量，使素材画面出现数量不等的像素块，如图 3-153 所示。

（a）原图

（b）应用后

图 3-153 马赛克

3.5 视频过渡

视频过渡也称为视频转场，主要用于场景之间的变换。Adobe Premiere 中包括 3D 运动、划像、擦除、沉浸式视频、溶解、滑动、缩放和页面剥落。在应用时选择某一个视频过渡，拖至两个素材中间，如图 3-154 所示。

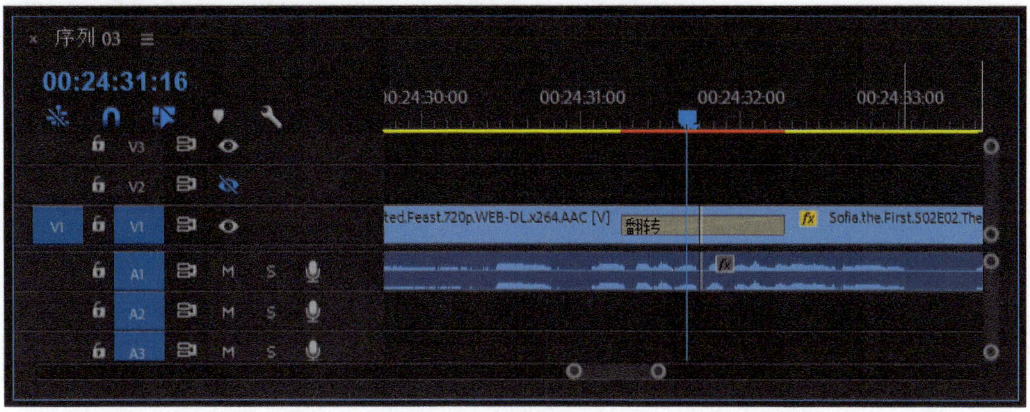

图 3-154　视频过渡应用

1. 3D 运动

3D 运动包括立方体旋转和翻转。

立方体旋转：调整持续时间、对齐、显示实际源、反向和消除锯齿，使图像 *A* 旋转，显示图像 *B*，两幅图像映射到立方体的两个面。

翻转：调整持续时间、对齐、显示实际源、反向和消除锯齿，使图像 *A* 翻转到所选择颜色后，显示图像 *B*。

2. 划像

划像包括交叉划像、圆划像、盒形划像和菱形划像。

交叉划像：调整持续时间、对齐、边框宽度、边框颜色、显示实际源、反向和消除锯齿，以打开交叉形状擦除，从而显示图像 *A* 下面的图像 *B*。

圆划像：调整持续时间、对齐、边框宽度、边框颜色、显示实际源、反向和消除锯齿，以打开圆圈擦除，从而显示图像 *A* 下面的图像 *B*。

盒形划像：调整持续时间、对齐、边框宽度、边框颜色、显示实际源、反向和消除锯齿，以打开矩形擦除，从而显示图像 *A* 下面的图像 *B*。

菱形划像：调整持续时间、对齐、边框宽度、边框颜色、显示实际源、反向和消除锯齿，以打开菱形擦除，从而显示图像 *A* 下面的图像 *B*。

3. 擦除

擦除包括划出、双侧平推门、带状擦除、径向擦除、插入、时钟式擦除、棋盘、棋盘擦除、楔形擦除、水波块、油漆飞溅、渐变擦除、百叶窗、螺旋框、随机块、随机擦除和风车。

划出：调整持续时间、对齐、边框宽度、边框颜色、显示实际源、反向和消除锯齿，可以移动擦除，以显示图像A下面的图像B。

双侧平推门：调整持续时间、对齐、边框宽度、边框颜色、显示实际源、反向和消除锯齿，使图像B由中央向外打开的方式从图像A下面显示。

带状擦除：调整持续时间、对齐、边框宽度、边框颜色、显示实际源、反向和消除锯齿，使图像B在水平、垂直或对角线方向上呈条形扫除图像A，逐渐显示。

径向擦除：调整持续时间、对齐、边框宽度、边框颜色、显示实际源、反向和消除锯齿，以擦除图像A，从而显示图像A下面的图像B。

插入：调整持续时间、对齐、边框宽度、边框颜色、显示实际源、反向和消除锯齿，可以插入形式，从而显示图像A下面的图像。

时钟式擦除：调整持续时间、对齐、边框宽度、边框颜色、显示实际源、反向和消除锯齿，以从图像A的中心开始擦除，以显示图像B。

棋盘：调整持续时间、对齐、边框宽度、边框颜色、显示实际源、反向和消除锯齿，可以两组交替擦除，从而显示图像A下的图像B。

棋盘擦除：调整持续时间、对齐、边框宽度、边框颜色、显示实际源、反向和消除锯齿，以棋盘方式显示图像A下的图像B。

楔形擦除：调整持续时间、对齐、边框宽度、边框颜色、显示实际源、反向和消除锯齿，可以从图像A中心开始擦除，从而显示图像B。

水波块：调整持续时间、对齐、边框宽度、边框颜色、显示实际源、反向和消除锯齿，来回进行块擦除，从而显示图像A下面的图像B。

油漆飞溅：调整持续时间、对齐、边框宽度、边框颜色、显示实际源、反向和消除锯齿，使“油漆”飞溅，以显示图像A下的图像B。

渐变擦除：调整持续时间、对齐、显示实际源和反向，可以按照用户选定图像的渐变柔和擦除。

百叶窗：调整持续时间、对齐、边框宽度、边框颜色、显示实际源、反向和消除锯齿，可以水平擦除，从而显示图像A下的图像B。

螺旋框：调整持续时间、对齐、边框宽度、边框颜色、显示实际源、反向和消除锯齿，可以螺旋形状擦除，从而显示图像A下的图像B。

随机块：调整持续时间、对齐、边框宽度、边框颜色、显示实际源、反向和消除锯齿，出现随机框，以显示图像A下的图像B。

随机擦除：调整持续时间、对齐、边框宽度、边框颜色、显示实际源、反向和消除锯齿，用随机边缘对图像A进行移动擦除，以显示图像A下的图像B。

风车：调整持续时间、对齐、边框宽度、边框颜色、显示实际源、反向和消除锯齿，可以从图像A的中心进行多次擦除，从而显示图像B。

4. 沉浸式视频

沉浸式视频包括VR光圈擦除、VR光线、VR渐变擦除、VR漏光、VR球形模糊、VR色度泄漏、VR随机块和VR默比乌斯缩放。

VR光圈擦除：调整持续时间、对齐、VR光圈擦除和羽化，以实现光圈擦除的过渡效果。

VR光线：调整持续时间、对齐、VR光线、光线长度、亮度阈值和色调颜色，以实现光线过渡效果。

VR渐变擦除：调整持续时间、对齐、VR渐变擦除、帧布局、渐变布局、反转渐变、平滑渐变、羽化和旋转，以实现渐变擦除的过渡效果。

VR漏光：调整持续时间、对齐、VR漏光、帧布局、泄漏基本色相、泄漏强度、泄漏曝光度、溶解长度、旋转点、旋转角度和随机植入，以实现漏光的过渡效果。

VR球形模糊：调整持续时间、对齐、VR球形模糊、帧布局、模糊强度、曝光、其他引出旋转和其他引入旋转，以实现球形模糊的过渡效果。

VR色度泄漏：调整持续时间、对齐、VR色度泄漏、帧布局、水平泄漏强度、垂直泄漏强度、泄漏角度、亮度阈值、泄漏亮度、泄漏饱和度和混合因素，以实现色度泄漏的过渡效果。

VR随机块：调整持续时间、对齐、VR随机块、过渡完成、块宽度、块高度、大小偏差、随机植入、羽化和旋转，以实现随机块的过渡效果。

VR默比乌斯缩放：调整持续时间、对齐、VR默比乌斯缩放、帧布局、缩小级别、放大级别、目标点和羽化，以实现默比乌斯缩放的过渡效果。

5. 溶解

溶解包括MorphCut、交叉溶解、叠加溶解、渐隐为白色、渐隐为黑色、胶片溶解和非叠加溶解。

MorphCut：调整持续时间、对齐和显示实际源，使素材画面在后台显示分析过渡效果。

交叉溶解：调整持续时间、对齐和显示实际源，使素材画面显示交叉溶解的过渡效果。

叠加溶解：调整持续时间、对齐和显示实际源，使素材画面显示叠加溶解的过渡效果。

渐隐为白色：调整持续时间、对齐和显示实际源，使素材画面显示渐隐为白色的过渡效果。

渐隐为黑色：调整持续时间、对齐和显示实际源，使素材画面显示渐隐为黑色的过渡效果。

胶片溶解：调整持续时间、对齐和显示实际源，使素材画面显示胶片溶解的过渡效果。

非叠加溶解：调整持续时间、对齐和显示实际源，使素材画面显示非叠加溶解的过渡效果。

6．滑动

滑动包括中心拆分、带状滑动、拆分、推和滑动。

中心拆分：调整持续时间、对齐、边框宽度、边框颜色、显示实际源、反向和消除锯齿，可以使素材画面实现中心拆分的过渡效果。

带状滑动：调整持续时间、对齐、边框宽度、边框颜色、显示实际源、反向和消除锯齿，可以使素材画面实现带状滑动的过渡效果。

拆分：调整持续时间、对齐、边框宽度、边框颜色、显示实际源、反向和消除锯齿，可以使素材画面实现拆分的过渡效果。

推：调整持续时间、对齐、边框宽度、边框颜色、显示实际源、反向和消除锯齿，可以使素材画面实现推的过渡效果。

滑动：调整持续时间、对齐、边框宽度、边框颜色、显示实际源、反向和消除锯齿，可以使素材画面实现滑动的过渡效果。

7．缩放

交叉缩放：调整持续时间、对齐和显示实际源，可以使素材画面实现交叉缩放的过渡效果。

8．页面剥落

页面剥落包括翻页和页面剥落。

翻页：调整持续时间、对齐和显示实际源，可以使素材画面实现翻页的过渡效果。

页面剥落：调整持续时间、对齐和显示实际源，可以使素材画面实现页面剥落的过渡效果。

3.6 音频效果

影片的创作离不开音频效果，Adobe Premiere 拥有强大的音频编辑能力，利用音频轨道来制作单声道、立体声和 5.1 声道。音频效果包括过时的音频效果、吉他套件、多功能延迟、多频段压缩器、模拟延迟、带通、用右侧填充左侧、用左侧填充右侧、电子管建模压缩器、强制限幅、FFT 滤波器、扭曲、低通、低音、平衡、单频段压缩器、镶边和陷波滤波器等。

1. 过时的音频效果

过时的音频效果包括多频段压缩器、Chorus（过时）、DeClicker（过时）、DeEsser（过时）、DeHummer（过时）等。

2. 吉他套件

吉他套件音频效果可以通过双击或拖动的方式来应用，吉他套件包括自定义设置和各参数，各参数可以展开查看但不能修改，如需修改，则选择“编辑”命令，会弹出剪辑效果编辑器，如图 3-155 所示。

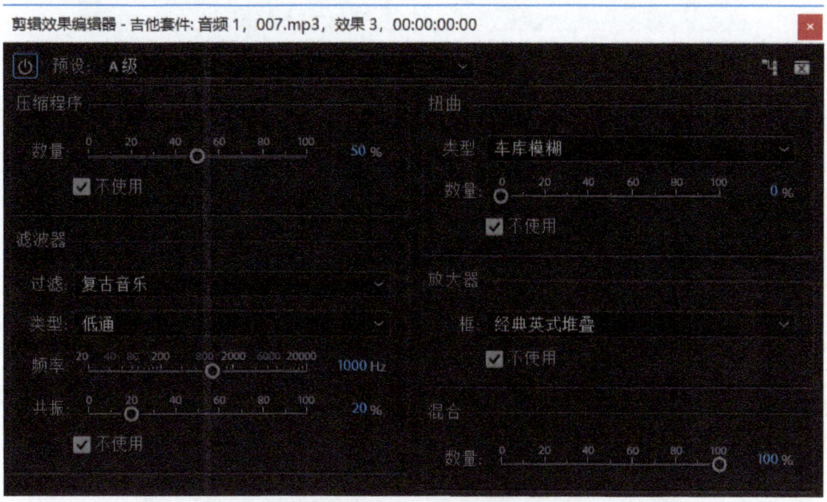

图 3-155　剪辑效果编辑器

“预设”包括 A 级、Mix-n-Mojo、共振盒、可笑的共振等 18 种音频，单击旁边的按钮可以关闭。

剪辑效果编辑器中还包括压缩程序、滤波器、扭曲、放大器和混合。

“压缩程序”可以控制压缩数量，范围为 0 ～ 100%。

“滤波器”包括过滤、类型、频率和共振。“过滤”包括复古音乐、共振、TalkBox A、TalkBox E、TalkBox I、TalkBox O 和 TalkBox U。“类型”包括高通、低通和选频。“频率”和“共振”都可以按实际需求调整。

3. 多功能延迟

调整“延迟”“反馈”“级别”和“混合”，可以使音频产生同步或重复的效果，如图 3-156 所示。

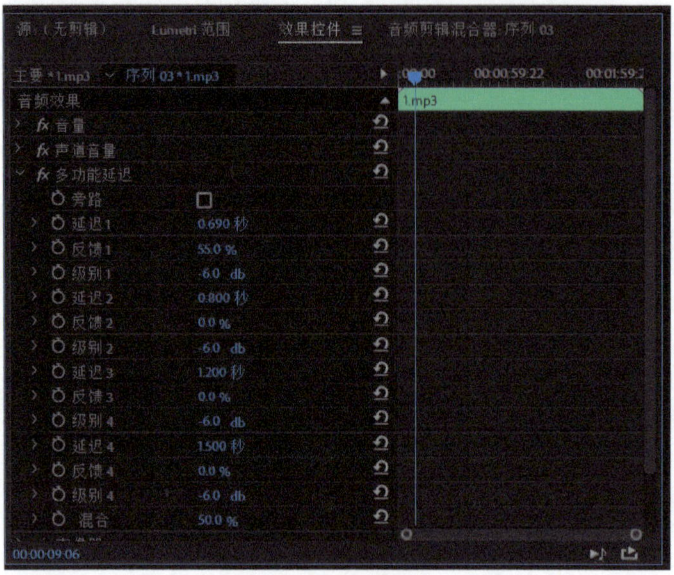

图 3-156　多功能延迟

4. 多频段压缩器

在应用“多频段压缩器”后，单击“效果”控件中的“编辑”按钮，弹出如图 3-157 所示的对话框。

图 3-157　多频段压缩器

“预设”包括互联网交付、全部重设、古典音乐大师、增强低音、增强高音、对讲机、广播、提高人声、更紧密的低音、流行音乐大师、消除齿音、独立艺术家低保真、玩具、重金属吉他、降低嘶声、陷阱块和鼓。用户既可以选择其中的某个应用，也可以通过调整阈值、增益、比率、触发和释放，实现音频编辑。

5. 模拟延迟

在应用模拟延迟后，单击“效果”控件中的“编辑”按钮，弹出如图 3-158 所示的对话框。

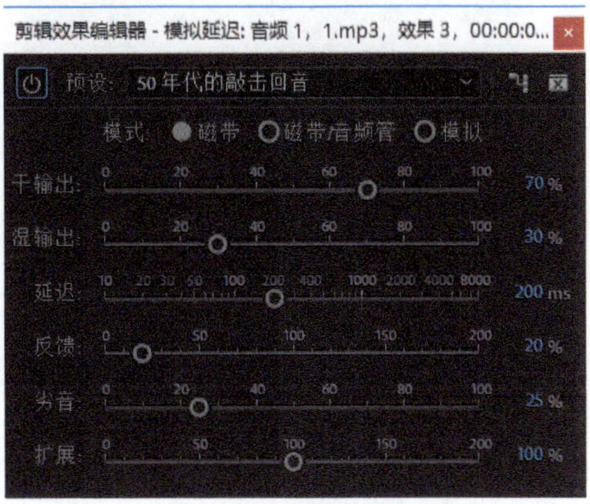

图 3-158 模拟延迟

“预设”包括 50 年代的敲击回音、下叠字符、公共地址、凯夫的电话、吉他踏板、嗜喱电话和噩梦步骤等选项。用户既可以选择其中的某个应用，也可以选择“磁带”“磁带/音频带”和“模拟”中的一种“模式”，并通过调整干输出、湿输出、延迟、反馈、劣音和扩展，实现音频编辑。

6. 带通

“带通”音频效果可以通过调整“旁路”“中心”和“Q”进行音频设置。

7. 用右侧填充左侧

“用右侧填充左侧”音频效果可以通过调整“旁路”进行音频设置。

8. 用左侧填充右侧

“用左侧填充右侧”音频效果可以通过调整“旁路”进行音频设置。

9. 电子管建模压缩器

双击“电子管建模压缩器”，单击“效果”控件中的“编辑”按钮，弹出如图 3-159 所示的对话框。

“预设”包括人声提升器、人声触发器、低至中音增强器、光线主控、吉他吸引器、垫处理和墙式限幅器等选项。既可以选择“预设”中的某个应用，也可以通过调整阈值、增益、比率、触发和释放，来实现音频编辑。

10. 强制限幅

双击“强制限幅”，再单击“效果”控件中的“编辑”按钮，弹出如图 3-160 所示的对话框。

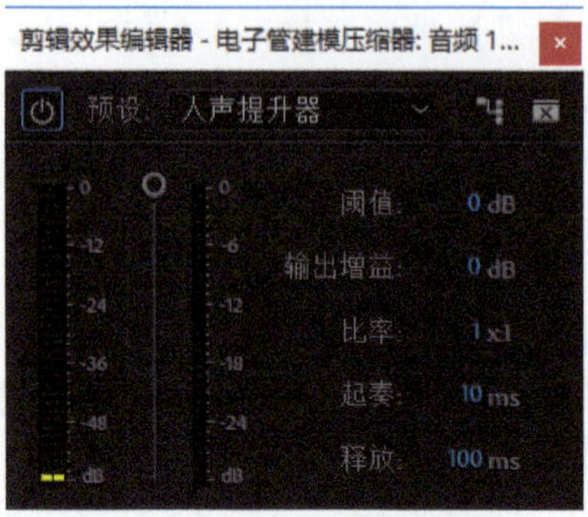

图 3-159　电子管建模压缩器

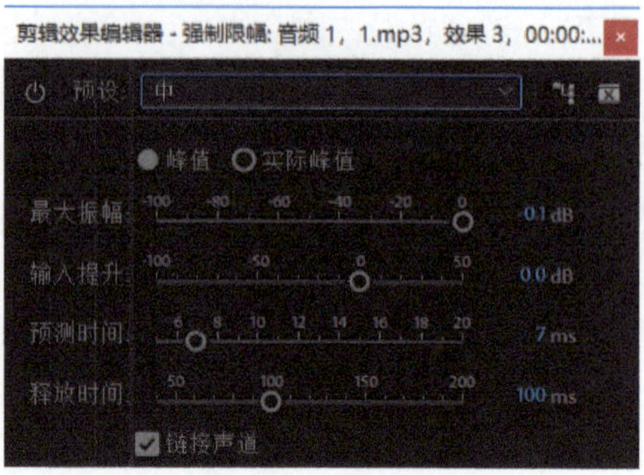

图 3-160　强制限幅

“预设”包括失真、实际峰值、灯光、限幅 -3 dB、限幅 1 dB。用户既可以选择“预设”中的某个应用，也可以通过调整最大振幅、输入提升、预测时间和释放时间，来实现音频编辑。

11．FFT 滤波器

双击“FFT 滤波器”，再单击“效果”控件中的“编辑”按钮，弹出如图 3-161 所示的对话框。

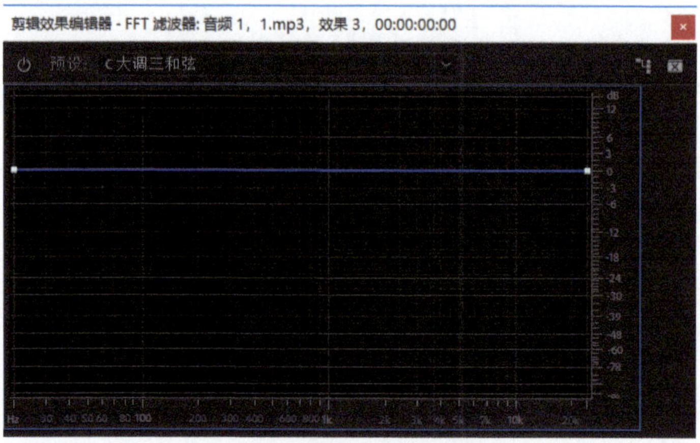

图 3-161　FFT 滤波器

“预设”包括 C 大调三和弦、消除话筒隆隆声、消除齿音和盒式磁带频率响应。用户既可以选择“预设”中的某个应用，也可以通过曲线，从而实现音频编辑。

12．扭曲

双击“扭曲”，单击“效果”控件中的“编辑”按钮，弹出如图 3-162 所示的对话框。

“预设”包括尼克博克－安格斯、挑选刮刀、无限扭曲、最终失败、沼泽异形、演员休息室、磁带驱动器、蛇皮和铃声模式位加速器。用户既可以选择“预设”中的某个应用，也可以通过曲线、曲线平滑和范围，从而实现音频编辑。

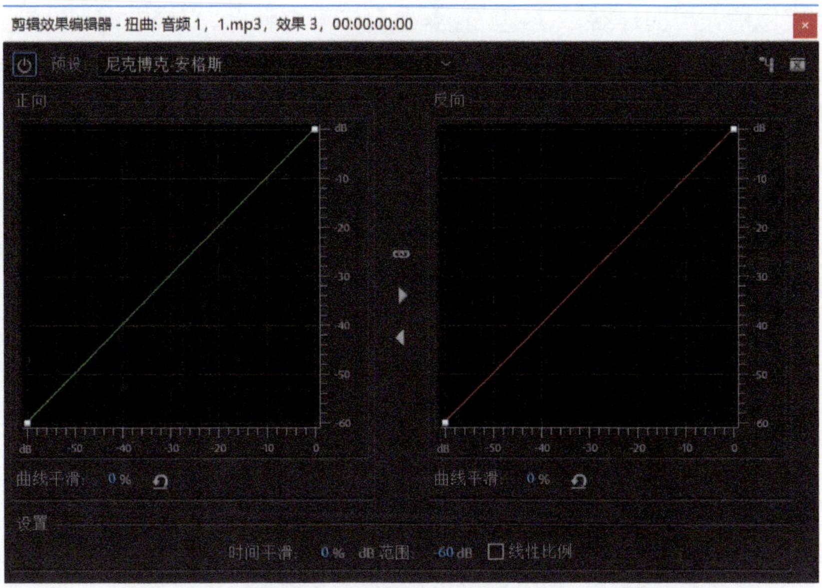

图 3-162 扭曲

13. 低通

“低通”音频效果可以通过调整“旁路”和“屏蔽度”进行音频设置。

14. 低音

“低音”音频效果可以通过调整“旁路”和“提升”进行音频设置。

15. 平衡

“平衡”音频效果可以通过调整“旁路”和“平衡”进行音频设置。

16. 单频段压缩器

双击“单频段压缩器”，再单击“效果”控件中的“编辑”按钮，弹出如图 3-163 所示的对话框。

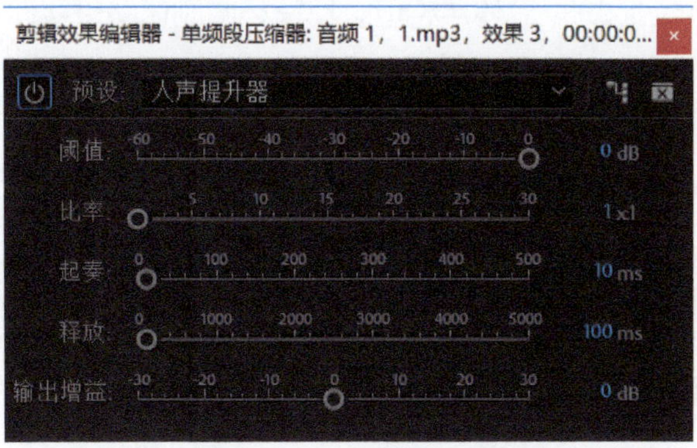

图 3-163 单频段压缩器

“预设”包括人声提升器、人声触发器、低至中音增强器、光线主控、吉他吸引吕在、垫处理等选项。用户既可以选择“预设”中的某个应用，也可以通过阈值、比率、起奏、释放和输出增益来实现音频编辑。

17. 镶边

双击“镶边”后，再单击“效果”控件中的“编辑”按钮，弹出如图 3-164 所示的对话框。

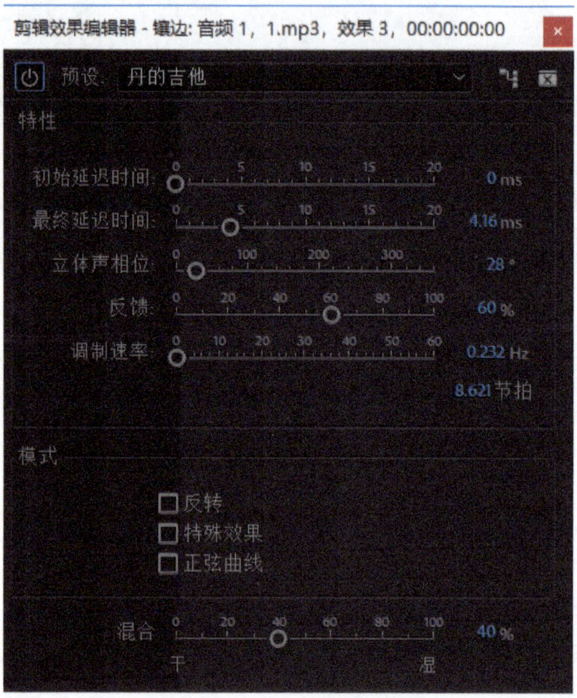

图 3-164 镶边

“预设”包括丹的吉他、信息传输、合成溜溜球、吉他镶边、吉米、听觉、地狱合唱和声音镶边等选项。用户既可以选择“预设”中的某个应用，也可以通过设置初始延迟时间、最终延迟时间、立体声相位、反馈和调制速率来实现音频编辑。

18. 陷波滤波器

双击“陷波滤波器”，再单击“效果”控件中的“编辑”按钮，弹出如图 3-165 所示的对话框。

“预设”包括 100 Hz 消除、200 Hz 与八度音阶、200 Hz 与谐波（重）、400 Hz 与八度音阶、400 Hz 与谐波（重）、50 Hz 与低次谐波等选项。用户既可以选择“预设”中的某个应用，也可以调整频率、增益、启用、陷波宽度和增益固定，从而实现音频编辑。

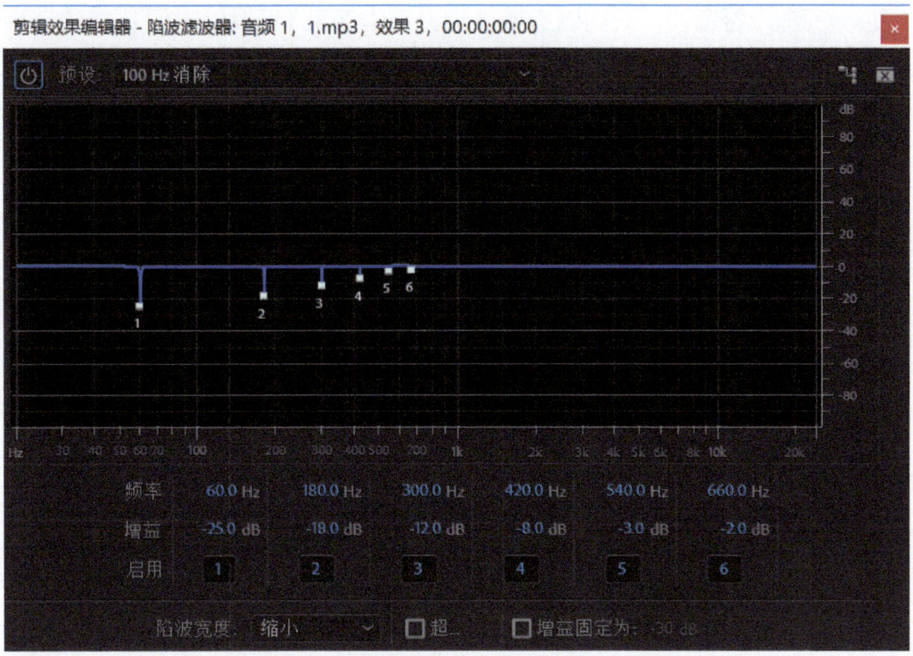

图 3-165 陷波滤波器

19. 卷积混响

双击“卷积混响”后，再单击“效果”控件中的“编辑”按钮，弹出如图 3-166 所示的对话框。

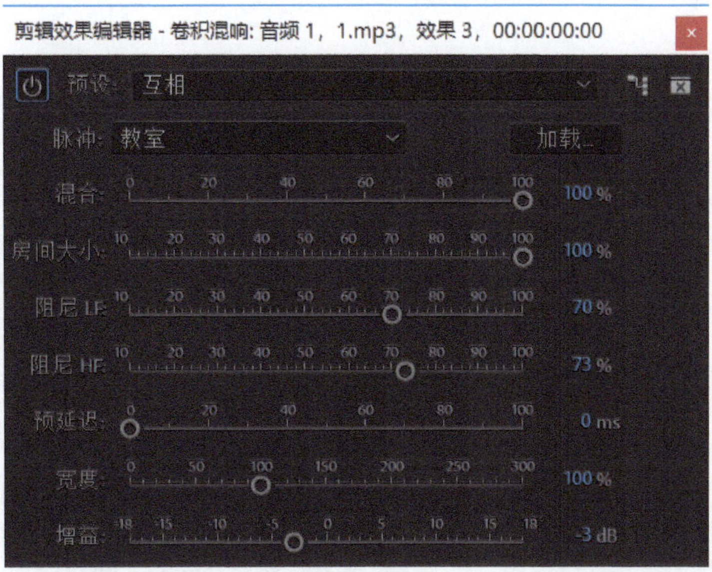

图 3-166 卷积混响

“预设”包括互相、仅限站立空间、公共开放电视、内存空间、冷藏室、后台区域和有烟味的酒吧等选项。既可以选择“预设”中的某个应用，也可以通过选择脉冲类型，再调整频率、增益、启用、陷波宽度和增益固定为，从而实现音频编辑。

20. 静音

“静音”音频效果可以通过调整“旁路”和“静音”进行音频设置。

21. 简单的陷波滤波器

“简单的陷波滤波器”音频效果可以通过调整“旁路”“中心”和“Q”进行音频设置。

22. 简单的参数均衡

“简单的参数均衡”音频效果可以通过调整“旁路”“中心”“Q”和“提升”进行音频设置。

23. 互换声道

“互换声道”音频效果可以通过调整“旁路”进行音频设置。

24. 人声增强

双击“人声增强”后，再单击“效果”控件中的“编辑”按钮，弹出如图 3-167 所示的对话框。

“预设”包括男性、女性和音乐。用户既可以选择其中的某个应用，也可以通过选择男性、女性和音乐，来实现音频编辑。

25. 动态

双击“动态”后，再单击“效果”控件中的“编辑”按钮，弹出如图 3-168 所示的对话框。

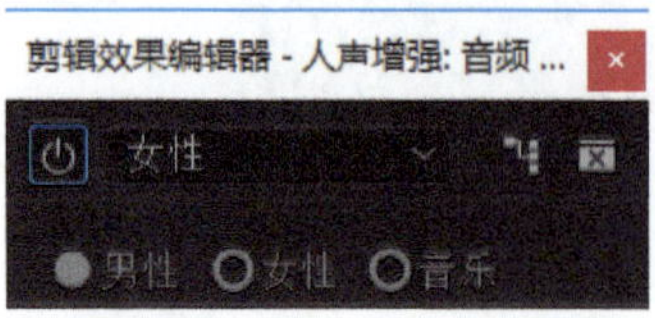

图 3-167　人声增强

图 3-168　动态

“预设”包括中等压缩、噪声门、所有动态活动、扩展、正在进行强制限幅、硬压缩、自动门、软剪辑、软压缩和限制。用户既可以选择“预设”中的某个应用，也可以通过调整阈值、攻击、释放和定格，来实现音频编辑。

26. 动态处理

双击“动态处理”后，再单击“效果”控件中的“编辑”按钮，弹出如图 3-169 所示的对话框。

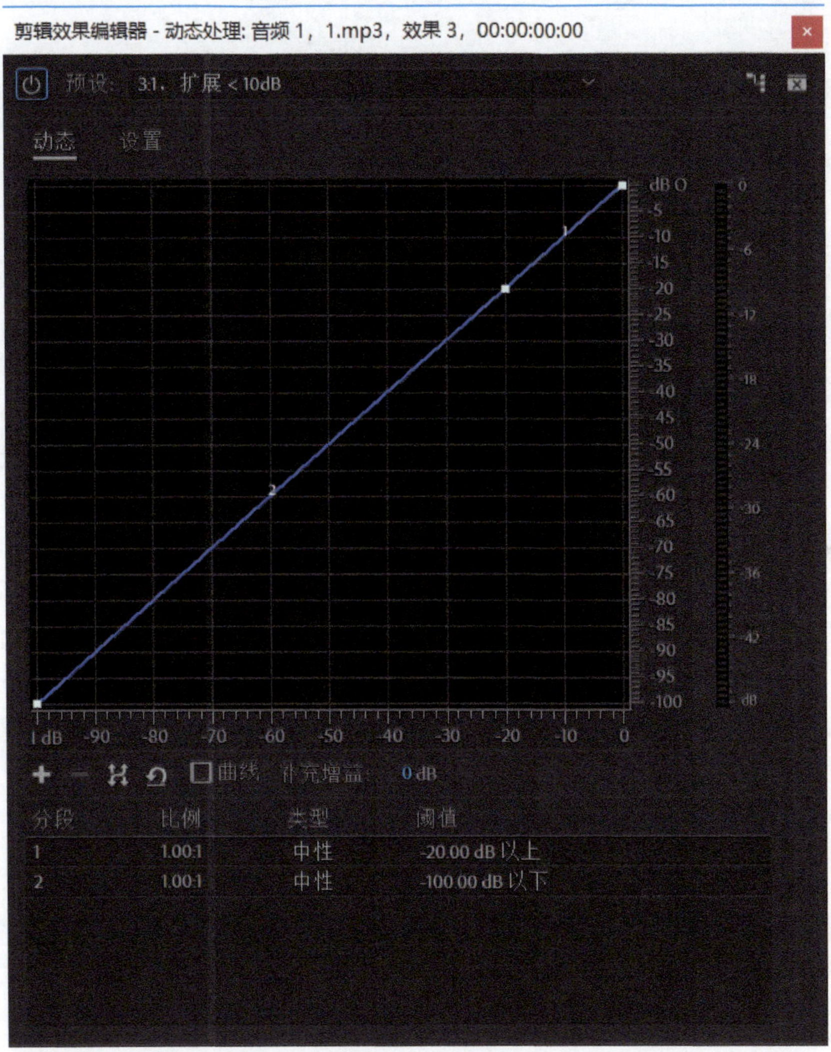

图 3-169 动态处理

“预设”包括 3：1，扩展 <10dB、人声限幅、低音鼓、击弦贝斯、劣质吉他、匹克贝斯和压限扩展器等。用户既可以选择“预设”中的某个应用，也可以通过调整曲线来实现音频编辑。

27. 参数均衡器

双击“参数均衡器”后，再单击“效果”控件中的“编辑”按钮，弹出如图 3-170 所示的对话框。

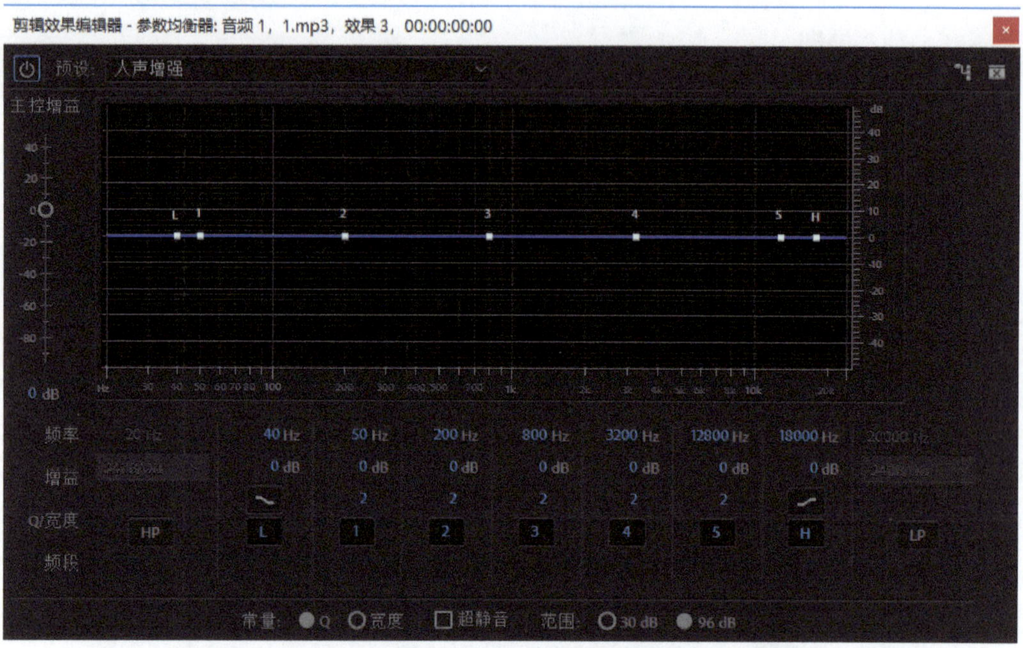

图 3-170　参数均衡器

“预设”包括人声增强、低间鼓、全部重设、原声吉他、响度最大化、常规低通、老式收音机、说唱声乐、重金属吉他和雄壮小军鼓。用户既可以选择“预设”中的某个应用，也可以通过调整曲线，设置频率、增益、Q/ 宽度和频段，来实现音频编辑。

28. 反转

“反转”音频效果可以通过调整“旁路”进行音频设置。

29. 和声 / 镶边

双击“和声 / 镶边”后，再单击“效果”控件中的“编辑”按钮，弹出如图 3-171 所示的对话框。

“预设”包括加粗声音、厚重和声、女声、平滑和声、弹性镶边、柔和的张力、水通、旋涡池、积极镶边、粗厚和声、精细镶边和金属颤音。用户既可以选择“预设”中的某个应用，也可以通过选择模式和声或镶边，调整速度、宽度、强度和瞬态，来实现音频编辑。

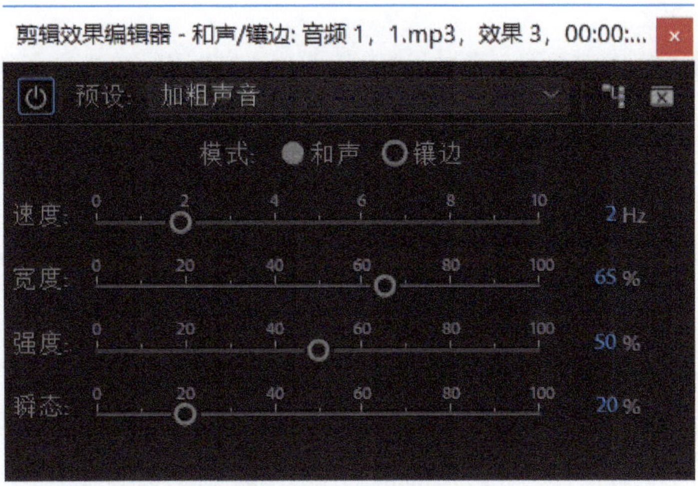

图 3-171 和声 / 镶边

30. 图形均衡器

双击“图形均衡器”后，再单击“效果”控件中的“编辑”按钮，弹出如图 3-172 所示的对话框。

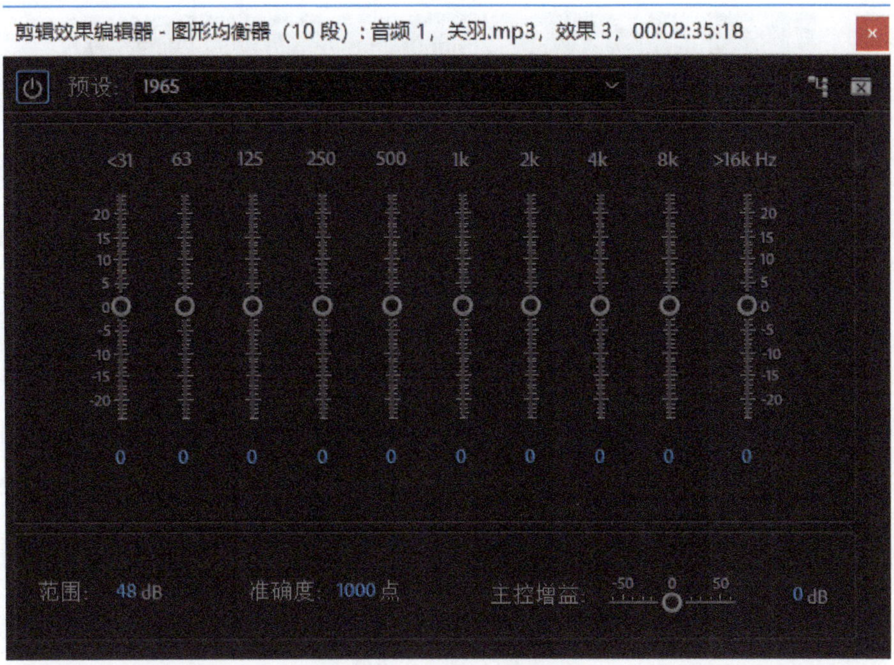

图 3-172 图形均衡器

“预设”包括 1965、1965- 第 2 部分、两个八度音阶划分、低保真度、快速低通滤波器和快速高通滤波器等选项。用户既可以选择“预设”中的某个应用，也可以通过调整范围、准确度和主控增益，来实现音频编辑。

31. 声道音量

“声道音量”音频效果可以通过调整“旁路”“左”和“右”进行音频设置。

后面常用的音频效果还有室内混响、延迟、母带处理、消除齿音、消除嗡嗡声、环线声混响、科学滤波器、移相器、立体声扩展器、自适应降噪、自动咔嗒声移除、雷达响度计、音量、音高换挡器、高通和高音，操作与前面所述的音频效果相同。

3.7 音频过渡

音频过渡只有一种交叉淡化，包括恒定功率、恒定增益和指数淡化。

在音频过渡中，把“恒定功率”拖至音频素材之间（注意音频素材首尾相连的地方必须有足够的音频内容），然后单击序列中音频素材的恒定功率，在效果控件中会显示恒定功率的编辑界面，可以拖动效果控件的时间长度来完成交叉淡化的编辑，如图 3-173 所示。

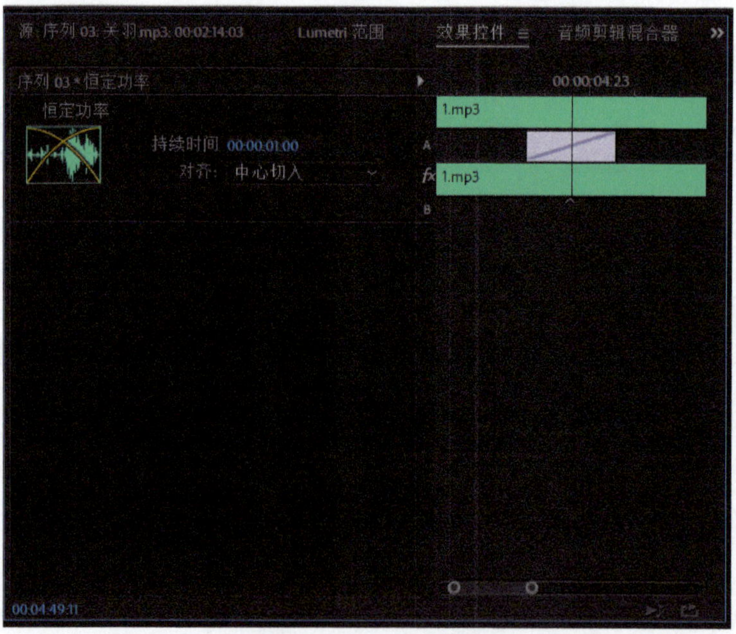

图 3-173 恒定功率

在音频过渡中，把“恒定增益”拖至音频素材之间（注意音频素材首尾相连的地方必须有足够的音频内容），然后单击序列中音频素材的恒定增益，在效果控件中会显示恒定增益的编辑界面，可以拖动效果控件的时间长度来完成交叉淡化的编辑，如

图 3-174 所示。

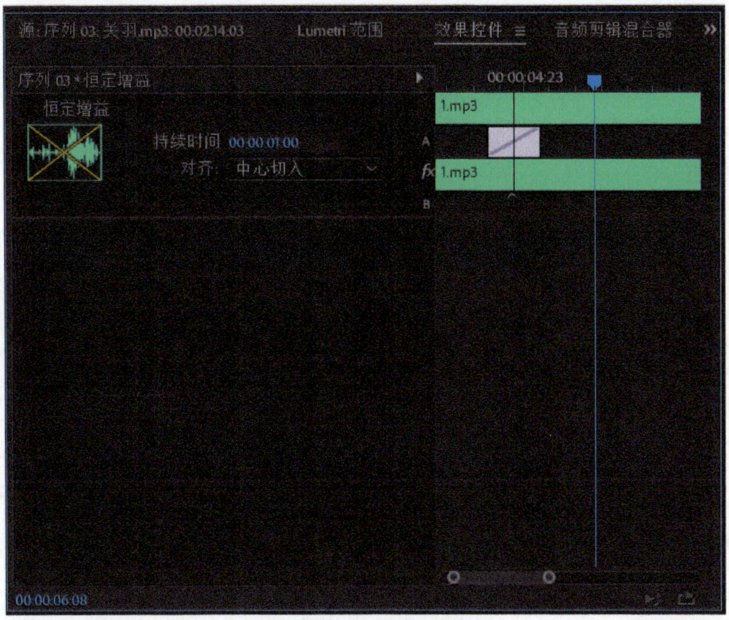

图 3-174 恒定增益

在音频过渡中，把“指数淡化”拖至音频素材之间（注意音频素材首尾相连的地方必须有足够的音频内容），然后单击序列中音频素材的指数淡化，在效果控件中会显示指数淡化的编辑界面，可以拖动效果控件的时间长度来完成交叉淡化的编辑，如图 3-175 所示。

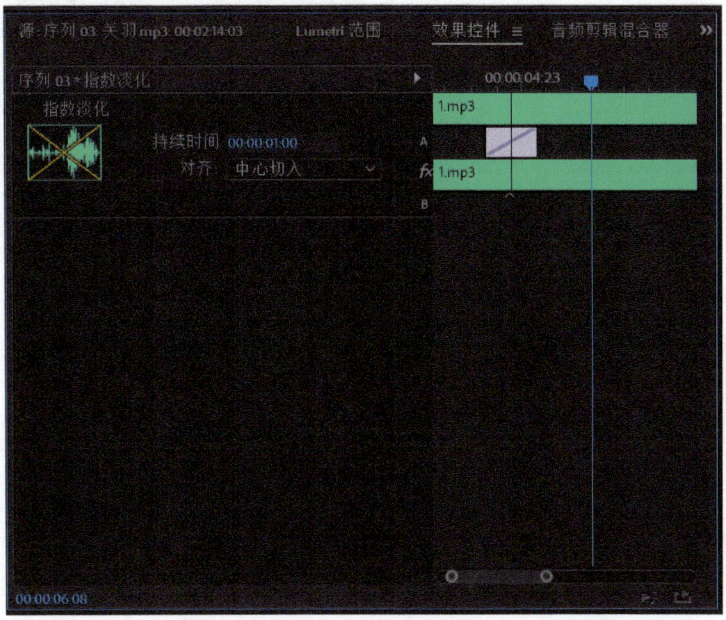

图 3-175 指数淡化

3.8 影片输出

项目工程文件包含各种视频、音频、字幕、特效和剪辑数据信息。输出是将已经编辑好的项目工程文件打包压缩为视频文件或音频文件。

选择“文件→导出”菜单命令，弹出如图 3-176 所示的窗口。

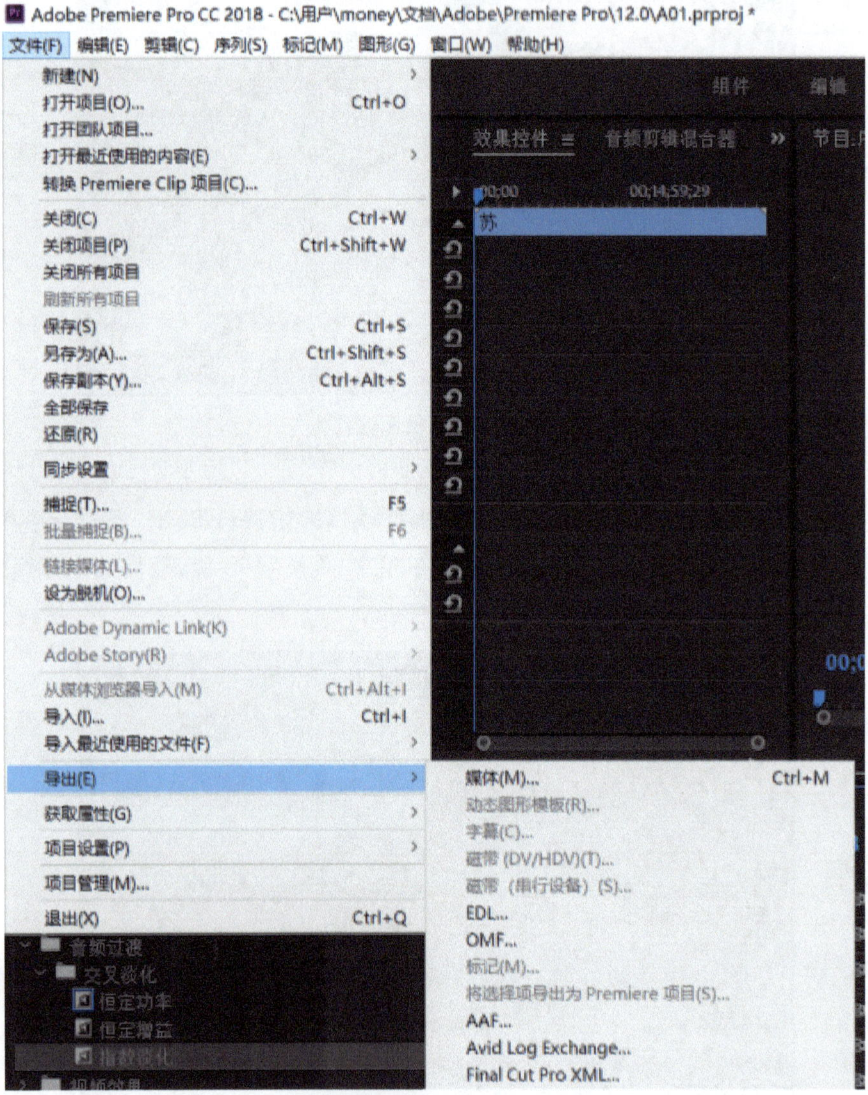

图 3-176 导出

媒体：将项目文件输出为指定格式的视频或音频文件，如图 3-177 所示。

格式：包括 AAC 音频、AIFF、AS-10、AS-11、AVI 等，可以根据实际需求选择格式，如图 3-178 所示。

图 3-177　媒体

摘要：显示输出文件的路径、相关参数和源文件的相关参数，也可以设置效果、视频、音频、多路利用器、字幕和发布的参数，单击“导出”命令，将显示编码所需要的时间进度，如图 3-179 所示。

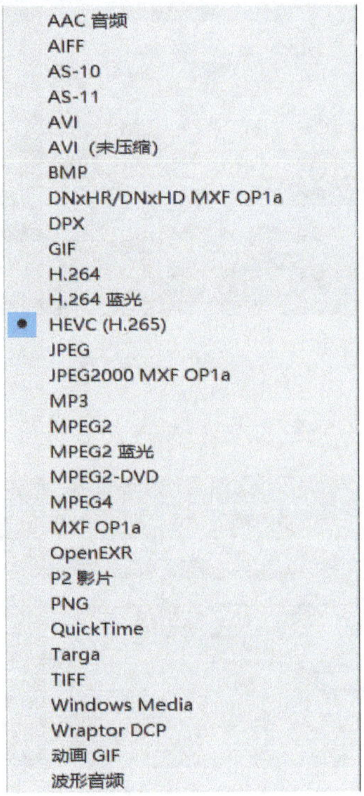

图 3-178　格式

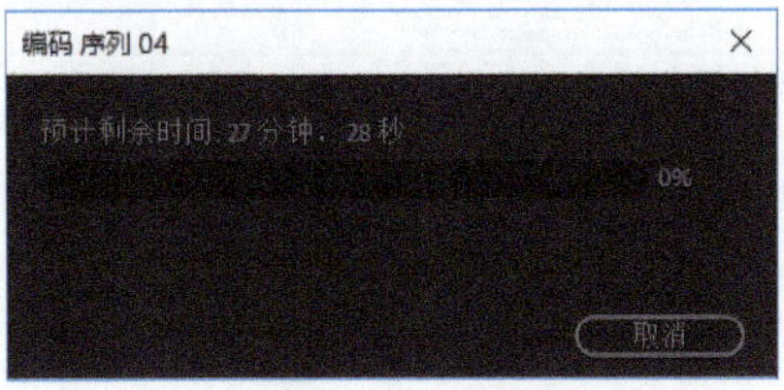

图 3-179　编码

3.9 综合案例：人物定格

Step 1 新建一项目，名称为“人物定格”，创建一个序列，把素材放进序列中，弹出如图 3-180 所示的对话框，选择“更改序列设置”。

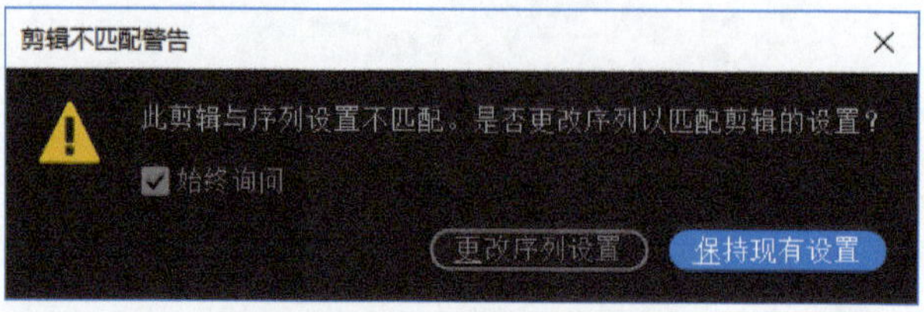

图 3-180　更改序列设置

Step 2 视频拖至序列中的视频轨道中，如图 3-181 所示。

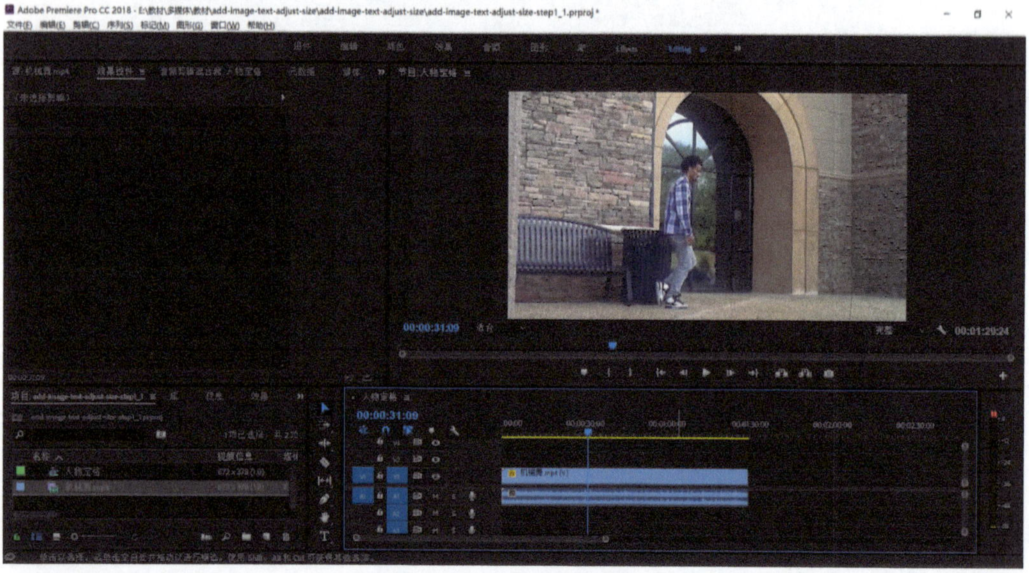

图 3-181　素材放至轨道中

Step 3 播放视频，在合适的位置添加标记，如图 3-182 所示。

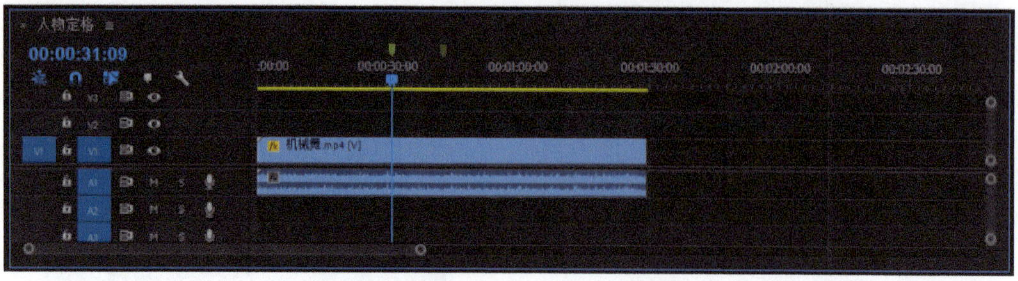

图 3-182　添加标记

Step 4 使用“导出帧”命令把有标记的帧导出，如图 3-183 所示。

Step 5 用 Photoshop 把导出的图像进行人物抠图，隐藏背景保存为 PNG 格式，如图 3-184 所示。

Step 6 把 PNG 格式图像导入项目中，分别放至视频轨道 2 和 3 中，位置与标记对齐并延长至第一帧，最终效果如图 3-185 所示。

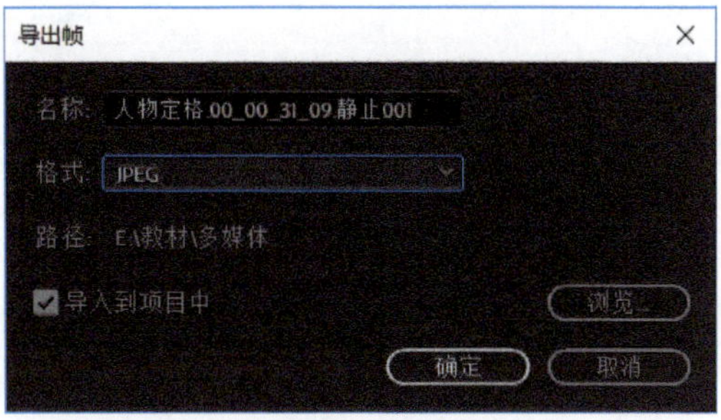

图 3-183　导出帧

图 3-184　抠图

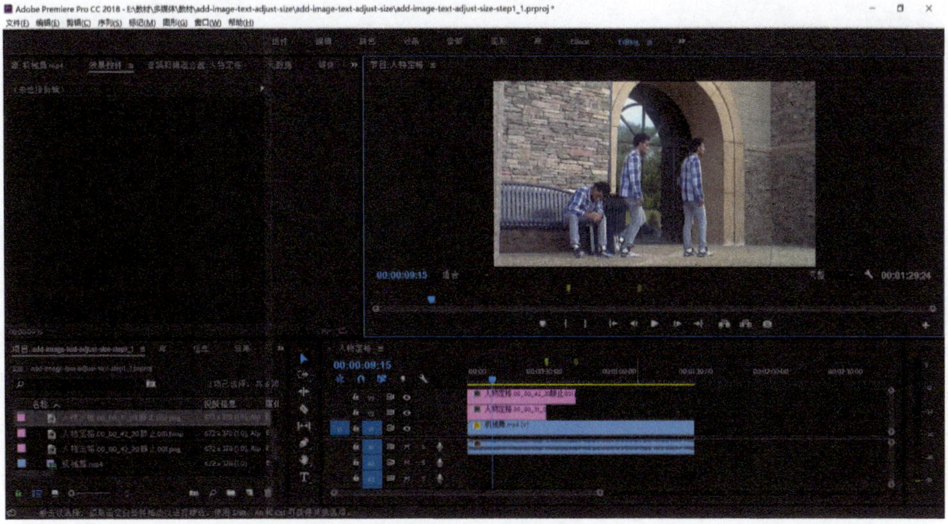

图 3-185　最终效果

本章小结

Adobe Premiere 是一个功能强大的视频编辑软件，主要用于电视节目制作、广告制作和电影制作等领域。

本章介绍了 Adobe Premiere 的主要功能，包括视频基本编辑、字幕、视频效果和过渡、音频效果和过渡，并结合实例进行讲解。通过本章的学习，读者可以对视频进行简单的编辑处理。

习题 3

一、选择题

1. 目前有三种流行的广播视频标准和记录格式，不包括其中的（　　）。

A. NTSC　　B. PAL　　C. AVI　　D. SECAM

2. 用于数字存储媒体运动图像的压缩编码国际标准是（　　）。

A. JPEG　　B. Video　　C. MPEG　　D. GIF

3. 下列格式中，（　　）不是图像文件的扩展名。

A. FLC　　B. JPG　　C. BMP　　D. GIF

4. Adobe Premiere 中存放素材的面板是（　　）。

A. 项目　　B. 时间轴　　C. 节目　　D. 效果

5. PAL 电视制式采用的颜色空间是（　　）.。

A. HSB　　B.YIQ　　C. YUV　　D. RGB

6. 帧是构成影像的最小单位，我国使用的 PAL 制式的帧速率为（　　）。

A. 24 帧/秒　　B. 25 帧/秒　　C. 29.97 帧/秒　　D. 32 帧/秒

7. 当一个视频轨道被锁定时，（　　）。

A. 可以对其进行选择参数　　B. 可以调整其特效参数

C. 可以调整其轨道显示方式　　D. 不能进行任何操作

8. 粘贴素材是以（　　）定位的。

A. 选择工具的位置　　B. 编辑线

C. 入点　　D. 手形工具

9. 添加关键帧的作用是（   ）。

A. 更方便的设置滤镜效果　　B. 创建动画效果

C. 调整视频　　D. 锁定素材

10. 下面不属于风格化效果的是（   ）。

A. Alpha 辉光　　B. 笔触　　C. 彩色浮雕　　D. 偏移

11. 透明度的参数越高，透明度（   ）。

A. 越透明　　B. 越不透明　　C. 与参数无关　　D. 低

12. 下面（   ）选项不是导入素材的方法。

A. 选择“文件→导入”菜单命令

B. 快捷键 Ctrl+I

C. 直接在项目窗口中的空白处双击

D. 把素材拖入“节目”窗口

13. 在 Adobe Premiere 中不能使用“新建项目”命令创建的是（   ）。

A. 通过用倒计时片头　　B. 颜色蒙版

C. 字幕　　D. 序列

14. 以下（   ）过渡效果是位于“视频过渡”中“滑动”的过渡。

A. 拆分　　B. 翻转　　C. 百叶窗　　D. 翻页

15. 如果两个素材衔接处需要添加视频过渡效果，则两个素材应该（   ）。

A. 分别放在上下相邻的两个视频轨道上

B. 同一视频轨道上

C. 可以放在任何视频轨道上

D. 可以放在任何音频轨道上

二、填空题

1. 00:02:23:12 中几个数字分别表示 ________、________、________、________。

2. 剃刀工具的作用是用来 __________ 素材，以便对某一段素材添加效果。

3. 视频信号可以分为 __________ 和 __________ 两种传输方式。

4. Adobe Premiere 在视频滤镜中提供了一组色键透明叠加的方式，最常用的是 __________ 滤镜、__________ 滤镜和“绿屏抠像”滤镜。

5. __________ 效果可以删除素材中的背景。

6. ________ 是对模拟视频图像捕捉并转化为数字信号的工具。

7. ________ 可以更改素材的播放速度，加快或变慢。

8. ________ 命令可以把编辑好的视频导出。

三、操作题

1. 逐字逐行显示字幕

❶ 新建项目，以“逐字逐行”命名项目文件，其他选项为默认，如图 T3-1 所示。

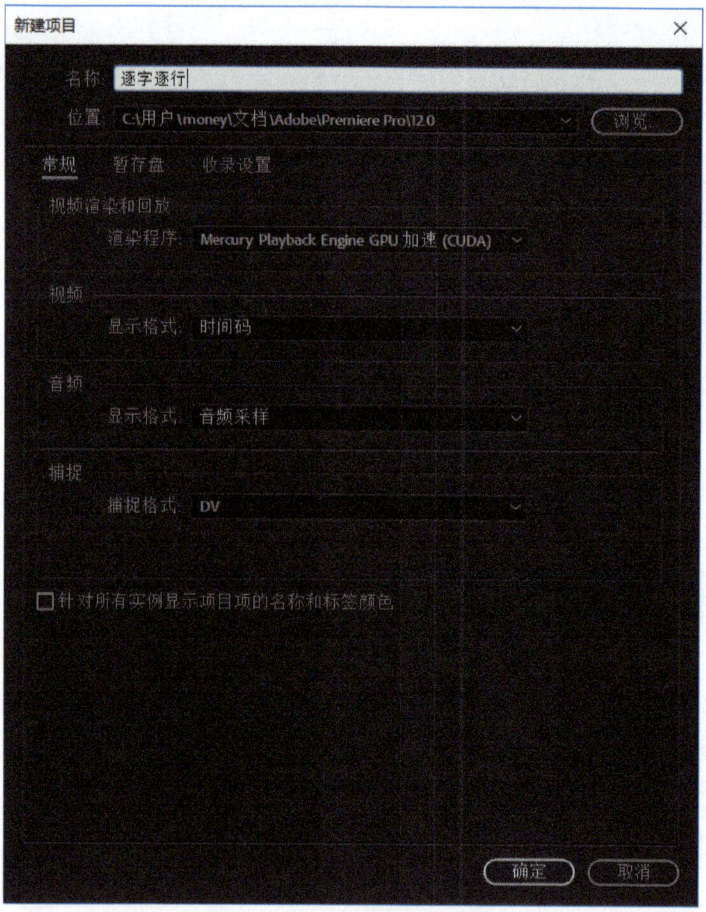

图 T3-1　新建项目

❷ 新建字幕，方法有 2 种：

方法 1：在“项目”面板中单击鼠标右键，在弹出的快捷菜单中选择“新建项目→字幕”命令，如图 T3-2 所示。

方法 2：选择“文件→新建→旧版标题”菜单命令，如图 T3-3 所示。

单击“新建”命令后，弹出对话框，从中按实际要求设置参数。

图 T3-2　新建字幕 A

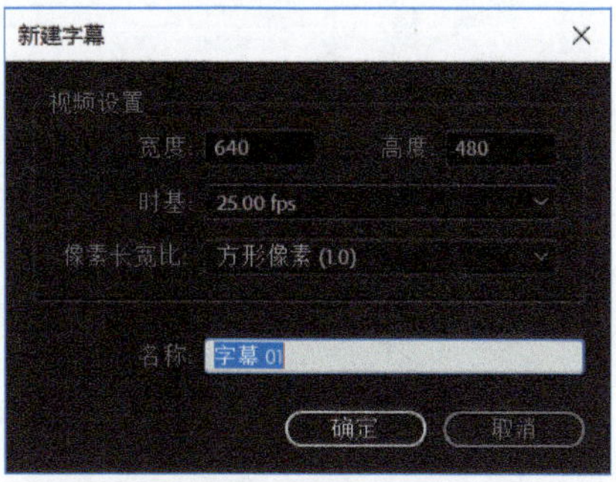

图 T3-3　新建字幕 B

❸ 单击“确定”按钮，进入字幕设计窗口，如图 T3-4 所示。

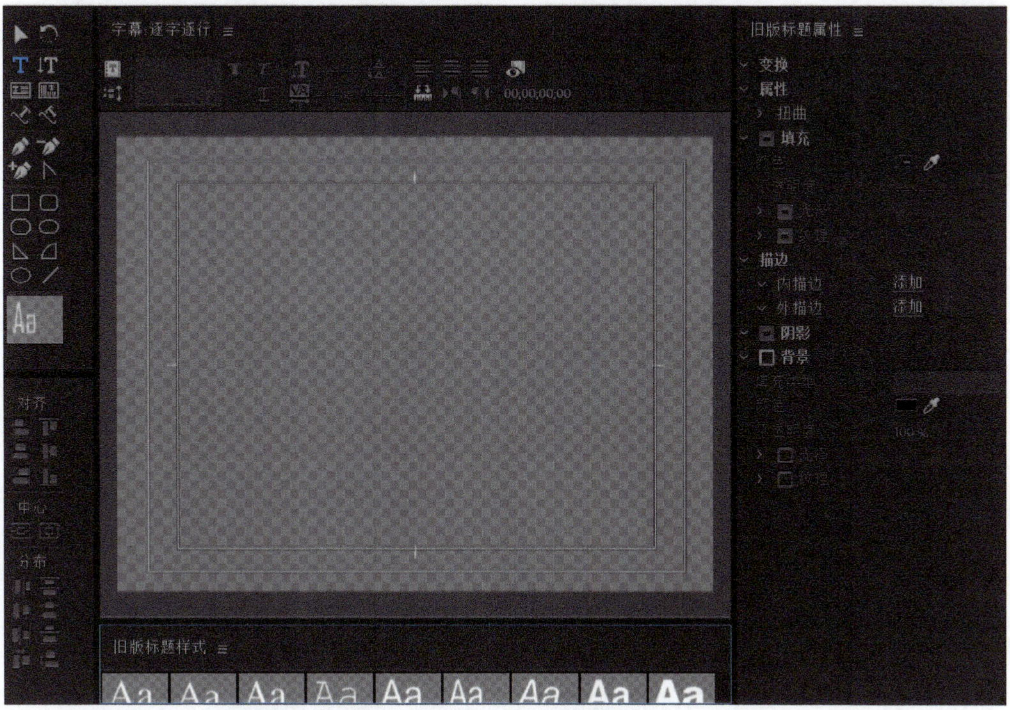

图 T3-4　字幕设计窗口

❹ 输入文字，然后设置字体为“微软雅黑”，大小为 25，颜色为白色，调整到合适位置，如图 T3-5 所示。

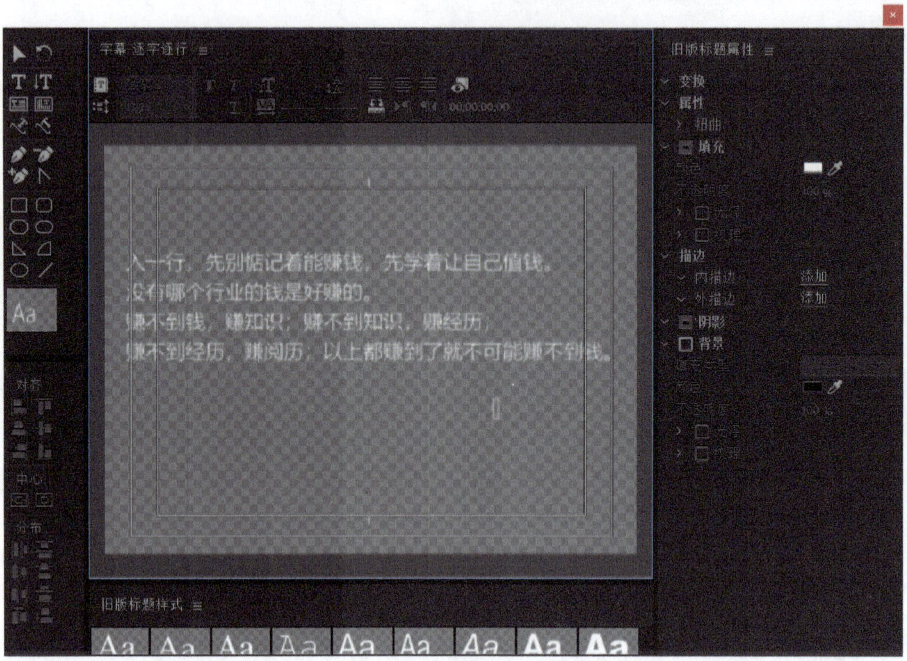

图 T3-5　字幕设置

❺ 单击“基于当前字幕新建字幕”，把后面三行文字删除，只保留第一行文字；重复操作，生成第二、三、四个字幕。

❻ 把字幕把顺序排列在“序列 1”中，字幕默认是 5 秒显示，可以通过鼠标拖动延长显示时间，如图 T3-6 所示。

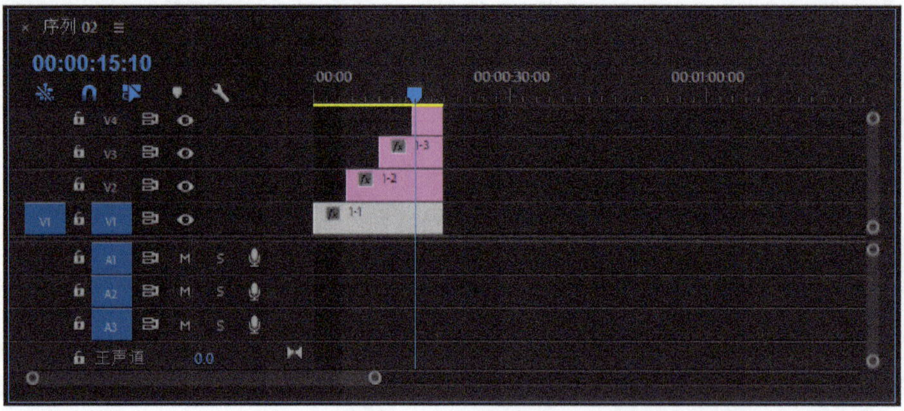

图 T3-6　字幕排放

❼ 在轨道 1 中添加视频效果“裁剪”，在 0 秒处设置右侧为 100%，在 5 秒处设置右侧为 0%，则实现轨道 1 的逐字显示；然后复制“裁剪”效果至轨道 2、轨道 3 和轨道 4，实现逐行显示。

❽ 添加打字声音的音频至音频轨道中，如图 T3-7 所示。

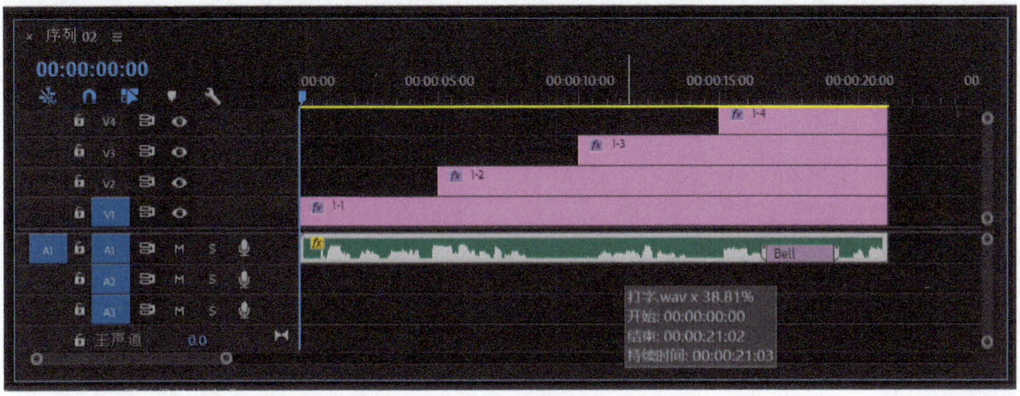

图 T3-7　逐行逐字显示

2．给视频指定部位打马赛克

❶ 新建项目，以“马赛克”命名项目文件，其他选项为默认，并新建序列“DVCPROHD 1080p 60Hz”。

❷ 导入视频素材，拖动时间轴的游标至合适位置，即需要打马赛克的地方，如图 T3-8 所示。

图 T3-8　视频素材

❸ 使用字幕设计器绘制一个椭圆字幕，放至视频轨道上，形成遮挡效果，如图 T3-9 所示。

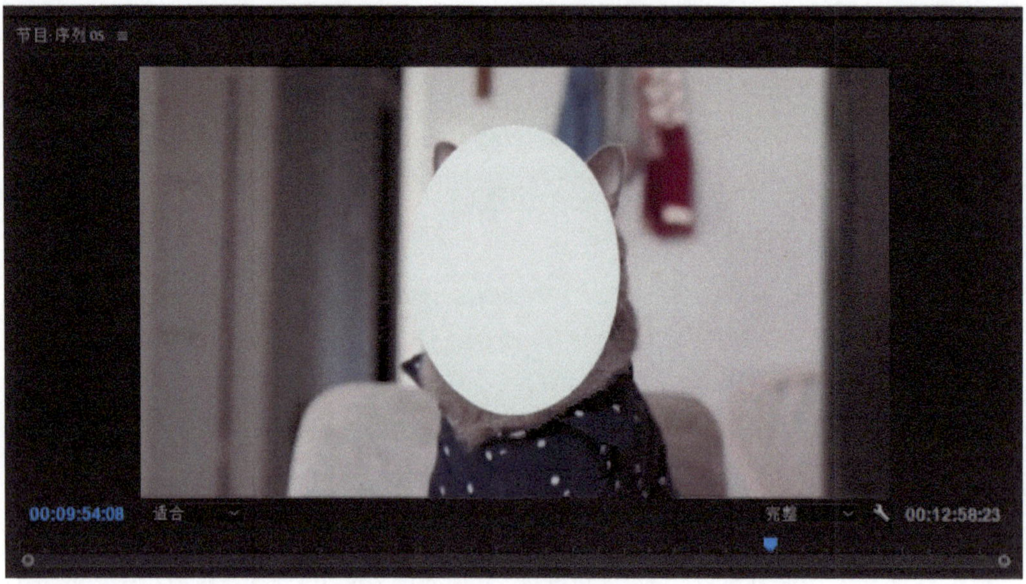

图 T3-9　椭圆字幕

❹ 添加视频效果“风格化→马赛克”，在效果控件中设置水平块和垂直块的数量，如图 T3-10 所示。

图 T3-10　马赛克效果

❺ 展开运动选项，添加位置关键帧，使得马赛克位置跟随视频播放始终放置在需要遮挡区域，如图 T3-11 所示。

3．给视频添加视频过渡

❶ 新建项目，以“视频过渡”命名项目文件，其他选项为默认，并新建序列，按图片或视频大小设置。

❷ 导入视频素材，拖至时间轴，按顺序排列，如图 T3-12 所示。

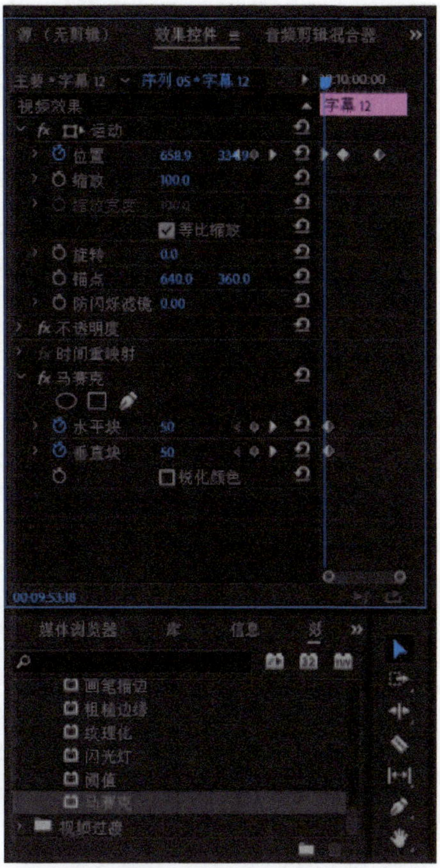

图 T3-11　位置关键帧

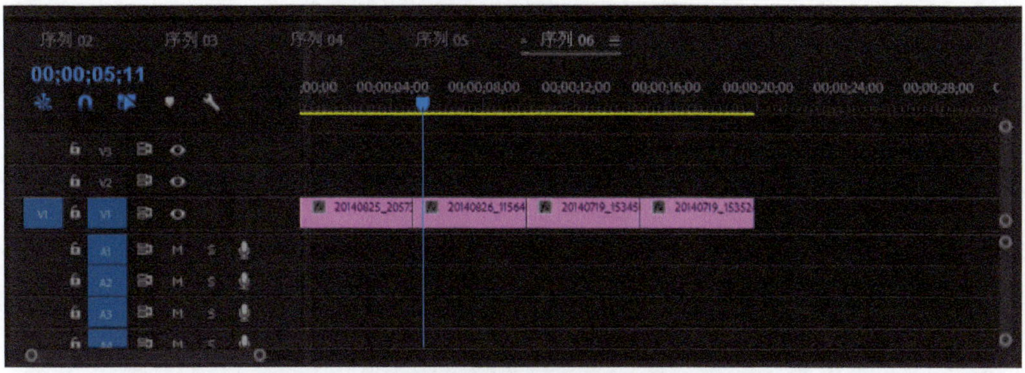

图 T3-12　将视频素材拖至时间轴

❸ 在效果组中选择“视频过渡→擦除→棋盘”命令，拖至两个视频素材中间，如图 T3-13 所示。

❹ 在后面的视频过渡中使用“页面剥落→页面剥落”或“3D 运动→翻转”命令，拖至两个视频素材中间，如图 T3-14 所示。

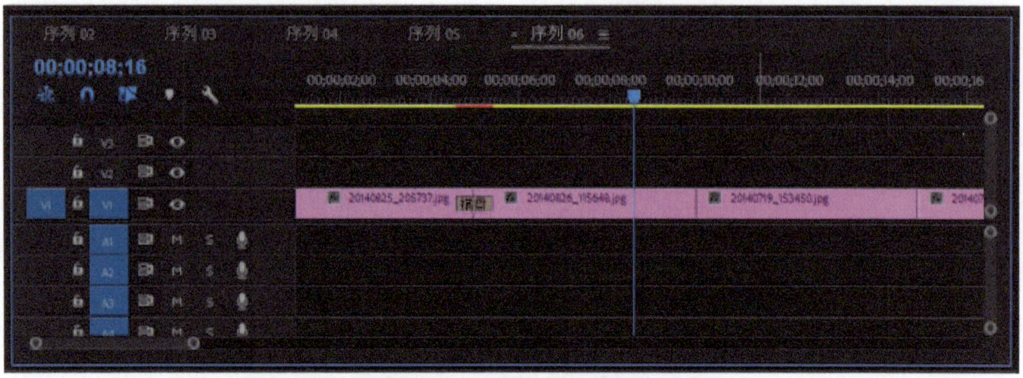

图 T3-13 “棋盘”视频过渡

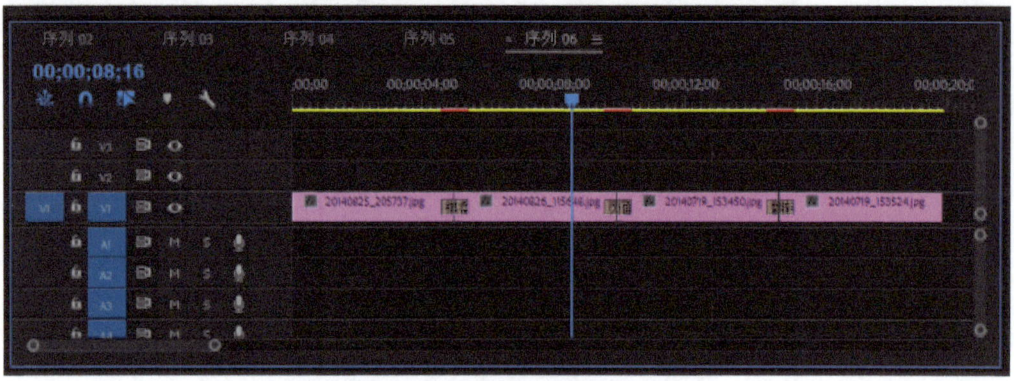

图 T3-14 使用视频过渡效果

❺ 单击序列中的视频过渡效果，可以在效果控件中对该效果进行编辑，如图 T3-15 所示。

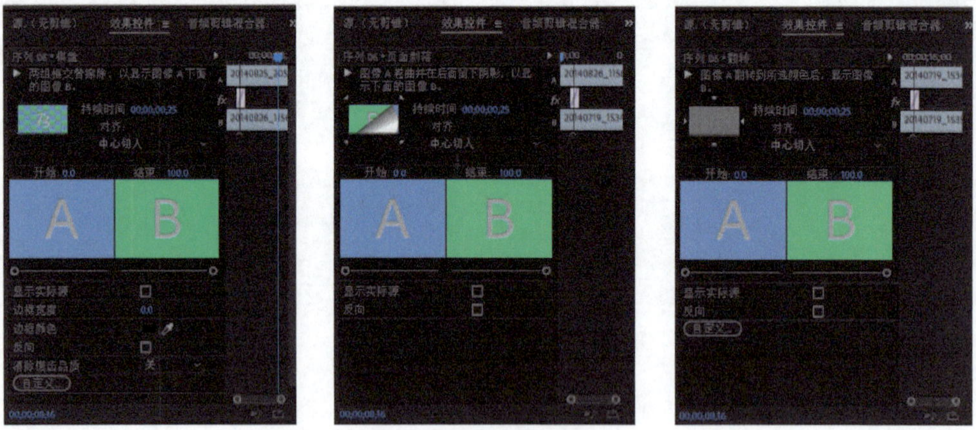

图 T3-15 编辑过渡效果

❻ 编辑完成后，可通过播放预览查看最终效果。

第 4 章

4

动画制作软件 Adobe Animate

4.1 Adobe Animate 基础 / 186

4.2 常用工具 / 192

4.3 元件编辑和管理 / 201

4.4 动画制作 / 204

4.5 动画发布 / 214

4.6 综合案例：透视缩放 / 216

本章小结 / 220

4.1 Adobe Animate 基础

Adobe Animate 由原 Adobe Flash Professional 更名得来，维持原有 Flash 开发工具支持外，新增 HTML5 创作工具，为网页开发者提供更适应现有网页应用的音频、图片、视频、动画等创作支持。Adobe Animate CC 拥有很多新特性，特别是在继续支持 Flash SWF、AIR 格式的同时，还支持 HTML5 Canvas、WebGL，并能通过可扩展架构去支持包括 SVG 在内的几乎任何动画格式。

传统动画是利用了电影原理，即人眼的视觉暂留现象，将一张张逐渐变化的并能清楚地反映一个连续动态过程的静止画面，经过摄像机逐张逐帧地拍摄和编辑，再通过播放系统，使之在屏幕上动起来。

计算机动画是计算机图形学和艺术相结合的产物，主要分为二维动画、三维动画。二维动画是借助计算机二维矢量图形（或位图）来创建编辑动画，代表软件是 Adobe Animate。三维动画又称为 3D 动画，是与计算机软件和硬件技术的发展而出现的一种全新技术类型，代表软件有 3DS Max 和 Maya。

4.1.1 Adobe Animate CC 简介

Adobe Animate CC 适合设计游戏、应用程序和 Web 的交互式矢量动画和位图动画，让卡通和横幅广告栩栩如生，可以将动画快速发布到多个平台并传送到观看者的桌面、移动设备和电视上。Adobe Animate CC 的启动界面如图 4-1 所示。

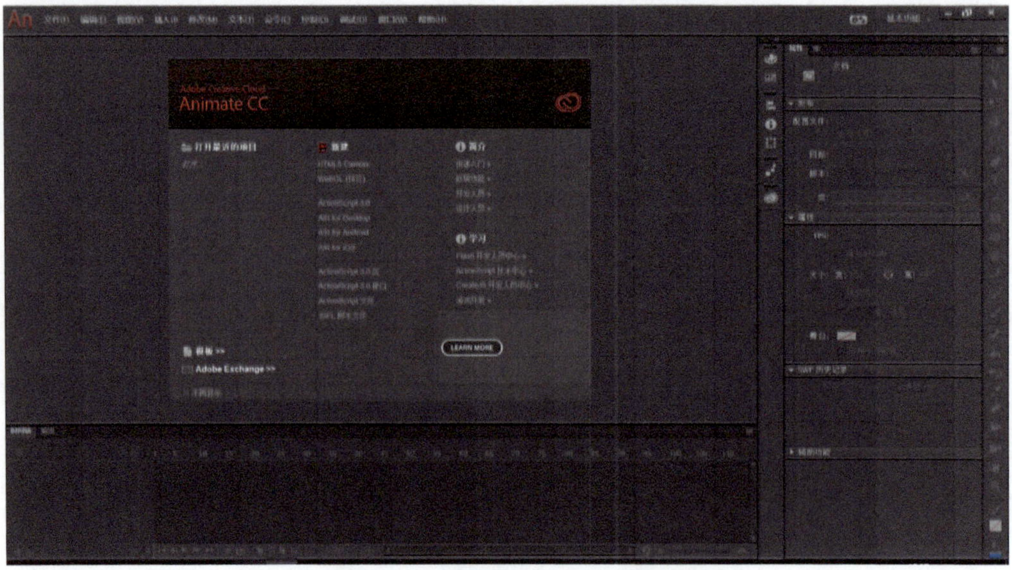

图 4-1　Adobe Animate CC 启动界面

4.1.2 Adobe Animate CC 工作界面

Adobe Animate CC 工作界面主要包括菜单栏、舞台、属性面板、工具箱和时间轴，如图 4-2 所示。

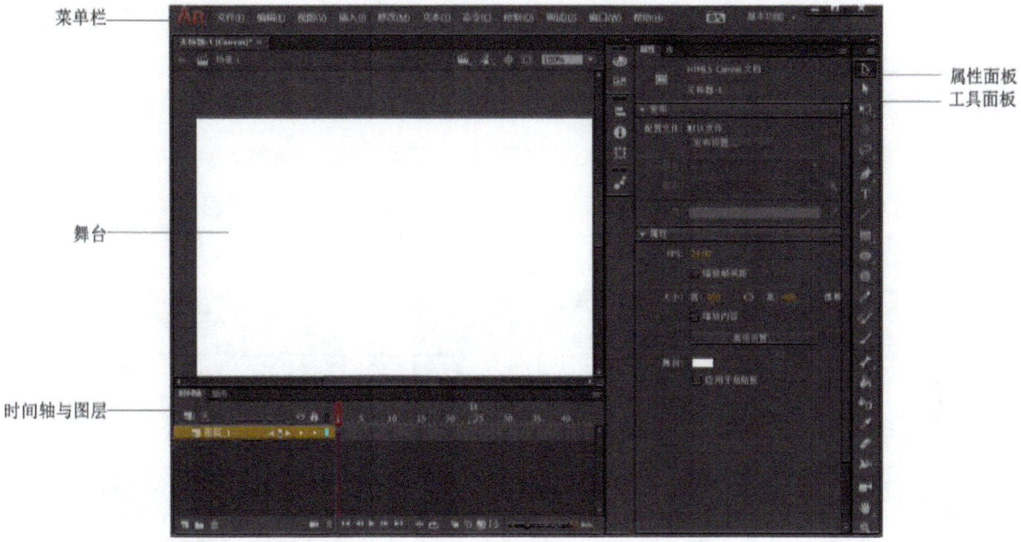

图 4-2 Adobe Animate CC 工作界面

1. 菜单栏

菜单栏包括文件、编辑、视图、插入、修改、文本、命令、控制、调试、窗口和帮助。单击相应的菜单，可以选择其中的命令。

文件： 用于文档的新建、打开、保存、导入导出素材，以及影片的发布和打印设置。

编辑： 用于编辑对象、帧等元素对象。

视图： 用于调整舞台的视图，并且可以操作标尺、辅助线等辅助工具。

插入： 用于在库中创建元件、场景或图层等操作。

修改： 用于修改动画中的各种对象属性。

文本： 用于处理文本对象的命令。

命令： 用于管理和运行命令。

控制： 用于控制影片播放和场景的测试。

调式： 调试影片。

窗口： 用于所有面板和工作区的管理。

帮助： 提供 Adobe Animate 的帮助信息、软件扩展下载、软件注册和激活，以及在线教程和在线资源。

在默认情况下，“颜色”“变形”“信息”“样式”等面板需要通过“窗口”菜单下的命令来选择。

2. 舞台

舞台是所有可见元素演示的场所，可以绘制元素，调制动画，放置各类剪辑、按钮和组件等。在默认的新建文档中，舞台是以 100% 显示的，可以根据实际需求进行调整，如图 4-3 所示。

3. 工具箱

在基本功能界面中，工具箱位于窗口的最右侧，包括选择工具、任意变形工具、3D 旋转工具、套索工看、钢笔工具、文本工具、矩形工具、椭圆工具、多角星形工具、骨骼工具、铅笔工具、画笔工具、颜料桶工具、墨水瓶工具、吸管工具和橡皮擦工具等，如图 4-4 所示。

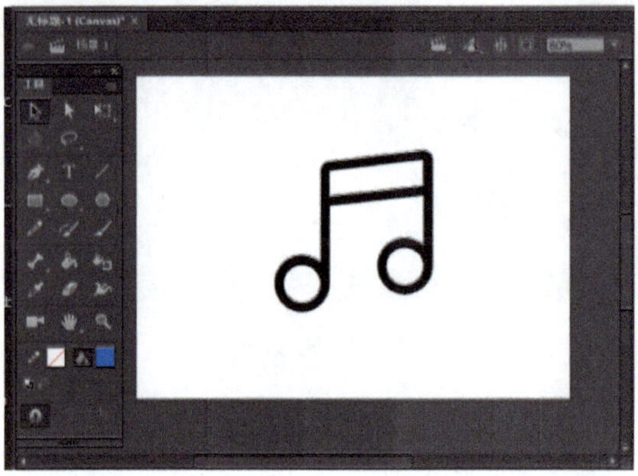

图 4-3　舞台

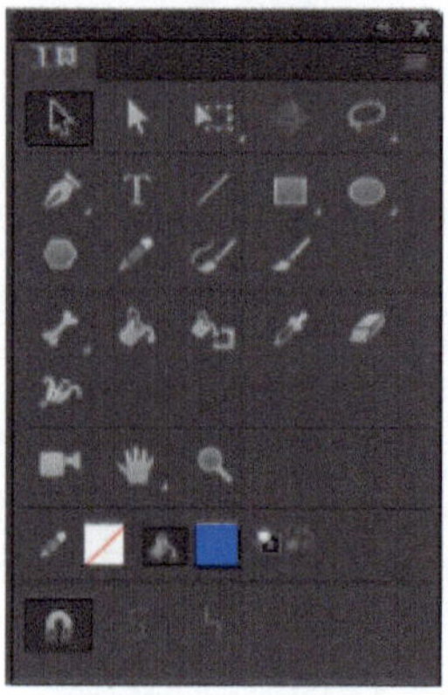

图 4-4　工具箱

3. 时间轴

时间轴是用于组织和控制在一定时间内图层和帧中的文档内容。与电影胶片一样，Animate 文档也将时长划分为多个帧。图层就像堆叠在一起的多张幻灯胶片，每个图层包含一个不同的图像显示在舞台中。时间轴的主要组件是图层、帧和播放头，如图 4-5 所示。

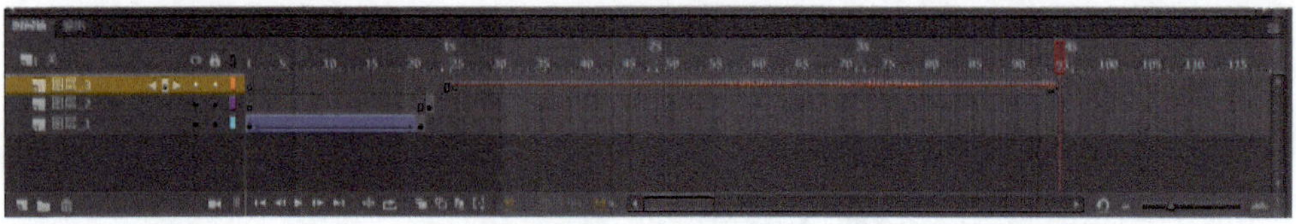

图 4-5　时间轴

4. 其他面板

（1）“属性”面板

“属性”面板默认显示在舞台的右侧，可以对选中文档、元件、形状、视频和文本的属性进行修改，如图 4-6 所示。

图 4-6　属性面板

（2）“库”面板

“库”面板在默认下与属性面板共用一个面板组，主要是用于存储元件和导入的素材，如图 4-7 所示。

（3）“颜色”面板

“颜色”面板（如图 4-8 所示）在默认状态下不显示，需要在“窗口→颜色”中启用或者按组合键 Ctrl+Shift+F9，可以通过设置 HSB 或 RGB 的值来调整颜色。

（4）“变形”面板

“变形”面板（如图 4-9 所示）在默认状态下不显示，需要在“窗口→变形”中启用或者按组合键 Ctrl+T，通过旋转和倾斜的角度可以对所选择的对象进行变形。

图 4-7 “库” 面板

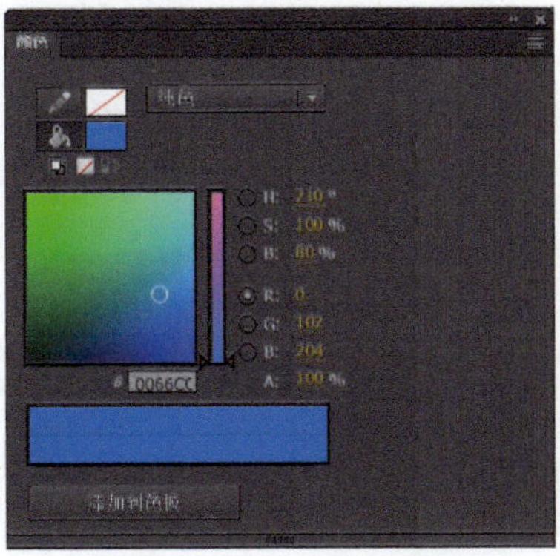

图 4-8 “颜色” 面板

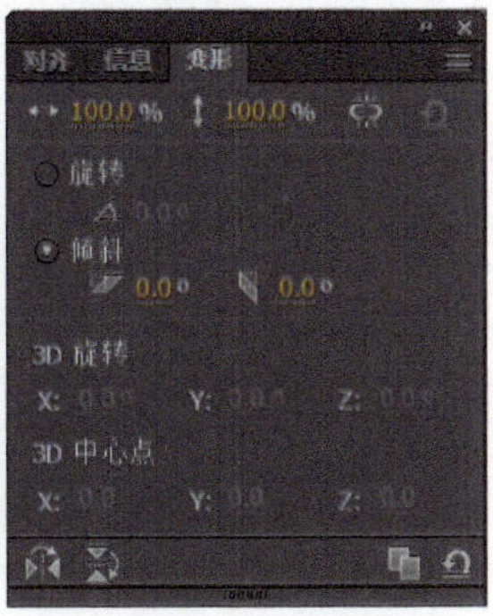

图 4-9 “变形” 面板

4.1.3 文件基本操作

1. 新建文件

选择“文件→新建”菜单命令或按 Ctrl+N 组合键，可以打开“新建文档”对话框，如图 4-10 所示，选择“ActionScript 3.0”。

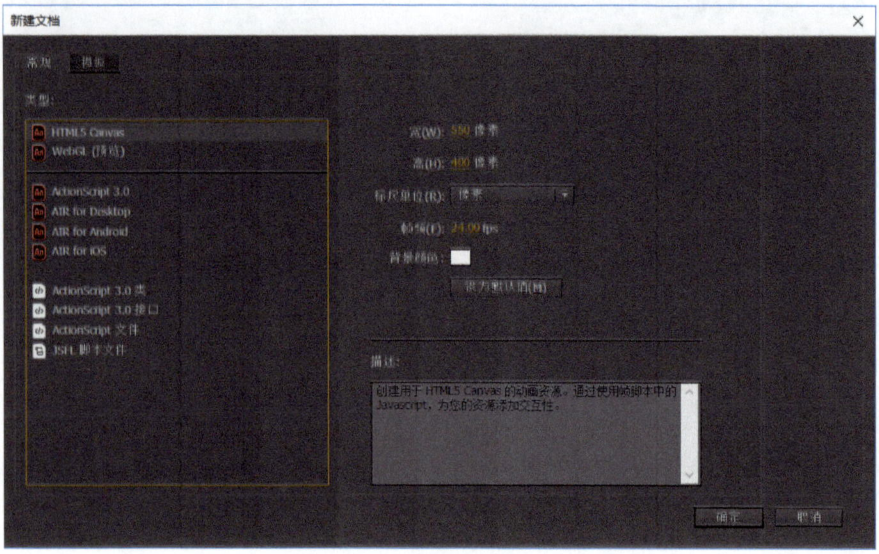

图 4-10 “新建文档”对话框

2. 打开文件

选择“文件→打开”菜单命令或按 Ctrl+O 组合键，弹出“打开”对话框，如图 4-11 所示。

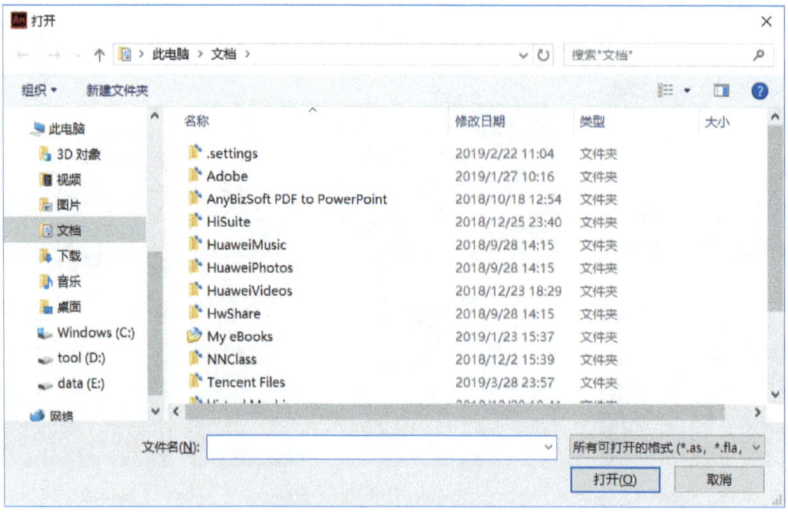

图 4-11 “打开”对话框

3. 导入和导出

选择“文件→导入”菜单命令，从中可以选择“导入到舞台”“导入到库”或“打开外部库”，如图 4-12 所示，则可以导入相关文件。

选择“文件→导出”菜单命令，从中可以选择导出的类型，包括图像、影片、视频和动画，如图 4-13 所示，则可以导出选定的文件。

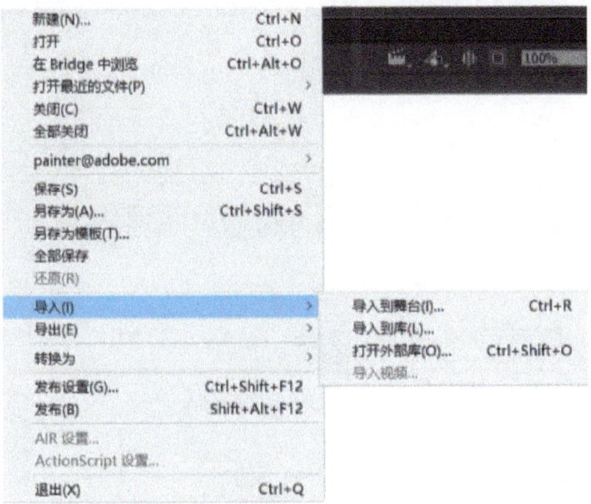

图 4-12 导入

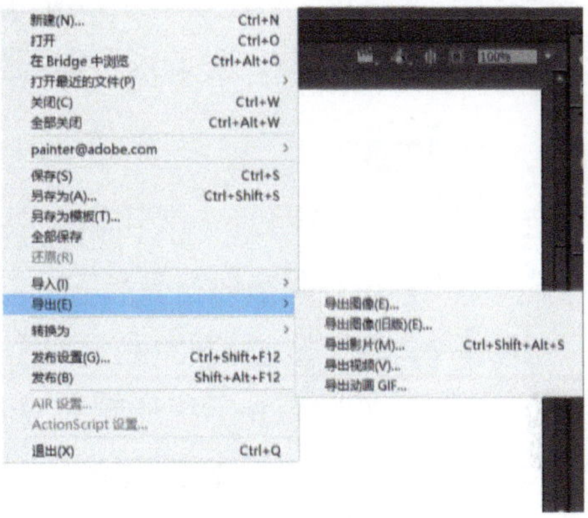

图 4-13 导出

4. 保存文件

方法 1：按组合键 Ctrl+S。

方法 2：选择“文件→保存”菜单命令。

5. 关闭文件

方法 1：选择“文件→退出”菜单命令或按组合键 Crtl+Q。

方法 2：单击工作界面右上角的退出按钮。

6. 撤销和恢复文件

在编辑文档时，经常由于操作失误需要撤销某一步骤，再重新编辑文档，Adobe Animate 提供了“撤销”和“重做”命令。

撤销： 撤销最近的一次操作，可选择“编辑→还原”菜单命令，或按组合键 Ctrl+Z。

重做： 取消还原操作，可选择“编辑→重做”菜单命令或按组合键 Ctrl+Y，只有使用了还原操作后才会出现重做命令，重做与还原是关联的。

7. 复制或粘贴图像

复制： 将选中的对象或选区复制到剪贴板中，可以选择“编辑→复制”菜单命令，或按组合键 Ctrl+C。

粘贴： 将剪贴板中的对象粘贴到舞台中，可以选择“编辑→粘贴”菜单命令，或按组合键 Ctrl+V。

4.2 常用工具

4.2.1 选择工具

在编辑图形前先要选择对象，Animate CC 中的选择工具主要包括选择工具、部分选取工具、套索工具、多边形套索和魔术棒工具。

1. 选择工具

选择工具是最常用的一种工具，主要功能是选择对象、移动对象和调整对象。

选择单个对象：用鼠标左键选中即可。

选择多个对象：按住 Shift 键，然后依次选择需要选取的对象。

改变形状：把鼠标光标移动到需要调整的外框线处（线条不需要选中）。当光标显示为 时，单击左键，拖动线条，则可以把线条调整成曲线，如图 4-14 所示；当光标显示为 时，调整为直线而不是曲线，如图 4-15 所示。

图 4-14　调整曲线

图 4-15　调整直线

2. 部分选取工具

部分选取工具用于选择矢量图形的锚点，可以选择、删除、移动和调整曲线的弯曲率等操作。

选择对象：单击对象的轮廓线，即可显示锚点和路径，如图 4-16 所示。

删除锚点：当对象显示所有锚点后，单击需要删除的锚点，空心的锚点变成实心，再按 Delete 键，就可删除该锚点，如图 4-17 所示。

移动锚点：当对象显示所有锚点后，单击需要移动的锚点，按住左键拖动锚点移动，如图 4-18 所示。

图 4-16　选择锚点

图 4-17　删除锚点

图 4-18　移动锚点

3. 套索工具

按住鼠标左键任意拖动，即可自由地绘制出形状不规则的选区，如果起点与终点不在一起，也会自动在两者之间连接，如图 4-19 所示。

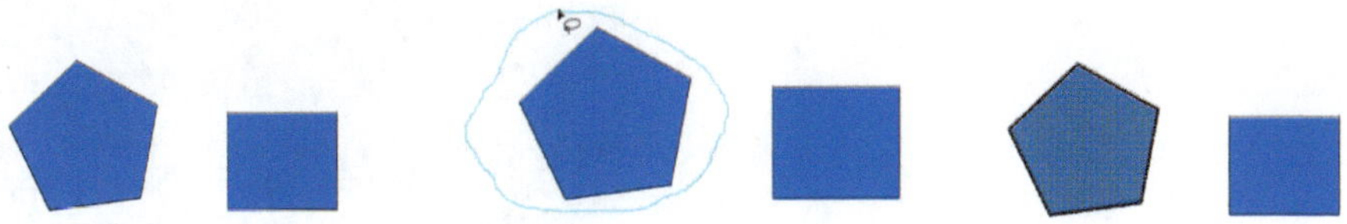

图 4-19　套索选择对象

4. 多边形套索工具

多边形套索工具适合创建一些比较多转角的选区，如图 4-20 所示，与套索工具的使用方法类似。

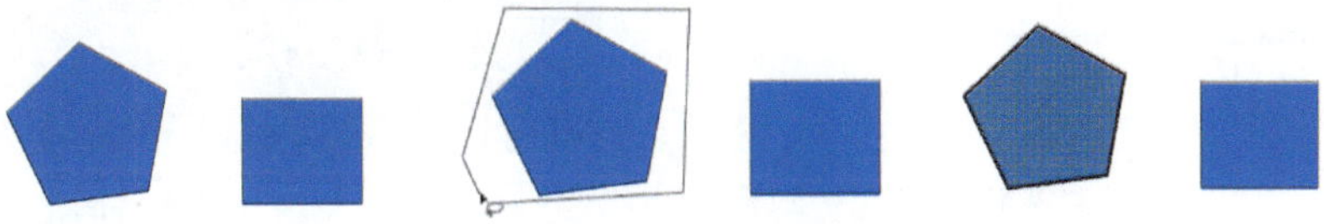

图 4-20　多边形套索选择对象

5. 魔术棒工具

魔术棒工具可以自动选取图像上相邻或颜色相似的范围，可以利用 Shift 键来添加范围，或利用 Alt 键来减少范围，如使用魔术棒工具选取黑色部分内容（如图 4-21 所示）；其他范围由阈值大小决定。

阈值： 用于设置选取范围内相信色素值的相近程度，数值与容差的范围成正比。

平滑： 用于指定范围边缘的平滑度，包括像素、粗略、一般和平滑，如图 4-22 所示。

图 4-21　魔术棒工具

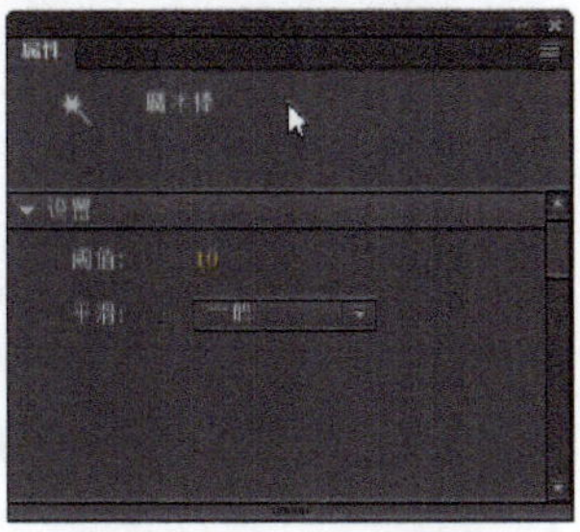

图 4-22　魔术棒设置

4.2.2 绘图工具

1. 线条工具

线条工具是专门用来绘制直线的工具，单击工具箱中的线条工具或按快捷键 N，在舞台中单击并拖动鼠标左键，当长度达到所需时释放左键。线条样式有 6 种，如图 4-23 所示，可以从线条“属性”的“样式”中选择，如图 4-24 所示。

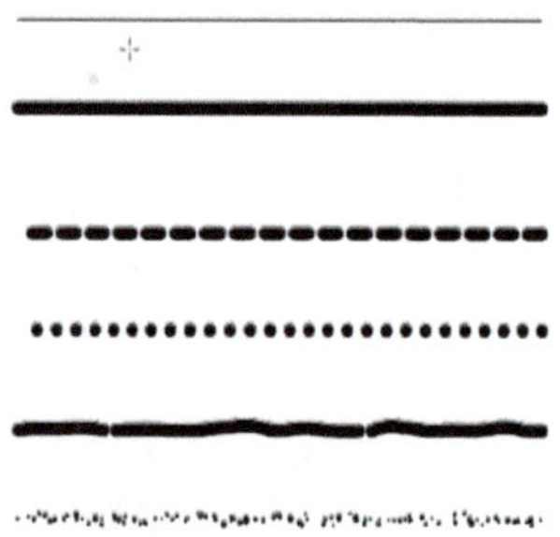

图 4-23　线条样式

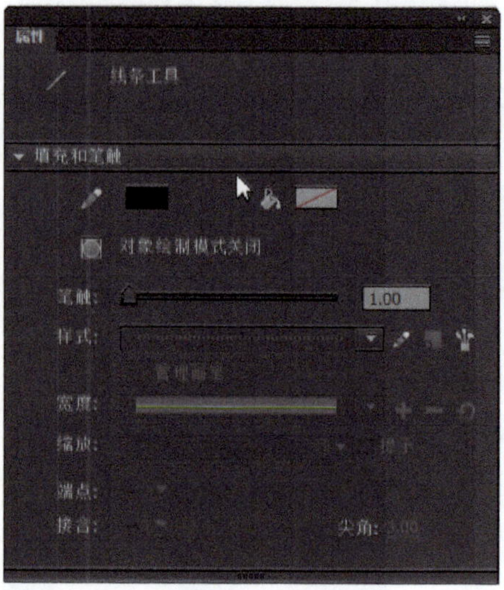

图 4-24　线条属性

当选择的笔触样式为“实线”时，可以单击“编辑笔触样式”按钮，然后在弹出的对话框中对笔触样式进行具体设置，如图 4-25 所示。

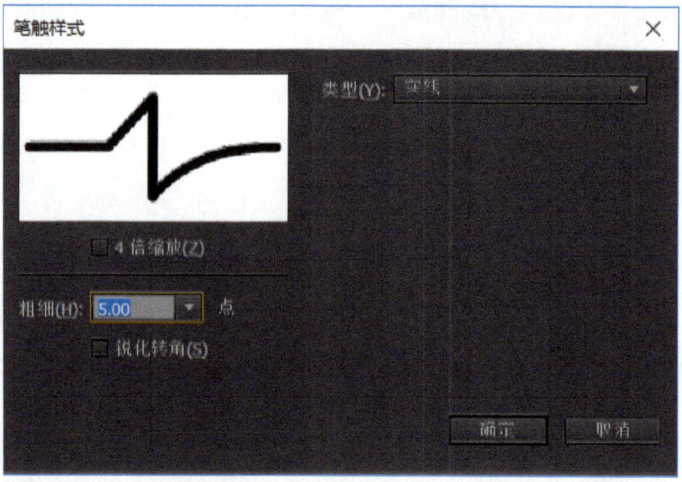

图 4-25　编辑笔触样式

2. 矩形工具

(1) 矩形工具

单击工具箱中的矩形工具按钮或者按快捷键 R，即可调用矩形工具，在舞台中单击并按住鼠标左键拖动，就可以绘制出合适的矩形。在绘制过程中，按住 Shift 键可以绘制出正方形，如图 4-26 所示。

在矩形工具的“属性”面板中，填充和笔触部分与线条工具一致。“矩形选项”用于矩形区域的设置，可以设置矩形边角半径，以绘制圆角矩形，如图 4-27 所示。

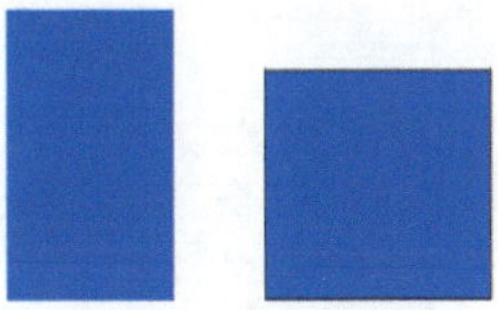

图 4-26　绘制矩形

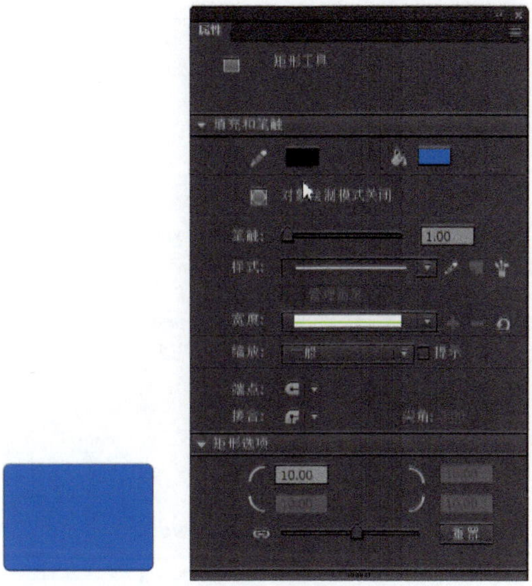

图 4-27　矩形工具

（2）基本矩形工具

基本矩形工具■的属性设置与矩形工具的基本相同，不同在于，基本矩形工具绘制出的矩形可以通过边角半径直接调整设置。

3. 椭圆工具

（1）椭圆工具

选择工具箱中的椭圆工具按钮■或者按快捷键 O，即可调用椭圆工具，在舞台中单击并按住鼠标左键拖动，就可以绘制出合适的椭圆。在绘制过程中，按住 Shift 键可以绘制出正圆，如图 4-28 所示。

在椭圆工具的“属性”中，填充和笔触部分与线条工具的一致（如图 4-29 所示），“椭圆选项”区域中包括“开始角度”“结束角度”“内径”和“闭合路径”，可以改变形状（如图 4-30 所示）。

在使用椭圆工具时，按住 Alt 键并单击鼠标左键，弹出“椭圆设置”对话框（如图 4-31 所示），通过设置宽度和高度的数值可以绘制椭圆。

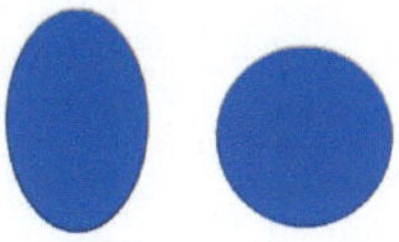

图 4-28　椭圆绘制

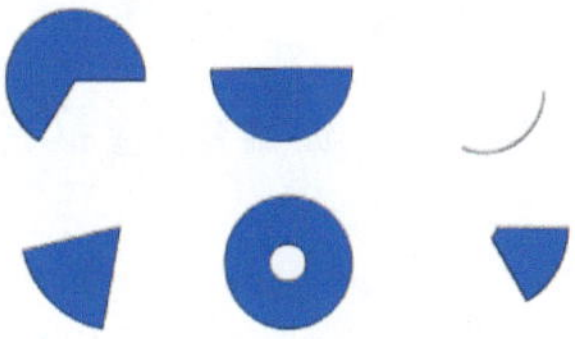

图 4-29　椭圆形状

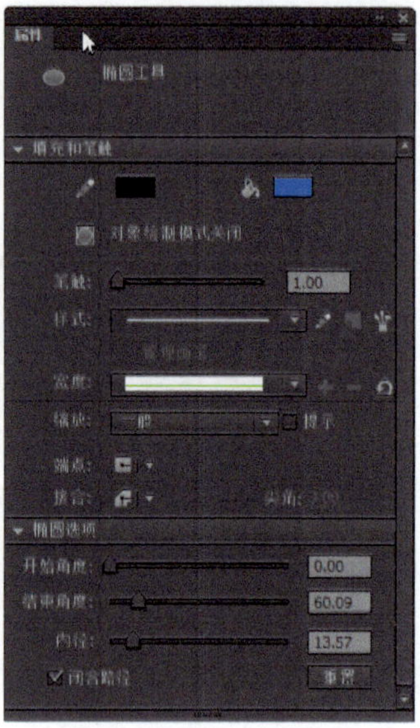

图 4-30　椭圆选项

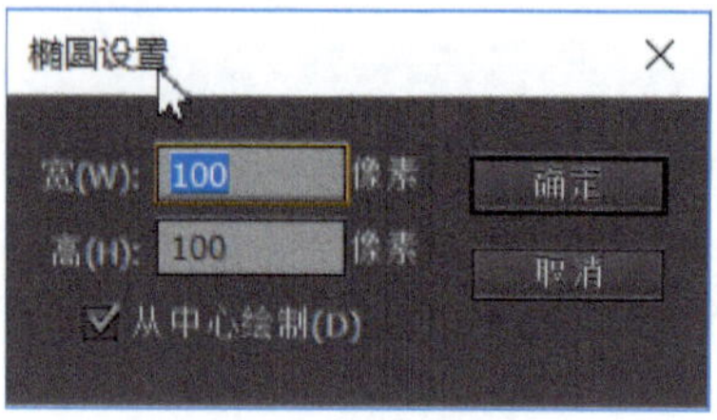

图 4-31　椭圆设置

（2）基本椭圆工具

基本椭圆工具的属性设置与椭圆工具得基本相同，不同在于，基本椭圆工具绘制出的椭圆可以通过“开始角度”“结束角度”“内径”和“闭合路径”的调整来设置形状。

4. 多角星形工具

单击工具箱的多角星形工具按钮，即可调用多角星形工具，在舞台中单击并按住鼠标左键拖动，就可以绘制出合适的多角星形（如图 4-32 所示）。在“属性”面板中单击“选项”按钮，可以打开“工具设置”对话框（如图 4-33 所示），通过样式可以修改形状。

图 4-32　绘制多角星形

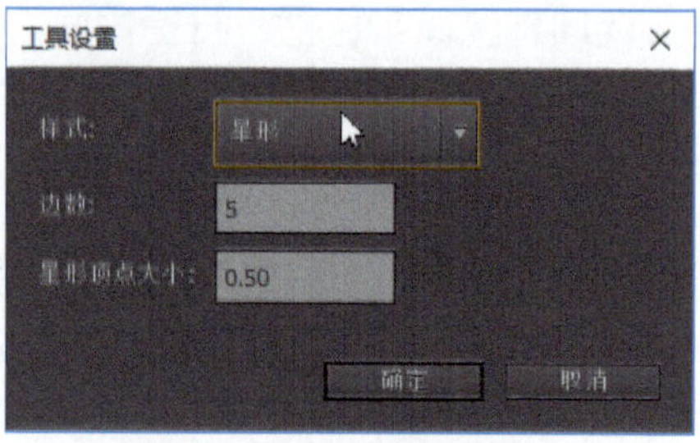

图 4-33　多角星形的设置

5. 铅笔工具

单击工具箱的铅笔工具按钮或者按组合键 Shift+Y，即可调用铅笔工具，在舞台中单击并按住鼠标左键拖动，就可以绘制出合适的形状。在工具箱底部的工具选项栏中有“铅笔模式”，可以调线条模式为“伸直”“平滑”和“墨水”，如图 4-34 所示。

6. 画笔工具

画笔工具可以通过沿绘制路径应用所选艺术画笔的图案（如图 4-35 所示），绘制出风格化的画笔笔触。画笔笔触可以应用于现有的路径，画笔工具在绘制路径的同时应用画笔笔触，还可以自定义图像的平滑输出效果。工具箱中的画笔工具有两种：和（如图 4-36 所示），按快捷键 Y 和 B 也可以调出铅笔工具。其中，画笔 Y 可以绘制出艺术样式的线条和形状，画笔 B 绘制的只能是形状，如图 4-37 所示。

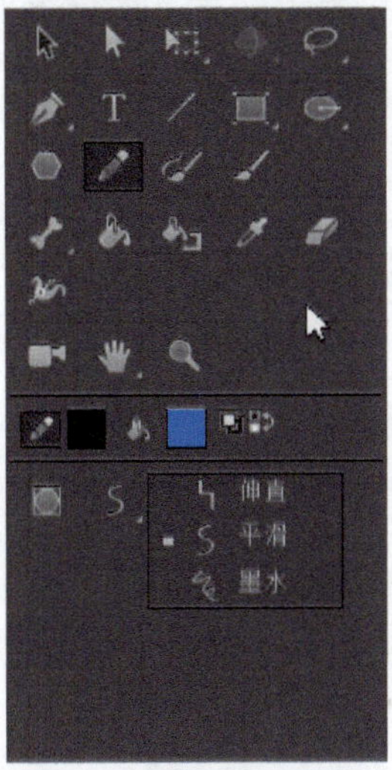

图 4-34　线条模式

图 4-35　艺术画笔绘制的线条

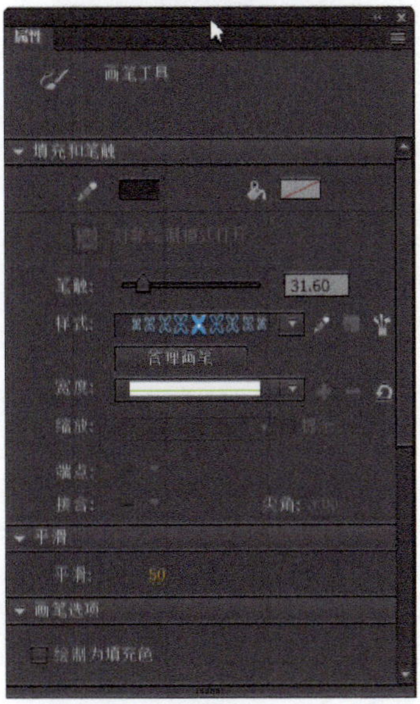

图 4-36　画笔工具

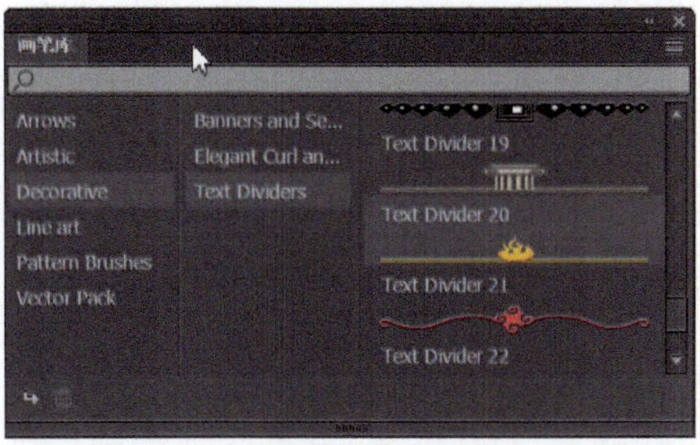

图 4-37　画笔库

画笔 B 有 5 个属性，如图 4-38 所示，依次为：对象绘制、锁定填充、画笔模式、画笔大小和画笔形状。

图 4-38　画笔 B 的属性

7. 钢笔工具

单击工具箱的钢笔工具按钮或者按快捷键 P，即可调用钢笔工具。钢笔工具主要用于绘制直线和曲线，可以通过添加锚点工具、删除锚点工具和转换锚点工具来调整，具体方法同 Adobe Photoshop 中的介绍（见第 1 章）。

4.2.3 编辑工具

1. 橡皮擦工具

单击工具箱的橡皮擦工具按钮或者按快捷键 E，即可调用橡皮擦工具。在“属性”中可以调整橡皮擦模式，如标准擦除、擦除填充、擦除线条、擦除所选填充和内部擦除，如图 4-39 所示；也可以调整橡皮擦形状，如图 4-40 所示。

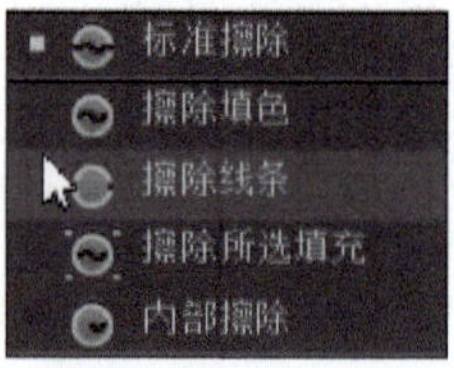

图 4-39　橡皮擦模式

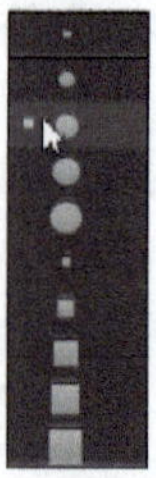

图 4-40　橡皮擦形状

2. 任意变形工具

单击工具箱的橡皮擦工具按钮或者按快捷键 Q，即可调用任意变形工具。任意变形工具可以对图形进行倾斜、翻转、扭曲和封套操作，如图 4-41 和图 4-42 所示。

3. 渐变变形工具

渐变变形工具是在变形工具的扩展工具栏中，与变形工具不同，渐变变形工具主要用于调整颜色渐变，如图 4-43 所示。

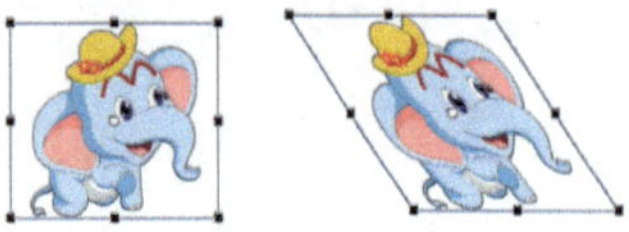

图 4-41　变形

图 4-42　变形选项

图 4-43　颜色渐变调整

4.2.4 文本工具

1. 静态文本

静态文本是一种普通的文本，主要用于文字的输入与编辑，其“属性”面板如图4-44 所示。

静态文本包括文本标签和文本框两种，区别在于有无自动换行功能。选中文本标签，可以看到右上角有个小圆圈的输入框，不管输入多少内容，都会自动扩展；文本框则是右上角有个小正方形的，内容超过了限定的宽度就会自动换行。

2. 动态文本

动态文本是一种比较特殊的文本，在制作动画时需要使用 ActionScript 脚本来编辑修改的。其“属性”面板中包括实例名称、行为、将文本呈现为 HTML 和在文本周围显示边框，如图 4-45 所示。

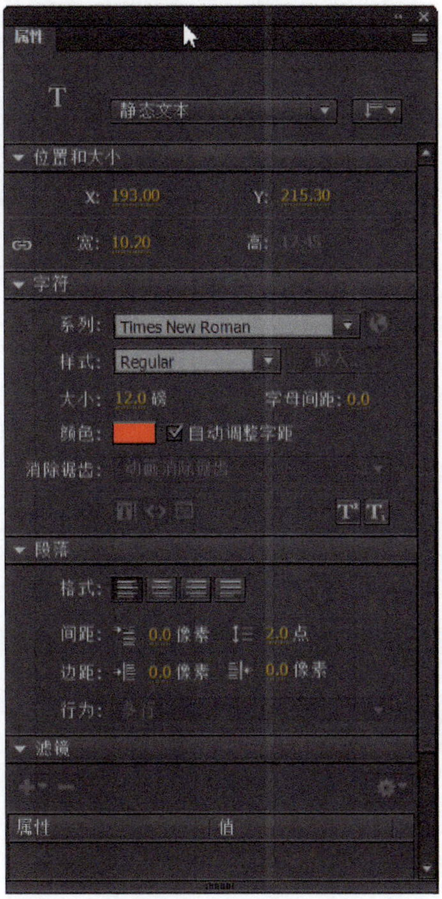

图 4-44　文本属性

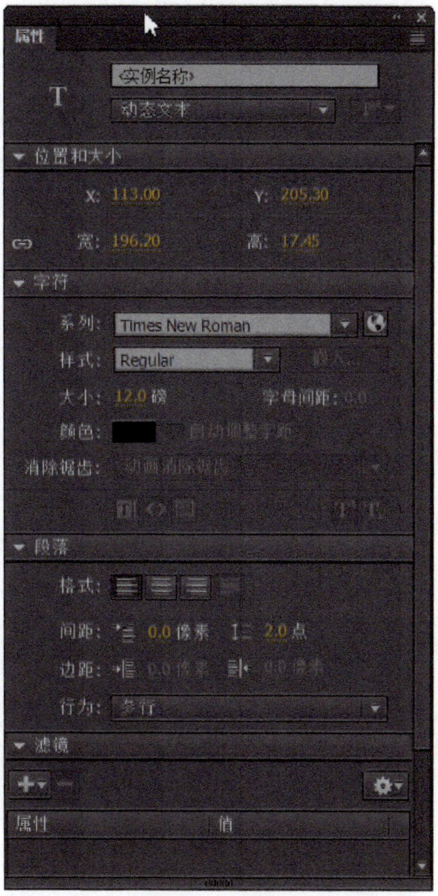

图 4-45　动态文本

4.2.5 颜色工具

1. 滴管工具

单击工具箱中的滴管工具按钮或者按快捷键 I，即可调用滴管工具。滴管工具可以吸取对象的颜色，并应用于其他对象。

提取线条颜色：当光标靠近线条时鼠标变成时，单击鼠标左键，即可获得所选线条的颜色属性，同时光标变成墨水瓶形状，单击其他线条，则可更改该线条的属性。

提取填充颜色：当光标靠近填充色时鼠标变成时，单击鼠标左键，即可获得所选填充色的颜色属性，同时光标变成墨水瓶形状，单击其他区域，则可更改其填充色的属性。

位图转成填充色：先把位图打散（快捷键 Ctrl+B），当光标靠近填充色时，鼠标变为，单击鼠标左键，即可获得所选位图的属性，同时光标变成墨水瓶形状，单击其他图形，则可把该位图作为填充色进行填充。

2. 颜料桶工具

颜料桶是用于填充颜色或改变填充颜色，要求有封闭区域的图形对象。其“属性”中可以选择 4 种封闭模式：不封闭空隙、封闭小空隙、封闭中等空隙和封闭大空隙，如图 4-46 所示。

图 4-46 封闭区域

3. 墨水瓶工具

墨水瓶工具主要用于改变所选对象线条的颜色、尺寸和线型，但不能应用于位图或渐变。

4.2.6 时间轴

时间轴由图层、帧标尺、播放指针和帧组成，是创建动画的核心工具，用于组织和控制一定时间内的图层和帧中的文档内容，其面板如图 4-47 所示。

图 4-47 时间轴

1. 图层

创建图层的方法如下。

方法 1：单击时间轴面板内的创建新图层按钮，即可在当前图层上创建一个新图层。

方法 2：选择某一图层单击右键，在弹出的快捷菜单中选择“插入图层”命令。

复制图层的方法如下。

方法 1：利用创建新图层按钮复制图层。选中需要复制的图层，按下鼠标左键，然后拖曳到新建按钮上，释放鼠标后，即可得到当前图层的副本。

方法 2：选中需要复制的图层，单击右键，然后在弹出的快捷菜单中选择“复制图层”命令。

显示和隐藏图层的方法为：在“时间轴”面板的眼睛图标的下方，可以使用鼠标左键单击来开启或关闭。默认图层是可见的，取消时出现，即表示隐藏。

2. 帧

帧是动画的基本单位，包括关键帧、空白关键帧、普通帧。

关键帧：指在动画播放过程中，具有关键性动作或内容变化的帧，以一个黑色实心的小圆表示，如图 4-48 所示。

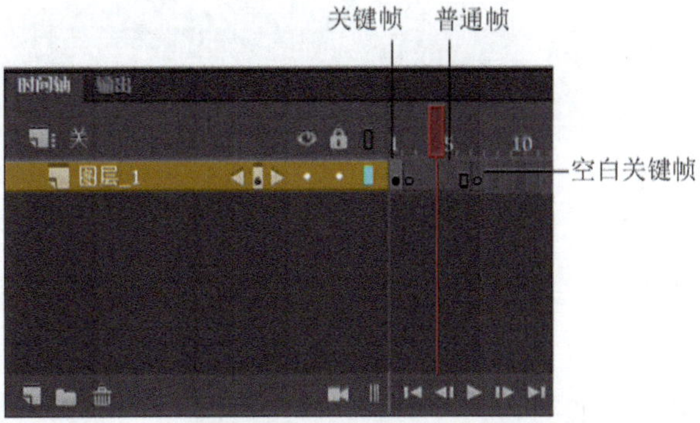

图 4-48　帧的种类

空白关键帧：表示该帧没有任何对象内容，以一个空心圆表示。

普通帧：普通帧一般是出现在关键帧后，其作用是延长关键帧中的动画播放时间，普通帧越多，播放的时间就越长，以灰色方格表示。

4.3 元件编辑和管理

元件是存放在库中的图形、按钮或影片剪辑，可以重复使用，是 Adobe Animate 动画中的基本元素。

4.3.1 元件的类型

元件主要分为 3 类：影片剪辑、按钮、图形，如图 4-49 所示。

影片剪辑： 有独立的时间轴，独立进行播放，包含“图形”“按钮”或“影片剪辑”元件，其中可以包括交互式控件、声音或其他影片剪辑实例。

按钮： 有“弹起”“指针经过”“按下”和“点击”4 个状态的帧，具有一定的交互性。

图形： 最常用的元件，一般用于创建静态图像或创建可重复使用的，没有交互性，与主时间轴关联的同步运行。

4.3.2 创建元件

选择“插入→新建元件”菜单命令或者按组合键 Crtl+F8，可以创建新的空白元件，然后在弹出的“创建新元件”对话框中编辑元件的属性，如图 4-50 所示。

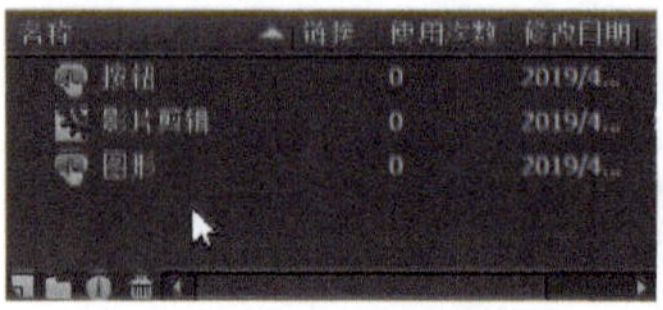

图 4-49　元件分类

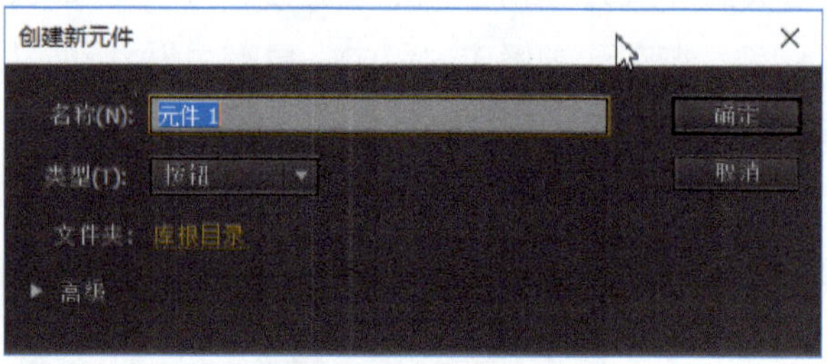

图 4-50　创建新元件

除此之外，创建空白元件还有以下方法：

- 在“库”面板的空白处单击右键，然后在弹出的快捷菜单中选择“新建元件”命令。
- 单击“库”面板右上角的扩展按钮，在弹出的扩展菜单中选择“新建元件”。
- 单击“库”面板底部的“新建元件”按钮。
- 直接在舞台上绘制图形，绘制完毕将其转换元件，如图 4-51 所示。

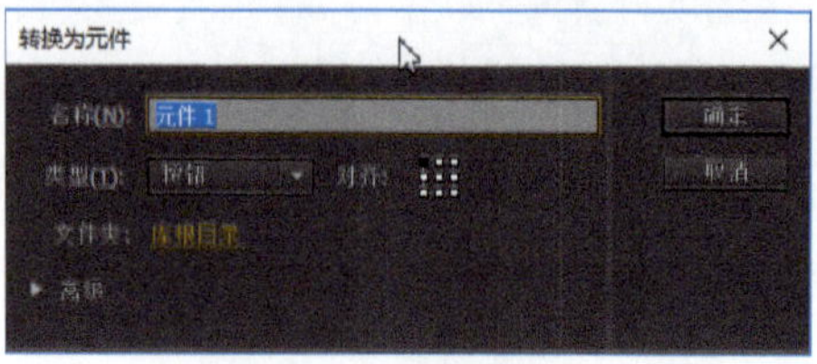

图 4-51　转换元件

4.3.3 编辑元件

对元件进行编辑主要有 3 种方法：

❖ 在舞台上双击鼠标，就可以进入编辑状态元件的一个实例。

❖ 在舞台上选择元件的一个例，单击右键，然后在弹出的快捷菜单中选择“编辑”命令。

❖ 在舞台上选择要进入编辑状态元件的一个实例，再选择“编辑→编辑元件”菜单命令。

在编辑元件时，其他对象元件以低透明度显示，可以与正在编辑的元件区分，当前的编辑元件名称显示在舞台顶部的编辑栏，位于当前场景名称的右侧，如图 4-52 所示。

如果舞台中对象比较多，可以在新窗口中进行编辑。选择要进行编辑的元件并单击右键，在弹出的快捷菜单中选择“在新窗口中编辑”命令，如图 4-53 所示。

图 4-52　编辑元件

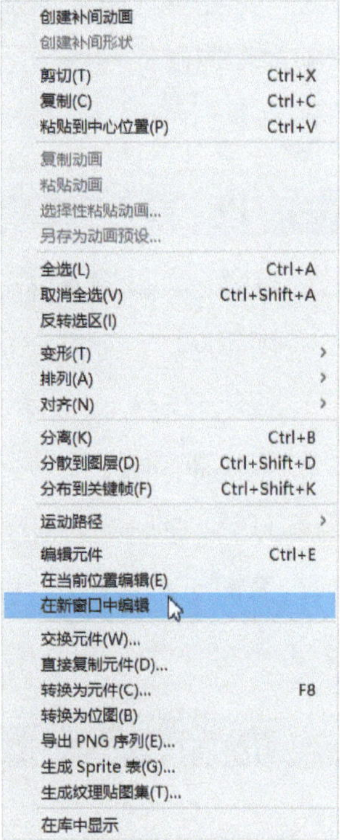

图 4-53　快捷菜单

如果在元件的编辑模式下编辑元件，可使用以下 4 种方法：

❖ 在“库”面板中，双击要编辑元件名称左侧的图标。

❖ 按快捷键 Ctrl+E。

❖ 右击进入编辑模式的元件对应的实例，然后在弹出的快捷菜单中选择“编辑”命令。

❖ 选择进入编辑模式的元件对应的实例，然后选择“编辑→编辑元件”菜单命令。

4.4 动画制作

Adobe Animate 可以制作简单的基础动画，只需要两幅关键的画面，结合补间动画，就可以自动生成其余画面。基本动画分为逐帧动画、补间动画、引导层动画和遮罩动画。

4.4.1 逐帧动画

逐帧动画在每帧中都会更改舞台内容，最适合图像在每帧中都在变化而不仅是在舞台上移动的复杂动画。逐帧动画会为每个完整的帧存储相应的值，若要创建逐帧动画，则需要将每个帧都定义为关键帧，然后为每个帧创建不同的图像。每个新关键帧最初包含的内容与它前面的关键帧是一样的，因此可以递增地修改动画中的帧。

例 4-1 以“南方”二字为例制作逐帧动画

Step 1 在舞台中间输入“南方”二字，通过属性面板调整字体的大小和颜色，如图 4-54 所示。

Step 2 按组合键 Ctrl+B 两次，打散文字，同时选择 1 ～ 15 帧，然后单击右键，利用快捷菜单的命令将其转化为关键帧，即每帧的内容都相同。

Step 3 从第 1 帧开始，模仿手写文字的笔画顺序，使用橡皮擦工具把多余的笔画去掉，每帧均一笔笔画，直到“南方”完整出现，如图 4-55 所示。

图 4-54 打散文字

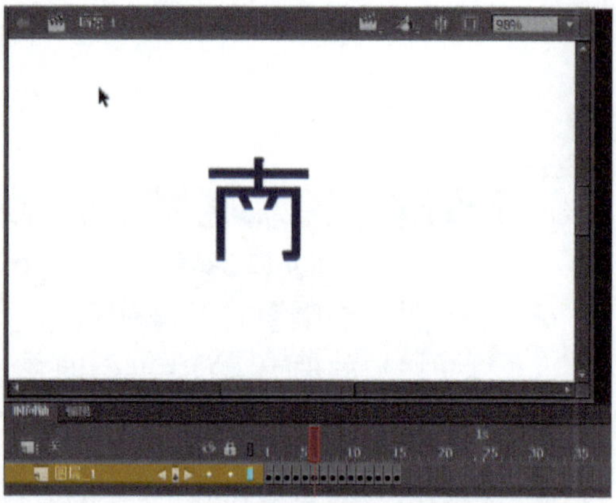

图 4-55 逐帧动画

Step 4 按组合键 Ctrl+Enter，可以查看动画效果。

4.4.2 补间动画

补间动画是通过为不同帧中的对象属性指定不同的值而创建的动画。补间范围是时间轴中的一组帧，其中的某个对象具有一个或多个随时间变化的属性。这些补间范围可以作为单个对象进行选择，并从时间轴中的一个位置拖到另一个位置，包括拖到另一个图层。在每个补间范围中，只能对舞台上的一个对象进行动画处理。

1. 补间动画

补间动画用于两个元件之间的大小和位置的过渡。

例 4-2 制作一个卡通人物移动的补间动画

Step 1 把卡通人物的图片导入到舞台中，并调整位置和大小，如图 4-56 所示。

图 4-56　导入图形

Step 2 右击时间轴第 1 帧，在弹出的快捷菜单中选择“创建补间动画”命令，弹出如图 4-57 所示的对话框。

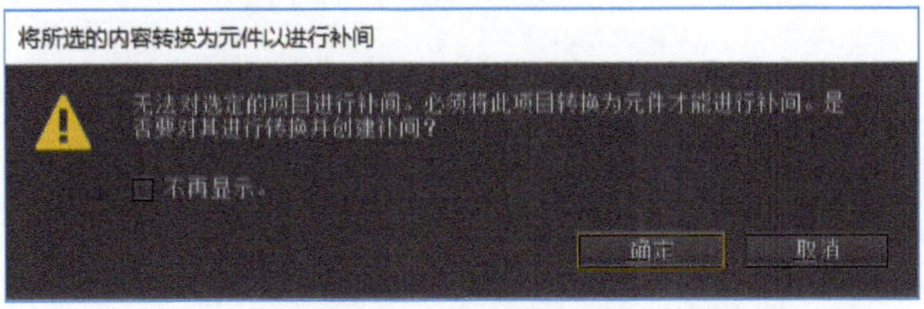

图 4-57　补间动画

Step 3 Animate 要求进行补间动画的对象必须是元件，导入的图形不是元件，单击“确定”按钮，即可自动将图形转换为元件，并创建运动补间动画。

Step 4 运动补间动画创建后，时间轴中的帧自动增加到了 24 帧，如图 4-58 所示。

图 4-58　时间轴

Step 5 单击最后一帧（第 24 帧），移动元件位置，则会显示运动的路径，如图 4-59 所示。

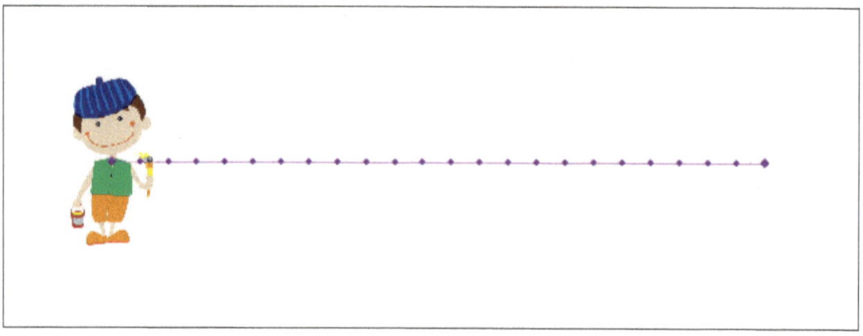

图 4-59　补间动画

Step 6 按组合键 Ctrl+Enter，可以查看动画效果。

2. 形状补间

补间形状动画可以实现两个图形之间颜色、形状、大小和位置的过渡。如果使用的对象是图形元件、按钮、文字，则需要将其打散才能创建形状补间动画。

创建补间形状动画需要的条件：① 在一个补间形状动画中至少要有两个关键帧；② 这两个关键帧中的对象必须是可编辑的图形对象。

例 4-3 正方形变化成椭圆的形状补间动画

Step 1 使用矩形工具，结合 Shift 键，在第一个关键帧绘制一个正方形，如图 4-60 所示。

图 4-60　绘制正方形

Step 2 根据需要设定动画的长度，选择第 20 帧并单击右键，在弹出的快捷菜单中选择“插入空白关键帧”命令，或者按 F7 键，如图 4-61 所示。

Step 3 在舞台中绘制一个黄色的椭圆，并调整位置，如图 4-62 所示。

图 4-61　插入空白关键帧

图 4-62　绘制椭圆

Step 4　在第 1 帧与第 20 帧之间选择任意一帧，单击右键，在弹出的快捷菜单中选择“创建补间形状”命令，中间的变化过程即可自动形成，如图 4-63 所示。

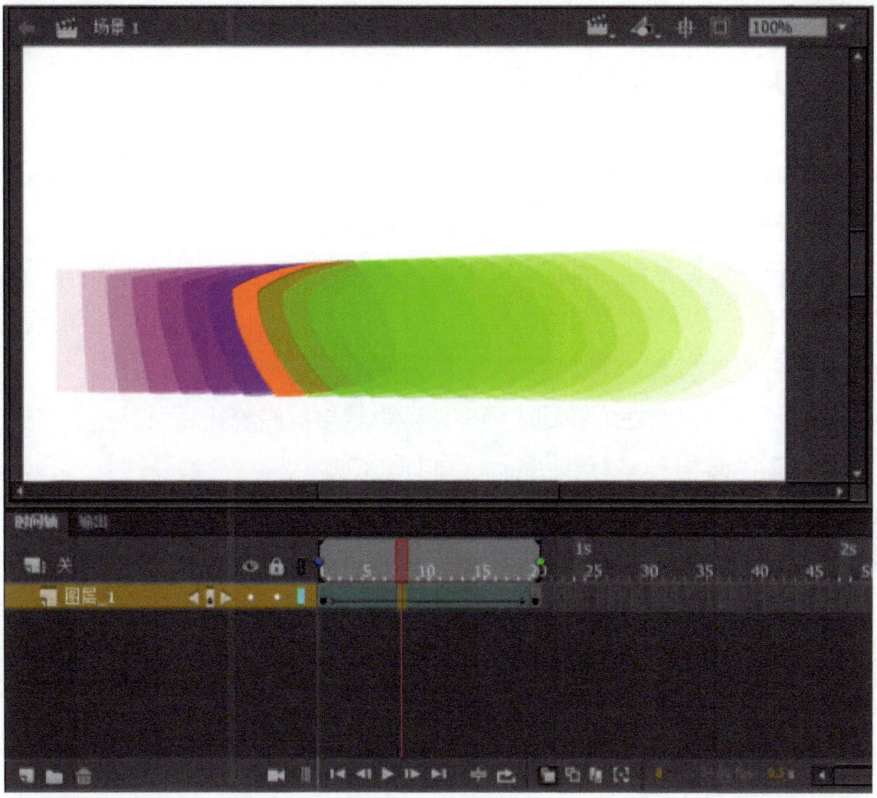

图 4-63　形状补间

Step 5　按 Ctrl+Enter 组合键，可以查看动画效果。

3. 传统补间

传统补间是早期用来在 Animate 中创建动画的一种方式，主要用于创建使实例、组或文本对象发生位移、大小改变、旋转等与运动相关的动画，以及使颜色、亮度、透明度等发生变化的动画。在制作动作补间动画时，需要改变最后一个关键帧；然后右击中间的任意帧，在弹出的快捷菜单中选择“创建传统补间”命令，中间的变化过程即可自动生成。

补间动画和传统补间之间的区别如下：

- ❖ 传统补间使用关键帧。关键帧是其中显示对象的新实例的帧。补间动画只能具有一个与之关联的对象实例，并使用属性关键帧而不是关键帧。
- ❖ 补间动画在整个补间范围上由一个目标对象组成。传统补间允许在两个关键帧之间进行补间，其中包含相同或不同元件的实例。
- ❖ 补间动画和传统补间都只允许对特定类型的对象进行补间。在创建补间时，如果将补间动画应用到不允许的对象类型，这些对象类型会被转换为影片剪辑；传统补间会将它们转换为图形元件。
- ❖ 补间动画会将文本视为可补间的类型，而不会将文本对象转换为影片剪辑；传统补间会将文本对象转换为图形元件。
- ❖ 补间动画不允许帧脚本；传统补间则允许帧脚本。
- ❖ 在时间轴中，补间动画范围可以进行拉伸和调整大小，并且被视为单个对象；传统补间包括时间轴中可分别选择的帧的组。
- ❖ 对于传统补间，缓动可应用于补间内关键帧之间的帧组；对于补间动画，缓动可应用于补间动画范围的整个长度，若要仅对补间动画的特定帧应用缓动，则需要创建自定义缓动曲线。
- ❖ 补间动画可以对每个补间应用一种色彩效果；传统补间可以在不同的色彩效果（如色调和 Alpha 透明度）之间创建动画。
- ❖ 补间动画可以为 3D 对象创建动画效果；传统补间则不可以。
- ❖ 补间动画无法交换元件或设置属性关键帧中显示的图形元件的帧数；而传统补间可以。
- ❖ 在同一图层中可以有多个传统补间或补间动画，但不能同时出现两种不同的补间类型。

例 4-4 大圆变成小圆

Step 1 在舞台中绘制一个正圆，并移至合适位置，如图 4-64 所示。

Step 2 选中正圆，选择“修改→转换为元件”菜单命令或按 F8 键，可以把图形转化为图形元件。

Step 3 右击第 20 帧，通过快捷菜单的命令把该帧转化为关键帧，调整元件的大小和位置。

Step 4 在第 1 帧与第 20 帧之间选择任意一帧并单击右键，在弹出的快捷菜单中选择“创建传统补间动画”命令，中间的变化过程即可自动形成，如图 4-65 所示。

图 4-64　绘制正圆

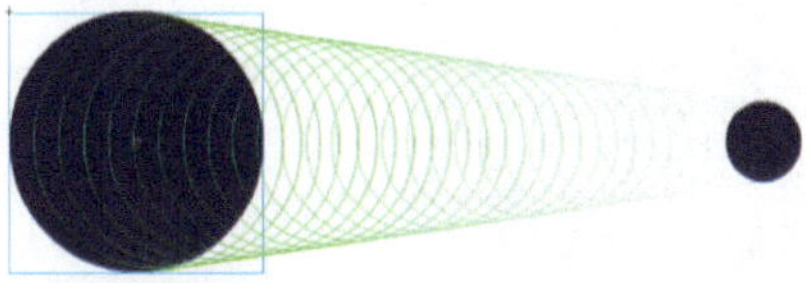

图 4-65　传统补间效果

Step 5　按组合键 Ctrl+Enter，可以查看动画效果。

4.4.3　遮罩动画

遮罩动画通过两个图层来实现：遮罩层、被遮罩层。遮罩层的层只有一个，被遮罩层可以有若干。遮罩层的内容可以是形状、文字、图形元件或影片剪辑，如果需要使用线条，则将线条转换为填充（选择“修改→形状→将线条转换为填充”菜单命令）。

在制作过程中，遮罩层经常挡住下层的元件，影响视线，不便于编辑，可以单击遮罩层“时间轴”面板的“显示图层轮廓”按钮，使遮罩层只显示边框形状，同时调整遮罩图形的外形和位置。

例 4-5　文字遮罩动画

Step 1　在舞台中使用文字工具输入“Animate 遮罩动画”，并调整文字大小和位置，如图 4-66 所示；在第 40 帧单击右键，在弹出的快捷菜单中选择“转换为关键帧”命令。

图 4-66　输入文字

Step 2 新建另一个图层，在舞台中绘制一个椭圆，并调大小和位置，如图 4-67 所示。

图 4-67　绘制椭圆

Step 3 选中第 20 帧并单击右键，在弹出的快捷菜单中选择“转换为关键帧”命令，然后把椭圆移到舞台最右端，如图 4-68 所示。

图 4-68　第 20 帧处椭圆位置

Step 4 选中第 40 帧并单击右键，在弹出的快捷菜单中选择“转换为关键帧”命令，然后把椭圆移到舞台最左端，如图 4-69 所示。

Step 5 在第 1 ～ 20 帧和第 20 ～ 40 帧处分别创建补间形状动画，如图 4-70 所示。

图 4-69　第 40 帧处椭圆位置

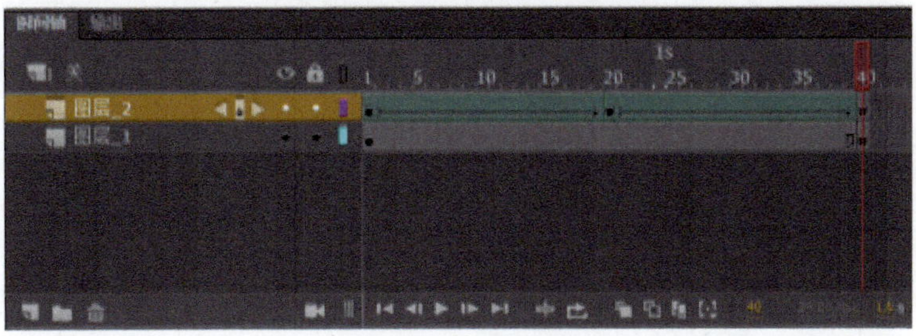

图 4-70　补间形状

Step 6 选择图层 2 并单击右键，在弹出的列表中选择“遮罩层”命令，就完成了遮罩动画的制作，如图 4-71 所示。

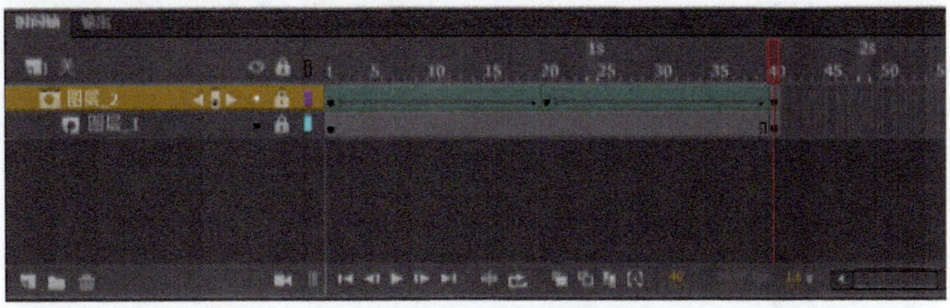

图 4-71　设置遮罩动画

4.4.4 引导层动画

引导层动画是让物体沿着设定的路线进行运动。其中的路线称为引导线，是轨迹或辅助线的作用，让物体沿着引导线路径运行，即物体的运动轨迹。

引导层动画包括引导层和被引导层。

引导层： 引导线必须制作在引导层中，需要使用引导线作为运动轨迹线的物体所在层必须在引导层的下方，引导层可以为多个图层提供运动轨迹；同时，在一个引导层中可以有多条运动轨迹。

被引导层： 路线上运动的对象。

例 4-6 小车运动

Step 1 选择“文件→导入”菜单命令，把小车素材导入舞台中，并且把小车转换成图形元件，如图 4-72 所示。

Step 2 新建另一个图层，绘制一个正圆，只有笔触无填充颜色，使用橡皮擦去掉一点线段，让圆不封闭，并延长至第 30 帧，如图 4-73 所示。

Step 3 选择小车，将小车中心点与线条的一端对齐，作为运动的起点，如图 4-74 所示。

图 4-72 导入素材

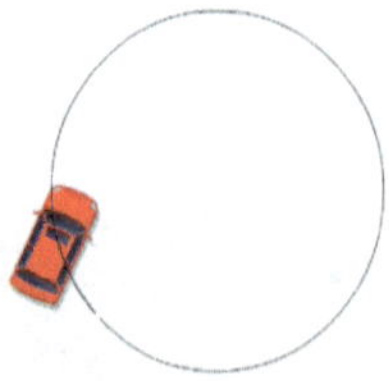

图 4-73 不封闭的圆

图 4-74 起点

Step 4 选择第 30 帧并单击右键，在弹出的快捷菜单中选择“转化为关键帧”命令；然后选择小车，将小车中心点与线条的另一端对齐，作为运动的结束点，如图 4-75 所示。

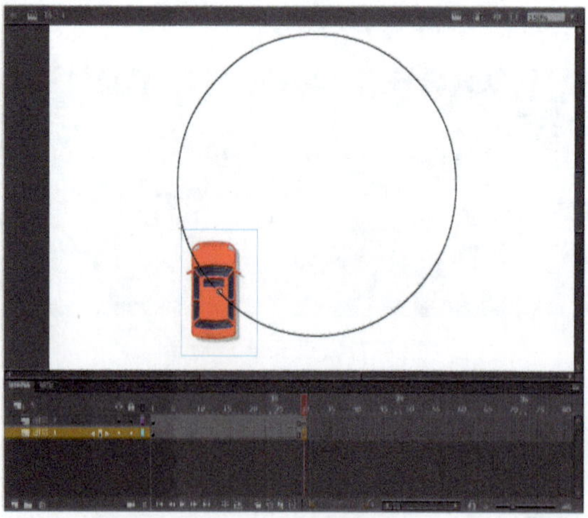

图 4-75 结束点

Step 5 在图层 1 的第 1 帧与第 30 帧之间任选一帧，单击右键，在弹出的快捷菜单中选择“创建传统补间动画”命令，结果如图 4-76 所示。

图 4-76　传统补间

Step 6　选择图层 2 并单击右键，在弹出的快捷菜单中选择“引导层”命令，结果如图 4-77 所示；再选中图层 1，按住鼠标左键移至图层 2 下方，结果如图 4-78 所示。

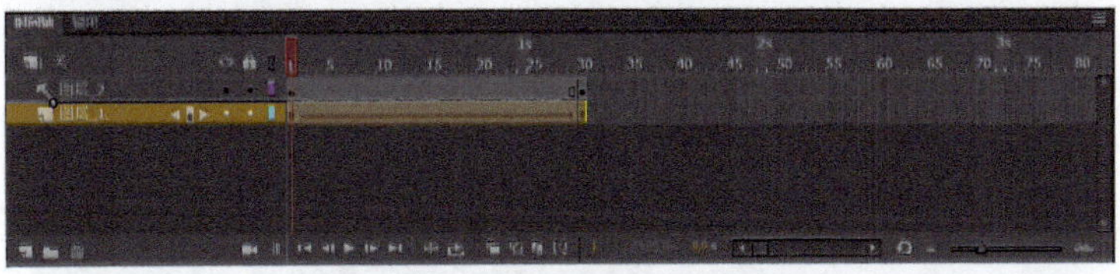

图 4-77　引导层和被引导层

图 4-78　引导层动画

Step 7　选择小车，在其“属性”面板中勾选“调整到路径”，小车在运动过程中就会与路线一致并自动调整方向，如图 4-79 所示。

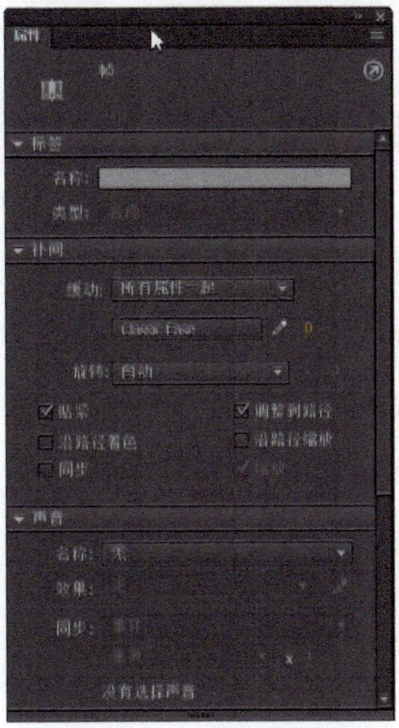

图 4-79　调整到路径

4.5 动画发布

动画完成后，需要导出，供其他应用程序使用。根据不同的应用需要，动画可以发布成不同格式的文件，但需要调整“发布设置”的参数，如图 4-80 所示。

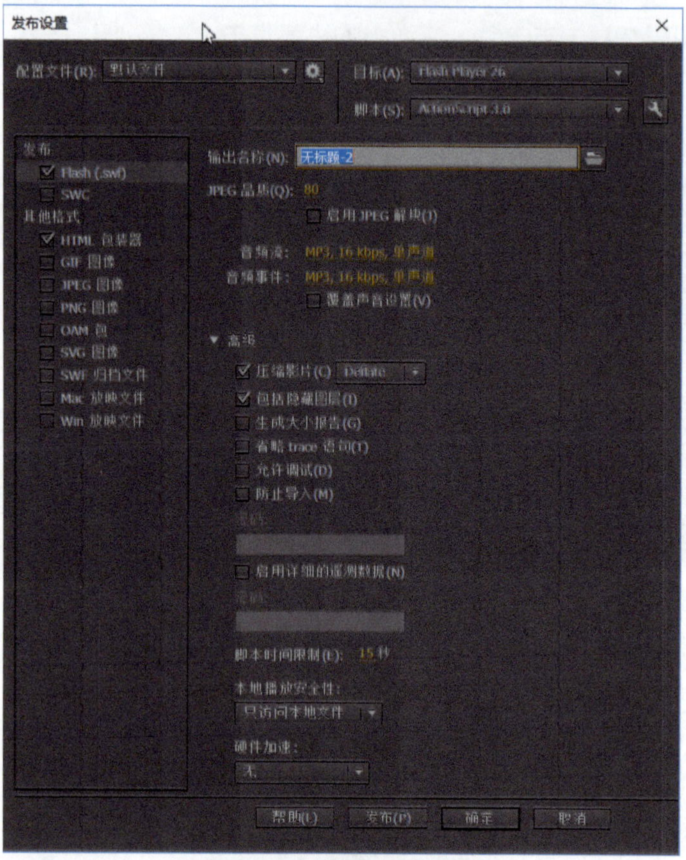

图 4-80　发布设置

1. 导出 SWF 文件

Step 1　打开要导出的 Animate 文档，或在当前文档中选择要导出的帧或图像。

Step 2　选择“文件→导出→导出影片”或“文件→导出→导出图像”菜单命令。

Step 3　输入输出文件的名称。

Step 4　选择文件格式并单击“保存”按钮。如果所选的格式需要更多信息，则出现“导出”对话框。

Step 5　在“导出”对话框中为所选的格式设置导出选项。

Step 6　单击“确定”按钮，然后单击“保存”按钮。

2. 导出图像和图形

（1）PNG 序列

从库或舞台的各影片剪辑、按钮或图形元件中可以导出一系列图像文件。导出期间，Animate 会为元件中的每个帧创建一个单独的图像文件。如果从舞台中导出，则已应用于元件实例的任何转换在图像输出中将保留。

导出 PNG 文件的操作如下。

Step 1 在库或舞台中选择单个影片剪辑、按钮或图形元件。

Step 2 右击所选对象，然后在弹出的快捷菜单中选择“导出 PNG 序列”命令。

Step 3 弹出“另存为”对话框，从中选择输出位置，然后单击“确定”按钮。

Step 4 在弹出的“导出 PNG 序列”对话框中设置所需选项。

Step 5 单击“导出”按钮，导出 PNG 序列。

（2）导出动画 GIF

Step 1 选择“文件→导出→导出动画 GIF”菜单命令。

Step 2 在“导出”对话框中设置选项，单击“完成”按钮，将导出为 GIF 动画文件。

Step 3 可以通过选择“文件→导出→导出图像”，导出静态 GIF 图像文件。

3. 导出高清视频

开始导出之前需要先执行以下操作：安装 QuickTime，将帧速率设置为一个等于或小于 60 fps 的值。

Step 1 创建或打开一个现有的 FLA。

Step 2 选择“文件→导出→导出视频”菜单命令。

Step 3 在“导出视频”对话框中，设置“呈现宽度”和“呈现高度”为舞台的宽度和高度。

Step 4 在“导出视频”对话框中设置所需的选项。

❖ 呈现大小 H 和 W：根据要导出的分辨率配置渲染大小，取决于是导出高清视频还是普通视频，分别设置为舞台的宽度和高度。如果希望更改“呈现宽度”和“呈现高度”的值，需要相应地修改舞台大小。Animate 会根据舞台尺寸保持其长宽比。

❖ 忽略舞台颜色（生成 Alpha 通道）：使用舞台颜色创建一个 Alpha 通道。Alpha 通道作为透明轨道进行编码，这样可以将导出的 QuickTime 影片叠加在其他内容上，从而改变背景色或场景。

❖ 在 Adobe Media Encoder 中转换视频：如果用 AME 将导出的 MOV 文件转换为不同的格式，则选择此选项，则在 Adobe Animat 完成视频导出后，AME 将启动。
❖ 导出视频的路径：输入或浏览想要导出视频的路径。
❖ 停止导出：指定 Adobe Animate 何时终止导出。
❖ 到达最后一帧时：设置在最后一帧时终止。

Step 5 单击“导出”按钮。如果选中了“在 Adobe Media Encoder 中转换视频”选项，则当导出的 MOV 文件在新队列中可用时 AME 将启动。

4.6 综合案例：透视缩放

Step 1 新建一个 ActionScript 3.0 宽为 800 像素、高为 400 像素的 Animate 文档，然后新建一个影片剪辑元件，命名为“sky”，把云和天空背景分别放至不同图层，其中云需要通过复制调整透明度和位置，如图 4-81 所示。

图 4-81　创建影片剪辑 sky

Step 2 按上述方法，依次创建影片剪辑 tree、groud 和 cow，如图 4-82 ～图 4-84 所示。

图 4-82　影片剪辑 tree

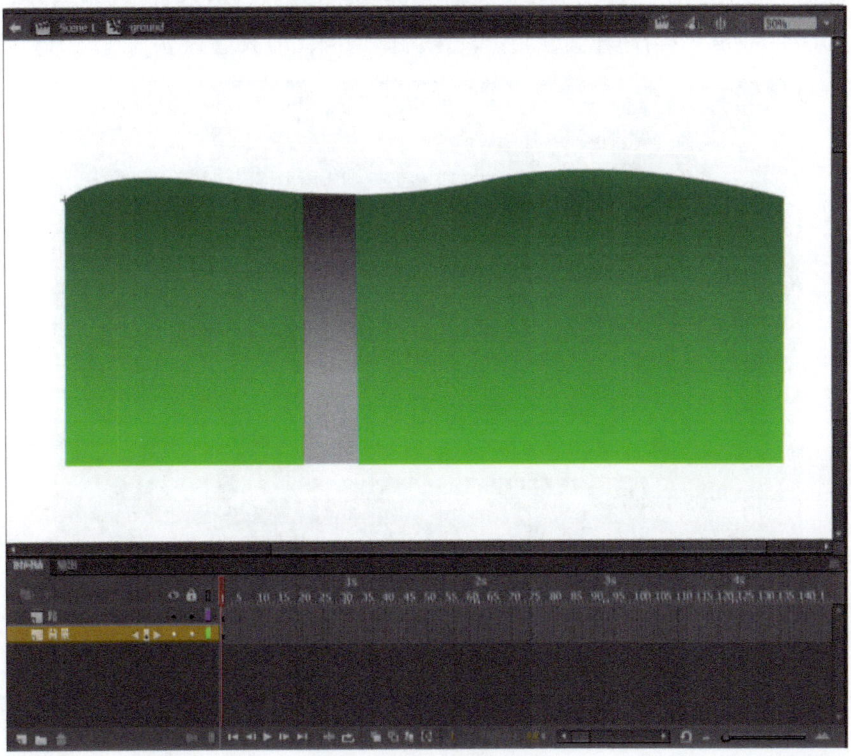

图 4-83　影片剪辑 groud

图 4-84　影片剪辑 cow

Step 3 回到舞台，把影片剪辑 sky 放至图层 1，并更改图层名为“天空”；调整影片剪辑的位置和大小，并创建补间动画；单击第 40 帧，把影片剪辑 sky 向左移动一段距离；单击第 100 帧，把影片剪辑 sky 放大 20%，如图 4-85 所示。

图 4-85 “天空”图层

Step 4 新建一个图层并命名为“地面”，把影片剪辑 groud 放至该图层，用“3D 旋转”工具调整影片剪辑的位置和大小，并创建补间动画；单击第 40 帧，用“任意变形”工具把影片剪辑 groud 前后“纵向”拉伸变形，并向左下角移动一段距离；单击第 100 帧，用“任意变形”工具左右“横向”拉伸变形，把影片剪辑 groud 向右下角移动一段距离，如图 4-86 所示。

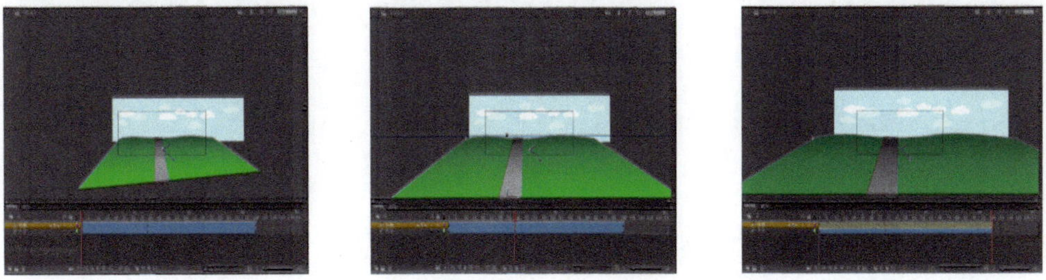

图 4-86 “地面”图层

Step 5 新建一个图层并命名为“母牛”，把影片剪辑 cow 放至该图层，调整影片剪辑的位置和大小，并创建补间动画；单击第 40 帧，用“任意变形”工具把影片剪辑 cow 变大并向左下角移动一段距离；单击第 100 帧，把影片剪辑 cow 向右下角移动一段距离并放大母牛，如图 4-87 所示。

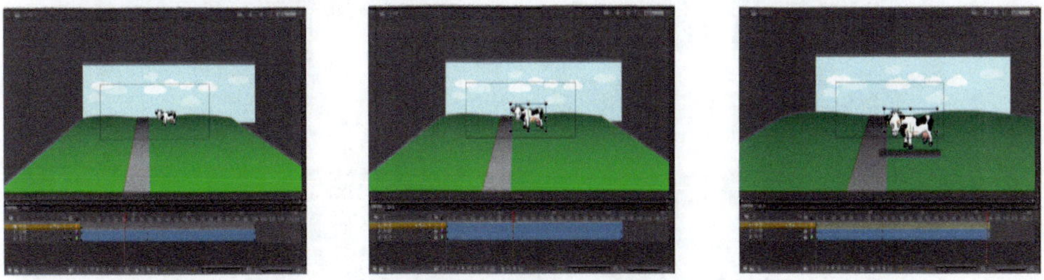

图 4-87 “母牛”图层

Step 6 新建一个图层并命名为“灌木－左边”，把影片剪辑 tree 放至该图层，调整影片剪辑的位置，并创建补间动画；单击第 40 帧，用“任意变形”工具把影片剪辑 tree 变大并向左下角移动一段距离；单击第 100 帧，把影片剪辑 tree 向右下角移动一段距离并放大，如图 4-88 所示。

图 4-88 “灌木－左边”图层

Step 7 新建一个图层并命名为“灌木－右边”，把影片剪辑 tree 放至该图层，调整影片剪辑的位置和大小；用与“灌木－左边”相同的方法完成补间动画，如图 4-89 所示。

图 4-89 “灌木－右边”图层

Step 8 新建一个图层并命名为“垫子”；用“矩形工具”绘制遮挡垫子，把多余的图片内容遮挡起来，如图 4-90 所示。按 Ctrl+Enter 组合键，可以查看效果。

图 4-90 垫子

本章小结

Adobe Animate 是一个功能强大的图像编辑软件，主要用于音频、图片、视频、动画等创作支持。

本章介绍了 Adobe Animate 的主要功能，包括常用动画基本编辑、元件编辑与管理、动画制作，并结合实例进行讲解。通过本章的学习，读者可以对图像进行简单的编辑处理。

习题 4

一、选择题

1．动画是一种通过（　　）来显示运动和变化的过程。

A．视频　　B．连续画面　　C．图像　　D．图形

2．Adobe Animate 的“层”不包括（　　）。

A．图像　　B．引导层　　C．遮罩层　　D．蒙版层

3．在 Adobe Animate 中可以重复使用的图形、动画或按钮是（　　）。

A．元件　　B．库　　C．对象　　D．开关

4．Adobe Animate 的帧有三种，分别为：（　　）。

A．特殊帧、关键帧、空白关键帧　　B．普通帧、关键帧、黑色关键帧

C．普通帧、关键帧、空白关键帧　　D．特殊帧、关键帧、黑色关键帧

5．与位图相比，矢量图的优点是（　　）。

A．变形、放缩不影响图形显示质量　　B．色彩丰富

C．图像所占空间大　　D．影响图形显示质量

6．所有动画都是由（　　）组成的。

A．时间轴　　B．图像　　C．手柄　　D．帧

7．编辑时，按（　　）组合键可以测试影片。

A．Enter+Shift　　B．Ctrl+Shift　　C．Ctrl+Enter　　D．Esc+Enter

8．在 Adobe Animate 中，时间轴上的小黑点表示的帧是（　　）。

A．空白帧　　B．关键帧　　C．空白关键帧　　D．过渡帧

9．在 Adobe Animate 中，引导层的作用是（　　）。

A．锁定图层，禁止移动　　B．规划元件的变形方式

C．规划元件的移动路径　　D．局部遮挡图层

10．在 Adobe Animate 中导入一张位图，如果需要把该图进行删减，那么先要把该图

（　　）。

A. 转换为元件　　B. 打散分离

C. 置于顶层　　D. 结合

11. 通过拖曳方式将直线变为曲线的工具是（　　）。

A. 选择工具　　B. 套索工具

C. 铅笔工具　　D. 矩形工具

12. （　　）不是 Adobe Animate 导出的文件格式。

A. EXE　　B. SWF　　C. HTML　　D. ABS

13. 在 Adobe Animate 中，关于显示/隐藏层的说法正确的是（　　）。

A. 被隐藏的层不可以导出

B. 在时间轴的显示/隐藏列中按住 Ctrl 键单击，可以隐藏其他所有图层，被单击的图层不隐藏

C. 在时间轴的显示/隐藏列中按住 Alt 键单击，可以隐藏其他所有图层，被单击的图层不隐藏

D. 被单击隐藏的层不能再显示

14. 铅笔工具可以按（　　）来调用。

A. Ctrl 键　　B. Shift 键

C. Ctrl+Y 组合键　　D. Shift+Y 组合键

15. （　　）不能使用模板创建。

A. 动画　　B. PHP 文件

C. 广告　　D. 横幅

二、填空题

1. 元件包括 ________ 元件、________ 元件、________ 元件三种。

2. Adobe Animate 中，绘制线条的两种基本工具是 ________ 和 ________。

3. Adobe Animate 使用的脚本语言是 ________。

4. Adobe Animate 中常用的动画类型有______、______、______和______。

5. Adobe Animate 中动画的默认帧速率是 ________。

6. Adobe Animate 中源文件的扩展名是 ________。

三、操作题

1. 平移

❶ 新建一个 ActionScript 3.0 宽为 800 像素，高为 400 像素的 Animate 文档，然后新建一个影片剪辑元件，命名为 sky，把云和天空背景分别放至不同图层，如图 T4-1 所示。

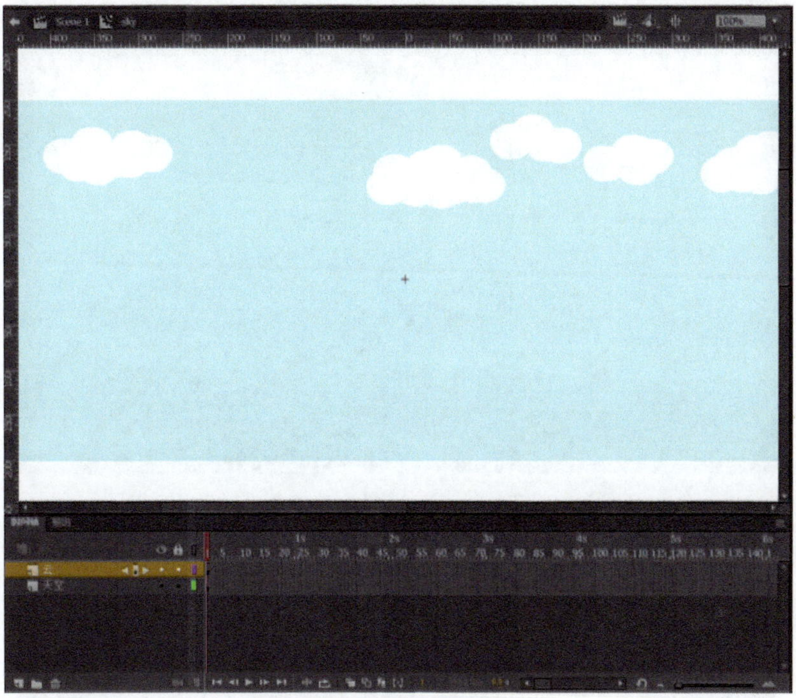

图 T4-1 天空的影片剪辑

❷ 新建两个影片剪辑，分别命名为 hills 和 grass，把山和草放至各自影片剪辑的图层中，如图 T4-2 所示。

图 T4-2 草和山的影片剪辑

❸ 把三个影片剪辑分别放至舞台的图层中，如图 T4-3 所示。

图 T4-3　影片剪辑入放至舞台

❹ 每个图层延长至第 100 帧，并创建补间动画；把影片剪辑向往右移动一段距离，其中 grass 移动距离最长，hills 其次，sky 最短，如图 T4-4 所示。

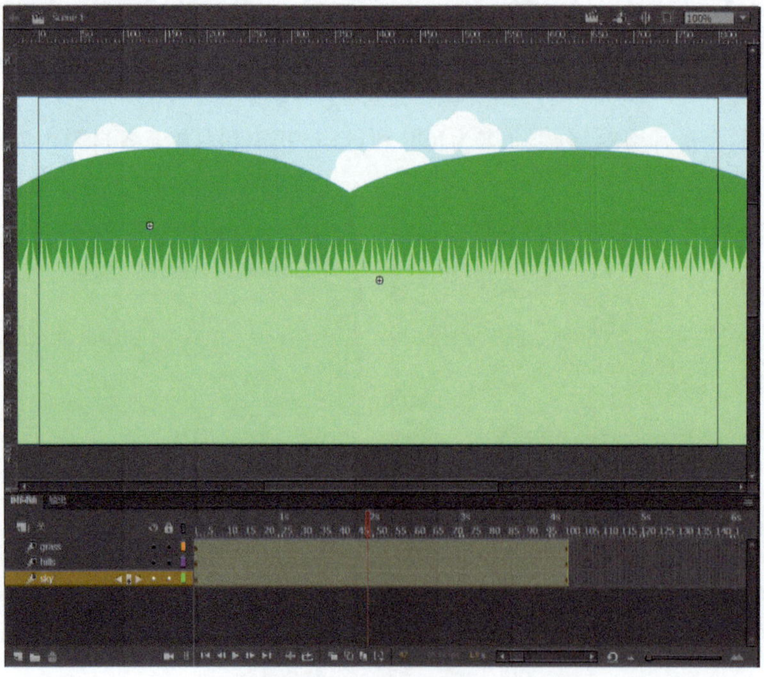

图 T4-4　创建补间动画

❺ 使用“矩形”工具绘制遮挡垫子，把多余的图片内容遮挡起来，则完成平移效果的动画，如图 T4-5 所示。按 Ctrl+Enter 组合键，可以查看效果。

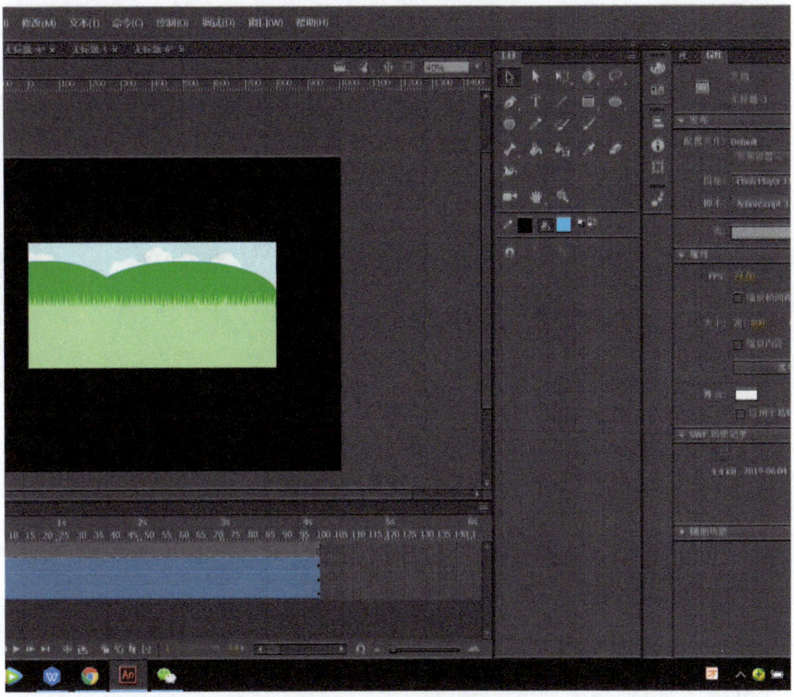

图 T4-5　绘制垫子

2．制作引导层动画

❶ 新建一个 ActionScript 3.0 宽为 550 像素、高为 400 像素的 Animate 文档，然后把背景和鱼素材导入到库中，如图 T4-6 所示。

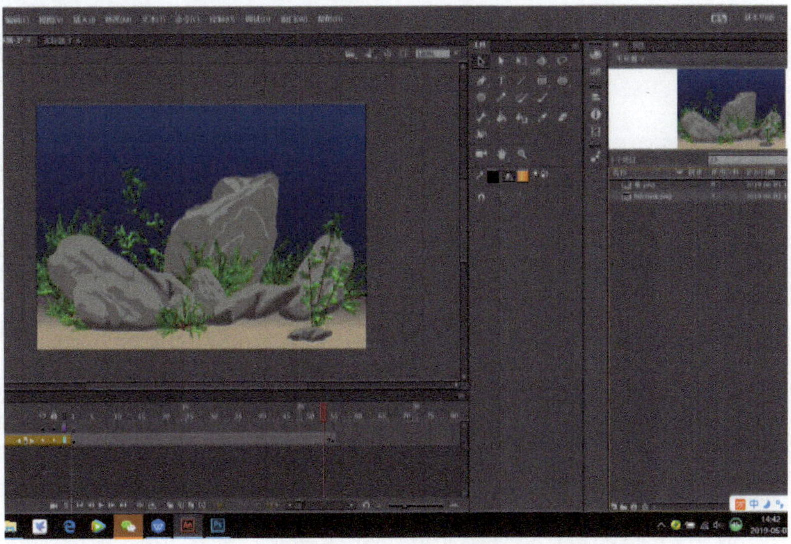

图 T4-6　导入素材到库中

❷ 新建影片剪辑元件，命名为“fish”，把素材鱼放至图层中，把鱼（如图 T4-7 所示）放在第 1 帧与第 40 帧中，在第 30 帧放入图 T4-8 所示的鱼，效果如图 T4-9 所示。

图 T4-7　鱼 1

图 T4-8　鱼 2

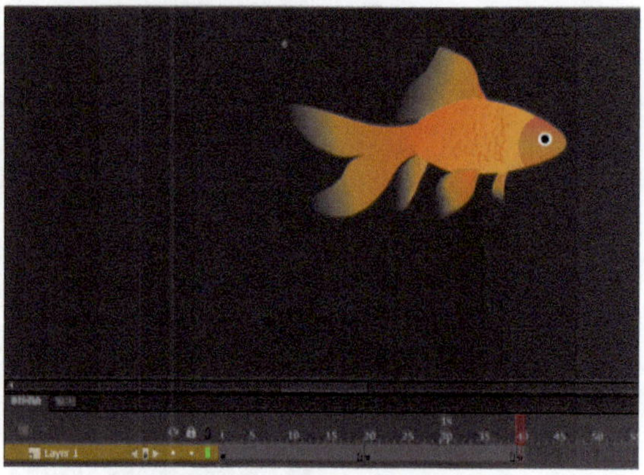

图 T4-9　鱼的影片剪辑

❸ 新建影片剪辑元件，命名为“fishswim”，把影片剪辑 fish 放至图层中；然后在第 120 帧处按 F5 键，延长帧，选择中间的某帧并单击右键，在弹出的快捷菜单中选择“创建补间动画”；选择第 120 帧，把舞台中的鱼往前拖动一段距离，如图 T4-10 所示。

❹ 回到场景中，把背景和影片剪辑元件 fishswim 放至图层 1 的合适位置，然后按 F5 键，延长帧至第 120 帧，如图 T4-6 所示。

图 T4-10　创建补间动画

图 T4-6　背景和鱼

❺ 新建一个图层，作为遮罩层，绘制一个椭圆形状，每隔 15 帧左右改变形状，然后创建形状补间动画，如图 T4-7 所示。

❻ 选择遮罩层并单击右键，然后在弹出的快捷菜单中选择“引导层”命令，并选择内容图层，拖至两个图层中间，即完成引导层动画，如图 T4-8 和图 T4-9 所示。按 Ctrl+Enter 组合键，可以查看效果。

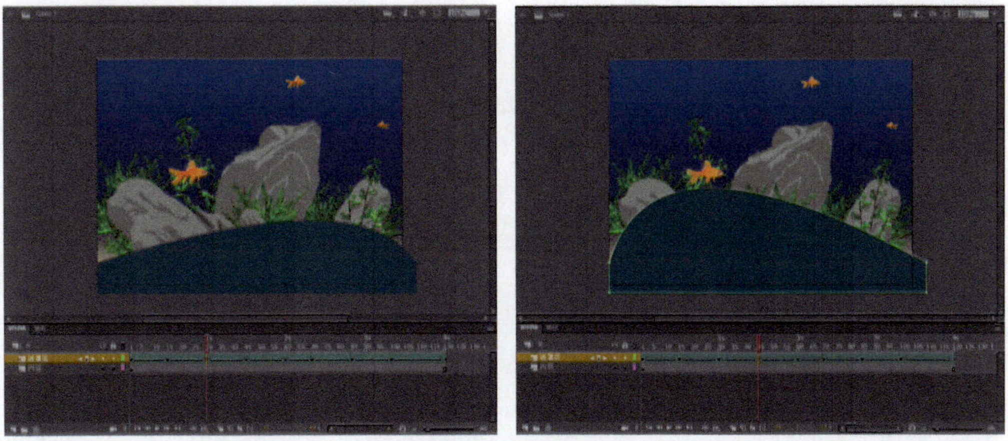

图 T4-7　形状补间动画

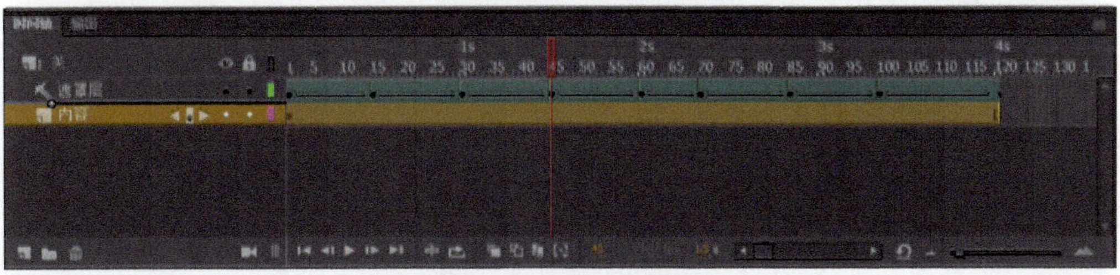

图 T4-8　调整被遮罩层

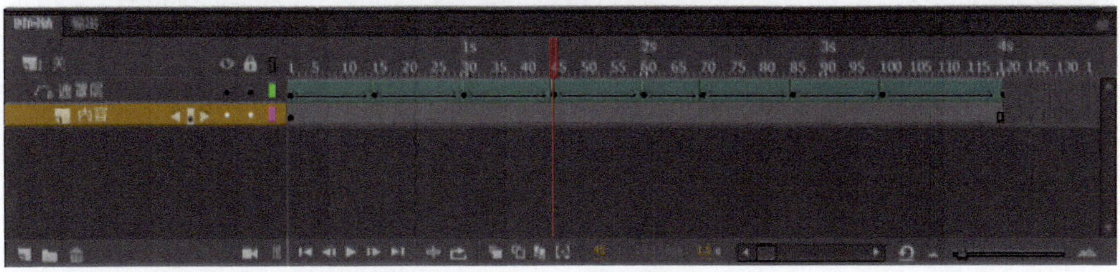

图 T4-9　遮罩层动画

参考文献

[1] 鄂大伟．多媒体技术基础与应用（第 4 版）．北京：高等教育出版社，2015.

[2] 肖永亮．数字音频编辑 Adobe Audition CS6 实例教程．北京：电子工业出版社，2013.

[3] 刘娅琦，昌超，刘津等．Flash CS4 完成学习手册．北京：清华大学出版社，2010.

[4] 雷波．中文版 Flash CS4 多媒体经典教程．北京：清华大学出版社，2010.

[5] 张佳丽．Flash CS6 中文版动画制作标准教程．北京：中国青年出版社，2013.

[6] 彭国斌．视频合成及物资制教程．北京：清华大学出版社，2012.

[7] 张书艳，张亚利．Premiere Pro CC 2015 影视编辑从新手到高手．北京：北京大学出版社，2016.

[8] 数字艺术教育研究室．Premiere Pro CC 基础培训教程．北京：人民邮电出版社，2016.

[9] 朱琦．Premiere Pro CC 2018 视频编辑基础教程．北京：机械工业出版社，2018.

[10] 赵阳光．Adobe Audition 声音后期处理实战手册．北京：电子工业出版社，2017.

[11] 史创明，秦雪，彭雪．Adobe Audition 音频编辑案例教学经典教程（微课版）．北京：清华大学出版社，2018.

[12] [美]Andrew Faulkner．Adobe Photoshop CC 2018 经典教程．罗骥译．北京：人民邮电出版社，2018.

[13] 徐春红．中文版 Photoshop CS6 完全学习手册．北京：人民邮电出版社，2013.

[14] [美]Andrew Faulkner, Conrad Chavez． Adobe Photoshop CC 2017 经典教程．王士喜译．北京：人民邮电出版社，2017.

[15] 曹茂鹏．轻松玩转 Photoshop CC 技术实例教程．北京：北京大学出版社，2016.

[16] 九州书源．中文版 Photoshop CC 从入门到精通．北京：清华大学出版社，2016.

[17] [美]Russell Chun．Adobe Animate CC 2018 经典教程．罗骥译．北京：人民邮电出版社，2019.

[18] 孟强．Animate CC 2018 动画制作案例教程．北京：清华大学出版社，2018.

[19] https://www.adobe.com

[20] https://www.baidu.com

[21] https://www.google.com.hk

[22] https://www.cnki.net

反侵权盗版声明

电子工业出版社依法对本作品享有专有出版权。任何未经权利人书面许可，复制、销售或通过信息网络传播本作品的行为；歪曲、篡改、剽窃本作品的行为，均违反《中华人民共和国著作权法》，其行为人应承担相应的民事责任和行政责任，构成犯罪的，将被依法追究刑事责任。

为了维护市场秩序，保护权利人的合法权益，本社将依法查处和打击侵权盗版的单位和个人。欢迎社会各界人士积极举报侵权盗版行为，本社将奖励举报有功人员，并保证举报人的信息不被泄露。

举报电话：（010）88254396；（010）88258888

传　　真：（010）88254397

E-mail：dbqq@phei.com.cn

通信地址：北京市海淀区万寿路 173 信箱

电子工业出版社总编办公室

邮　　编：100036